O amor às bibliotecas

FUNDAÇÃO EDITORA DA UNESP

Presidente do Conselho Curador
Herman Jacobus Cornelis Voorwald

Diretor-Presidente
José Castilho Marques Neto

Editor-Executivo
Jézio Hernani Bomfim Gutierre

Conselho Editorial Acadêmico
Alberto Tsuyoshi Ikeda
Célia Aparecida Ferreira Tolentino
Eda Maria Góes
Elisabeth Criscuolo Urbinati
Ildeberto Muniz de Almeida
Luiz Gonzaga Marchezan
Nilson Ghirardello
Paulo César Corrêa Borges
Sérgio Vicente Motta
Vicente Pleitez

Editores-Assistentes
Anderson Nobara
Henrique Zanardi
Jorge Pereira Filho

JEAN MARIE GOULEMOT

O AMOR ÀS BIBLIOTECAS

Tradução
Maria Leonor Loureiro

© Editions du Seuil, 2010
Título original: *L'amour des bibliothèques*

© 2011 da tradução brasileira
Fundação Editora da UNESP (FEU)
Praça da Sé, 108
01001-900 – São Paulo – SP
Tel.: (0xx11) 3242-7171
Fax: (0xx11) 3242-7172
www.editoraunesp.com.br
www.livrariaunesp.com.br
feu@editora.unesp.br

CIP – BRASIL. Catalogação na fonte
Sindicato Nacional dos Editores de Livros, RJ

G729a

Goulemot, Jean Marie, 1937-
 O amor às bibliotecas / Jean M. Goulemot ; tradução Maria Leonor Loureiro. – São Paulo : Editora Unesp, 2011.
 248 p.

 Tradução de: L'amour des bibliothèques
 Inclui bibliografia
 ISBN 978-85-393-0162-1

 1. Bibliotecas. 2. Livros e leitura. 3. Biblioteconomia. 4. Ciência da informação. I. Título.

11-4572.   CDD: 027
                                                          CDU: 027

Editora afiliada:

Asociación de Editoriales Universitarias de América Latina y el Caribe

Associação Brasileira de Editoras Universitárias

À memória de Jacques Proust.

*A todos aqueles que, voluntariamente ou não,
me ajudaram a escrever este livro.
Aos amigos hoje desaparecidos,
aos leitores observados com um olhar de entomologista,
aos curadores sempre dispostos
a responder às minhas perguntas mais extravagantes,
aos personagens por mim sonhados,
às sombras incertas de minha memória,
aos bibliotecários de todos os níveis,
aos livros lidos, aos que possuo,
aos que espero poder ainda ler e escrever,
aos que levarei para o paraíso,
a todas as bibliotecas conhecidas e desconhecidas.
A todas e todos obrigado.*

Os caracteres são o tesouro mais precioso do universo, sua principal função é transmitir as regras do espírito que os antigos sábios quiseram fazer passar à posteridade, sua menor função é registrar mil e um detalhes difíceis de reter. Eles permitem aos antigos e aos modernos, embora separados por milhares de anos, conversar face a face. Eles permitem aos letrados do mundo inteiro, embora separados por milhares de léguas, expressar seus pensamentos íntimos, dando-se a mão. Eles permitem aos homens adquirir mérito e renome. Eles ajudam nos negócios humanos. Eles abrem o espírito. Eles servem de referência comum a todos os homens disponíveis a todo momento. Imediatamente inteligíveis, como não considerar os caracteres o tesouro mais precioso do universo?

Imperador Kangxi, *Tingxun geyan*, edição de 1730.

Sumário

Apresentação   1

   I. Balizas   5
  II. Mitos e realidades das origens   25
 III. Ressurreição: a nova biblioteca de Alexandria   45
 IV. Lembranças de minhas descobertas   63
  V. Lembranças da Rua de Richelieu   89
 VI. A memória reconstruída dos anos sombrios (I)   111
VII. A memória reconstruída dos anos sombrios (II)   131
VIII. Livros queimados, mutilados ou pervertidos   151
 IX. *Campus*   173
  X. Sonhos de biblioteca   193

Assim seja   217
Referências   227

APRESENTAÇÃO

Como um bom aluno prestes a entregar sua prova, releio estas páginas, incessantemente retomadas desde o primeiro dia. Graças a elas, parecem me reencontrar, como um perfume inebriante jamais completamente desvanecido, as sensações de um passado longínquo, ao mesmo tempo que me invade ao longo da leitura uma impressão de confusão e de incompletude, a que experimentava também, não sem angústia, na releitura febril dos meus rascunhos de prova. Nada parecia digno de ter sido escrito. Nada se parecia com aquilo que quisera obstinadamente exprimir. Com crueldade se revelava brutalmente o irrisório da empreitada. O desespero estava próximo: o modelo dos livros lidos, a perfeição de suas demonstrações e argumentações convincentes, tudo parecia subitamente traído. Eu me sentia desmascarado, vítima de uma espécie de desnudamento por essa incapacidade de lhes dar nova vida. Será que aquilo valia ao menos a pena ser corrigido? O fracasso estava ali, patente.

Ao me reler, do que tenho eu verdadeira certeza nesta evocação das bibliotecas as quais afirmo que construíram minha vida de leitor e, sem dúvida, minha própria vida? Certamente não de minhas lembranças mais longínquas: o que me faz duvidar dessa afirmação, cada vez mais comum, segundo a qual, com a idade e seus

2   JEAN MARIE GOULEMOT

naufrágios, a memória duradoura continua a funcionar ao passo que os acontecimentos mais recentes, tão logo vividos, já são esquecidos. Interrogo-me sobre a capacidade de inventar nessa espécie de solidão devotada à reminiscência que a chegada à velhice constitui. Será que ainda não chegou o ponto em que é preciso dar sentido à miscelânea e à acumulação, permitindo-se modificar até mesmo o começo para torná-lo digno de fundar uma linhagem? Não tenho então desculpa, e eu estou resignado a me declarar culpado. Dentro dos limites que a escrita impõe, não tenho certeza absoluta senão, e ainda, das lembranças utilizadas aqui a partir das notas tomadas por ocasião de minha estada na Espanha ou dos períodos em que mantive meu diário de leitor da Biblioteca Nacional da França, ou quando, pensando já neste livro, passei longos dias lendo e observando os estudantes leitores na biblioteca da Universidade Johns Hopkins em Baltimore. Elas não são selecionadas nem mesmo embelezadas pelo tempo que passou e pelo trabalho de lhes dar forma, a tal ponto que ainda hoje me surpreendem. O que, para mim, é talvez a única prova verdadeira de sua autenticidade.

Quando remonto a minha infância, tudo se torna mais enevoado. Tenho dificuldade de distinguir o que aconteceu realmente com aquilo que, logicamente, para o adulto que me tornei, deveria ter ocorrido. A memória longínqua se constrói, aceite-se ou não, como um romance reescrito à medida que os anos passam e que o tempo decorrido deixa o passado mais impreciso. Hoje, sem poder levar em conta as contingências, revivo o contexto da guerra, que nos obrigava mais que nunca a sonhar, a se prestar, com fome e frio, à ilusão de uma vida mais feliz. Basta que me reveja comendo frutas verdes ou maduras demais que roubávamos nos quintais; apanhando as sebes ao longo do bosque morto ainda úmido para alimentar o fogo da cozinha; ou olhando, no pátio da escola, durante o recreio, com a intensidade do desejo, os filhos de camponeses devorando belas fatias de pão recheadas com *rillettes* brilhante de gordura, para reencontrar, como por milagre, o consolo que já me traziam os livros povoados de crianças loiras e rosadas que eu lia então. Se me ocorreu, ao longo destas páginas, fazer de meus sonhos

O AMOR ÀS BIBLIOTECAS 3

uma realidade vivida, permanece verdadeiro que esses mesmos sonhos constituíam naquele tempo uma parte essencial de meu cotidiano. De tudo o que conto aqui daquela época, minha única mentira, se existe, é ter erigido meus sonhos em realidade, não ter confessado logo que fui, pela força das coisas, desde a primeira infância, um sonhador acordado e impenitente.

Envelhecer é também, como se o tempo seguisse invariavelmente uma trajetória circular, reencontrar a infância, da qual se desejara afastar para virar adulto e esquecer, de uma vez por todas, os anos negros. Eu precisara fazer tábula rasa do passado e cultivar a demasiado lenta virtude do esquecimento. Não sem júbilo, não sem violência. Há rupturas necessárias. Crê-se que sejam definitivas; felizmente, às vezes, elas são apenas temporárias. Acabamos por nos reconciliar com esse passado, total ou parcialmente reconstruído, quando é preciso dar sentido a um caminho perto do fim e que, chegado o momento, constituirá seu traço e sua memória. Será o tempo da sabedoria resignada? Não tenho tanta certeza. É uma outra etapa, um momento de unidade reencontrada, antes de outras separações, estas, como se sabe, mais definitivas.

Reconheço, portanto, não ter mentido, mas transformado meus sonhos antigos em acontecimentos vividos para tentar me compreender, ou, às vezes, sem nem mesmo me dar conta e sem ter absoluta certeza disso, ter confundido sonho e realidade. Dir-se-á que minha defesa carece de rigor, que era fácil verificar consultando as testemunhas. Concordo facilmente. Mas o recurso às testemunhas também não consegue me convencer. Perdi de vista muitos dos que me acompanharam durante aquele período. Alguns morreram. Fiquei sabendo disso por acaso. Tenho dificuldade para me lembrar de seus rostos, e ignoro como a idade os modelara. Quando minha memória é generosa, lembro-me deles com um rosto de criança eterno, como se eles nunca tivessem conseguido envelhecer. E nos que estão vivos, por que confiar? Por que se lembrariam eles de um colega de classe, que fora cedo para Paris, avistado de relance nas férias, e se tornara professor, segundo se dizia? Por que não fazer da vida sonhada a coisa do mundo mais bem compartilhada entre mim e eles, e crer que eles guardam de sua infância, não o que me diz respeito, mas pedacinhos de sonho que eles tendem talvez, também, a confundir com a realidade?

Quando nossos pais desaparecem, descobrimos que com eles se apaga toda uma parte de nossa vida da qual eles foram testemunhas privilegiadas. Descobri assim subitamente que mais ninguém nos chamaria, a meu irmão e a mim, por um diminutivo que pertencia somente a eles, que mais ninguém saberia em que idade eu tivera difteria e meu irmão, escarlatina. A morte dos pais assinala o desaparecimento definitivo de nossa infância. Seu fim e seu esquecimento. Eu poderia ter falado a meu irmão deste livro, de minhas lembranças, e não sei que pudor me impediu de fazê-lo. Temi que ele me obrigasse a reconhecer que minhas recordações eram mentirosas, simplesmente falsas, como para me proibir de usar da verdade como me conviesse, zombando talvez também da importância pueril que atribuo a esse passado ilusório.

Eis-me então lançado à aventura. Intrépido marinheiro!

I
BALIZAS

I

Tomando como referência o *Petit Larousse* ou o *Petit Robert*, a palavra "biblioteca" teria três sentidos. Primeiro, uma "coleção de livros, de manuscritos", em seguida, um lugar onde eles estão arrumados, e, enfim, um "móvel com prateleiras que servem para arrumar livros". Pouco adiantou. Onde colocar nessas definições a "Bibliothèque de la Pléiade" ou a mais antiga "Bibliothèque Universelle des Romans" que encantava os leitores do século XVIII? Numa biblioteca pública, por exemplo, encontra-se o lugar onde estão colocadas as obras que constituem a coleção, chamada às vezes "acervo", sobre "prateleiras que servem para arrumar livros", o que recobre para um mesmo estabelecimento as três definições que os dicionários propõem. Por outro lado, quando digo "minha biblioteca", não é evidentemente a Biblioteca Nacional da França, da qual, entretanto, sou frequentador há eras, que ocupa meu pensamento, mas minha coleção de livros antigos, eles mesmos instalados (não ouso dizer arrumados) em estantes que ocupam uma parede inteira, e as centenas de livros, de trabalho, de divertimento ou de bibliofilia, que atravancam meu apartamento e meu escritório. Embora tenha construído com minhas mãos os móveis que os abrigam e

6 JEAN MARIE GOULEMOT

de cujo carvalho encerado gosto, sem nenhuma modéstia, eles não participam diretamente do que a enfática expressão "minha biblioteca" designa.

Todas essas definições falam muito dos livros e pouco de leitura. É verdade que se pode colecionar com paixão livros antigos ou modernos sem nunca ler um único deles, e não simplesmente porque o manuseio pode estragá-los e fazê-los perder seu valor comercial. Ora, sabemos que os livros que não são lidos deixam logo de ser livros. Tornam-se alguma coisa diferente e tiram seu valor de outras qualidades que não o interesse suscitado pela leitura. A indicação "seminovo" ou, pior ainda, "não cortado" ou "n. c.", figurando num catálogo de livros usados ou no de uma venda de grande bibliofilia, me enche de alegria e me aflige ao mesmo tempo: eis um livro impecável, mas que não foi amado como livro, devorado, como se diz, digerido também, e que, conservado tão limpo e tão fresco, virou um objeto de decoração ou de especulação. Por que não foi guardado num cofre? Mas o colecionador gosta de mostrar, exibir mesmo, a boa compra ou o achado. Há nele a vaidade do caçador ou do pescador. Os livros arrumados nas estantes, por vezes protegidos da poeira com um vidro, sempre evocaram para mim os faisões alinhados antigamente aos pés dos caçadores, orgulhosos de se mostrarem aos fotógrafos. Na linguagem do *marchand*, o "não cortado" indica um estado irrepreensível, um objeto ao qual se prodigaram atentos cuidados, do qual se manteve a encadernação, se protegeram as gravuras, mantidas afastadas do pó ou da umidade. Fico feliz às vezes de adquirir esse virgem, e sinto de novo aquela vontade febril que experimentava diante dos livros de aniversário quando, com o corta-papel na mão, preparava-me para realizar o ato iniciático de oferecer seus cadernos à leitura. Comprado o dito livro raro, também eu me abstenho de lhe cortar as páginas e, uma vez coberto de papel cristal, se não for encadernado, ele vai se juntar à biblioteca de meus livros modernos. Entretanto, sinto uma profunda saudade dos livros que não eram aparados cujas páginas era preciso cortar interrogando-se sobre os mistérios da dobradura do granel impresso.

O AMOR ÀS BIBLIOTECAS 7

Para mim, uma biblioteca pública é essencialmente um lugar consagrado à leitura. Tomei nitidamente partido entre a comunicação e a conservação nesse debate que ainda divide, ao que parece, os curadores e a administração das bibliotecas. Sou partidário da comunicação, apesar de meus gostos de colecionador inveterado e de entesourador de impressos e apesar da consciência de ter na biblioteca outras necessidades que as do leitor em geral. Desde a adolescência, frequento muito as bibliotecas, e fico geralmente feliz e satisfeito. Li aí mais livros do que no meu escritório ou no trem, e um destino de professor universitário de província fez de mim um usuário cativo desse último. E eu me pergunto por que os dicionários — será um sinal dos tempos? — nunca empregam a palavra "leitura" em sua definição da biblioteca. Contudo é lá que consulto seus antepassados, o *Dictionnaire* de Émile Littré, o *Larousse du XIXe siècle* de Pierre Larousse ou o *Grand Robert*. Pode-se desconfiar deles, que não existem a não ser porque seus autores leram e os leitores que os consultam leem, por terem escolhido a conservação contra a comunicação? Para mim, uma biblioteca é, portanto, primeiro um lugar onde se lê. Todos os tipos de livros, raros ou comuns, antigos ou recentes. A natureza, a qualidade deles são, sem dúvida alguma, menos importantes que sua presença e circulação. Nessa ótica, a meu ver, a noção de riqueza de uma biblioteca é, afinal, totalmente problemática.

Talvez seja verdade que a leitura na biblioteca é particular. Eu a definiria de bom grado como uma leitura gregária, livremente imposta e vigiada. Os sistemas de controle atual para evitar os roubos. As aspirações regulamentares e burocráticas naturais em toda instituição em geral, e nesta em particular. A consciência hoje dissimulada, mas bem presente, de que a leitura vale em si mesma. A ausência frequente de comodidades para a utilização dos livros que têm circulação livre faz que se deva ler ali mesmo ou, única liberdade ou fantasia permitidas no caso de uma obra de referência, em um lugar liberado. Acabaram aquelas bibliotecas que não nomearei, mas doces em minha memória, onde o leitor, vencido pela necessidade, levava um volume para ler no banheiro ou mesmo instalado

8 JEAN MARIE GOULEMOT

preguiçosamente em pleno sol, no espaço verde mais próximo, olhando os passeantes. Como existem para cada um recordações de infância, acabará por existir nos leitores da minha geração uma memória dessas leituras não controladas que agora se tornaram impossíveis.

O livro que se vai ler é um ensaio. Tomemos a palavra pelo que é: entre o rúgbi, em que a palavra designa a tentativa nem sempre coroada de êxito, e a definição de um livro de humor, que adota certo tom irônico, mas pede outras reflexões e estudos mais aprofundados. O presente livro não pretende ser uma obra erudita, apesar das inúmeras leituras de documentos diversos e um recurso constante à história das bibliotecas, do livro, da edição e da leitura. Ele não implica nenhuma recusa desdenhosa da erudição, não é alérgico à poeira do passado. Mistura voluntariamente os elementos de uma história geral complexa, a da acumulação e depois a da conservação pública ou privada dos livros, de sua comunicação, e a história mais restrita, privada, em um sentido, de uma vida de leitor em bibliotecas cujos fragmentos ele propõe em uma espécie de autobiografia incerta e reduzida. Confunde o "eu" da memória e os impessoais do saber e do questionamento. Porque não posso dissociar minha experiência das bibliotecas, francesas, espanholas ou americanas, de um olhar lançado à biblioteca, não somente como depósito de livros e lugar de leitura, mas também como lugar de aprendizado e de sociabilidade. Refletindo bem, passei mais tempo lendo em bibliotecas do que comendo, frequentando cinemas ou museus, ou passando férias na praia. Menos do que dormindo sem dúvida, porém, mais do que escrevendo ou lendo em meu escritório ou estendido na cama. Estou pronto a declarar sob juramento que a leitura e mais geralmente o trabalho em bibliotecas constituíram minha atividade principal. Ia escrever meu verdadeiro trabalho. Se me acontece às vezes lamentar ter sido professor durante quase quarenta anos – e hoje sem dúvida ainda mais que ontem –, jamais questiono as horas, os dias, as semanas, os meses, os anos passados em bibliotecas. E, para terminar essas enumerações contábeis, sem

O AMOR ÀS BIBLIOTECAS 9

dúvida alguma conheci mais bibliotecas que mulheres. Entretanto não se deduzirá daí uma patologia particular, da qual eu seria a ilustração viva e enfadonha.

Dediquei uma parte de minhas pesquisas à história do livro e da leitura em áreas tão particulares quanto o livro pornográfico ou a utopia. Para a história das bibliotecas, interessei-me pelas bibliotecas imaginárias das Luzes, de Montesquieu à Revolução. Em minha pesquisa como em minha bibliofilia, fui amador de curiosidades, que não se confundem necessariamente com as *curiosa*. Mais amplamente, além dessas pesquisas, vivi para e pelo livro. Pratiquei-o em bibliotecas, comentei-o nas minhas aulas, critiquei-o nos periódicos e no rádio, coloquei-o a serviço de meu lazer, colecionei-o com paixão. O livro me ajudou a construir o olhar que lanço sobre os outros, sobre mim e sobre o mundo. Todos os pretextos foram bons para reforçar meus vínculos com ele. Para meus filhos pequenos, comprei livros de juventude antigos: os do Babar de antes da guerra, os de Benjamin Rabier, os velhos Jules Verne ou os de Bécassine, fingindo ignorar que eles podiam preferir os livros de sua época. Raramente tomei decisões sem consultar livros. Procurei neles conselhos de pediatria, receitas de cozinha (atividade em que a leitura deu apenas lastimáveis resultados). Consultei manuais de bricolagem e guias turísticos, de preferência sempre antigos e perfeitamente desatualizados. Sou daqueles que, diante de um problema, afirmam imediatamente que deve haver livros para ajudar a resolvê-lo. Meu conhecimento do passado – mas pode ser de outra forma? –, tanto do meu como do de meu país e de alguns outros, deve-se aos livros.

Nem tenho vergonha de reconhecer que, sem me dar conta, aprendi nos livros a amar e a odiar, depois mais tarde a tolerar e a dialogar, um pouco como na minha adolescência se aprendia a beijar no cinema, não aproveitando a cumplicidade acolhedora das salas escuras, mas olhando, com rara intensidade pedagógica e real vontade de saber, os casais abraçados na tela. Após cada uma de minhas leituras, mesmo quando se tratava de livros sem vínculos aparentes com a atualidade, tive subitamente consciência de compreender melhor o mundo e mais ainda de saber com certeza que ele existia. Tal como a pintura, os livros me ensinaram a ver e a olhar. Pertenço, portanto, à religião do livro a ponto de me ter tornado um de seus ministros.

Todavia, nem o livro nem a leitura se relacionam diretamente com meu propósito. Eles constituem seus implícitos indispensáveis, assim como as questões jamais formuladas claramente se situam na origem de uma reflexão sobre as bibliotecas. Por exemplo, por que escolher ler em bibliotecas, e às vezes mesmo livros que já se possui em casa? Descartemos a desordem que reina habitualmente nas estantes de todo escritório que se respeita e torna a busca de um volume quase desesperada. Ou, mais certo, questão de ouvido e de ambiente. Gosto tão pouco da solidão e do silêncio de meu escritório que trabalhando sempre ouço música e não consigo deixar de, a intervalos regulares, ir escutar as notícias degustando chá, olhar uma pasta de desenhos ou folhear outro livro, totalmente alheio ao trabalho empreendido naquele momento. A leitura no escritório me desagrada porque acho que é autista e silenciosa. A ausência dos outros, dos mil barulhinhos percebidos na biblioteca, como a fricção do braço na mesa, a página que se vira, a caneta que desliza, hoje em dia o canto do computador que assinala seu retorno à vida ativa, todos esses ruídos e mil outros me são indispensáveis. Eles são a vida à qual quero que o livro e a leitura pertençam completamente. Se levanto a cabeça do meu livro, vejo diante de mim um rosto debruçado sobre um livro ou perdido em seus sonhos que me enternece como outro eu mesmo. Apesar dos espessos carpetes de que a Biblioteca Nacional da França se orgulha, de uma bela cor ocre-ruça, e que se deve, ao que parece, à atenção excessiva do presidente Mitterrand, existem no deambulatório ruídos de vida, excessivos às vezes, mas sempre consoladores.

Salvo esquecimento, não conheço muitas bibliotecas de importância nas quais, mesmo sob a forma de um golpe de vista, não se consiga ver ou adivinhar o céu acima das lâmpadas que iluminam o plano de trabalho, seja levantando a cabeça para uma claraboia, seja através de uma galeria ou de uma janela que oculta, porém, às vezes, como na biblioteca do Arsenal, um edifício plantado do outro lado da rua. Vê-se por aí o vínculo que une as bibliotecas, pensadas às vezes abusivamente como uma clausura, e o mundo exterior da vida urbana ou dos grandes espaços. Na biblioteca universitária de Lausanne, percebem-se do nosso lugar as montanhas nevadas. Mas ali é demais. Acaba-se por perder a sensação reconfortante e protetora de um lugar isolado, feito de livros. A ideia tão contemporânea de confundir totalmente o exterior e o interior para se abrir para a vida não consegue convencer-me, pois a vida não está necessariamente lá fora como deixa entender essa teoria. O que não significa que se deva confundir, como se pretende às vezes, a biblioteca com um claustro.

Tal como os conventos e os claustros, os hospitais ou as igrejas, as bibliotecas submetem-se à lei do silêncio, que se tornou um bem inacessível com o aparecimento dos telefones celulares, a irreprimível necessidade atual de falar de si, barulhos bem mais importantes que os da página que se vira ou do leitor surdo que boceja quase desconjuntando o maxilar, sem nem mesmo se dar conta. Os ruídos de origem técnica substituíram amplamente os ruídos humanos. A antiga Biblioteca Nacional da Rua de Richelieu vibrava com os barulhos de instalação dos leitores até por volta das 10 horas da manhã. Ressoavam então os bons dias trocados, as saídas dialogadas rumo aos cafés das vizinhanças. A partir das 16 horas, folheava-se a última edição do *Monde*, anunciada e vendida, na própria entrada da Biblioteca, por um refugiado, iraniano, creio eu, leitor apaixonado do produto que vendia e que, deixando jornais em pilhas e moedas sobre um saco de tecido, se ausentava com frequência para discutir com um compatriota, na calçada da frente, com gestos veementes. Os barulhos exprimiam necessidades humanas e relacionavam-se quase sempre ao ruído do papel. Tudo combinava com o lugar. Não se veem mais leitores voltando, com o *Monde* debaixo do braço, por volta das 16 horas. *Le Monde* e a Biblioteca Nacional da França, por diversas razões, deveriam preocupar-se com isso. O urbanismo de qualidade, a democracia no cotidiano, é também o jornal de proximidade.

12   JEAN MARIE GOULEMOT

Uma biblioteca deve ser um lugar vivo. Meu escritório, onde fico sozinho com meus livros e meus fantasmas – fotos de meus pais mortos, dos filhos que cresceram há tempo –, é um lugar marcado por mim que envelheço, pelo meu apreço pelos objetos, pinturas e gravuras acumulados. Apesar dessa vigília tranquila dos mortos e das lembranças, jamais experimento a impressão de estar acompanhado. Estou sozinho com eles, vivendo entre as sombras. Nunca sinto nesse escritório a impressão de que ele me é estranho e familiar como a sala de leitura de uma biblioteca assiduamente frequentada, com rostos que, a despeito dos frequentadores habituais, me são, em grande parte, desconhecidos. O espaço do escritório é um espaço habitável transformado em escritório, onde reina alegre desordem: livros mal classificados, pastas de desenhos em cavaletes, fotos, lápis, clipes, tubos de cola, caixas de pasteis... ao passo que o da biblioteca foi pensado não pelos leitores (uma pena, como às vezes tendo a pensar), mas, teoricamente, para eles e para os livros. Assim, ele é ordenado: em depósitos, salas diversas de leitura e lugares discretos de administração. Os livros lidos, obras de referência ou não, são aí continuamente recolocados no lugar, segundo uma ordem que se sabe rigorosa, embora nem sempre compreensível. Um simples erro, e eis o livro perdido por muito tempo. A altura das salas de leitura, muitas vezes impressionante, não tem nada comparável com os três metros e sessenta de pé-direito do meu escritório. Na biblioteca, meu olhar pode se perder muito além de meus vizinhos imediatos. Não tenho outro espaço aberto em meu escritório a não ser o dos meus sonhos. Se meu escritório se parece com um quarto ou uma sala com livros, onde se teria substituído a cama ou o sofá por uma mesa com sua lâmpada e sua desordem solidamente implantada, sem remédio real, as salas de leitura que frequentei nas grandes bibliotecas europeias – em geral criadas ou pelo menos organizadas, no século XIX –, assemelham-se por seu volume e o silêncio que se tem o direito de exigir ali a salas de culto em desuso. Acontece, quando o arquiteto, tomado pela modernidade, prefere o concreto armado aos livros, que as salas evoquem, apesar de algumas manchas de cor da madeira, os *Carceri* [Cárceres] de Piranesi, por suas vias de acesso cimentadas e as pesadas tecelagens de aço decorando as paredes. O que se pode licitamente deduzir disso sobre os arquitetos e seu imaginário? Menos, sem dúvida, do que sobre o efeito, para o próprio leitor, dessa arquitetura feita em fôrmas de simbolismo grosseiro, mistura de materiais próprios da era industrial.

II

Dessas catedrais do livro nascem paradoxos e contradições. O silêncio, o recolhimento ao qual convidam são muito alheios a nossa época tagarela e tomada por uma real agitação. A leitura silenciosa, sempre descrita como a marca da inscrição da leitura no intelecto e solidão do sujeito, exibe-se ali diante de testemunhas. Numa biblioteca frequentada, lemos sob o olhar de outrem. A leitura, muitas vezes, instala-nos numa espécie de ausência, em outro lugar mental, mais real que o mundo em volta. Lemos esquecendo os olhares divertidos ou reprovadores lançados sobre nós, esquecendo pouco a pouco o controle social de nosso corpo. Aquele que é absorvido por seu livro abandona-se e faz, como adormecido, gestos inconsiderados. Abismado na leitura, o leitor, sem ter consciência disso, faz caretas, coça o couro cabeludo, suspira, dá risadas, franze as sobrancelhas e às vezes explora com habilidade meticulosa suas fossas nasais e seus condutos auriculares. Não é meu propósito condenar esse desleixo, que se pode interpretar como uma liberdade reencontrada ou, ao contrário, como o resultado de uma aspiração libertária deslocada. Mais simplesmente, constato que o leitor observado, se se entregasse a tal pantomima em outra ocupação, mesmo num lugar público, não a executaria tão livre e espontaneamente quanto a pratica aqui na atividade de leitura. Objetar-me-ão as explorações corporais muito amplamente praticadas pelos motoristas franceses retidos nos engarrafamentos. O paralelo não é exato. O motorista interrompe essas atividades de exploração assim que a via fica livre. Concentra-se então na direção e tenta recuperar o tempo perdido. Elas não o impedem, porém, de observar nervosamente seu entorno

14 JEAN MARIE GOULEMOT

e às vezes mesmo de buzinar com uma mão raivosa momentaneamente livre. O trem, o ônibus, o metrô, onde às vezes se pratica a exploração corporal, não têm a finalidade de ser lugares de leitura. A leitura é aí ocasional, e conheço poucos exemplos de leituras tão absorventes num meio de transporte que conduziriam nosso viajante a esquecer o ponto no qual deve descer.

O comportamento do leitor perturbado fisicamente por sua leitura, esquecido de seu corpo, da disciplina imposta socialmente sobre ele, do lugar onde se encontra, dos outros também, oferecendo seu abandono aos olhares de seus vizinhos, esse leitor não suscita na biblioteca nem interesse nem chamada à ordem. Ao leitor distraído, censurar-se-ão os murmúrios intempestivos ou o toque de seu telefone celular. Mas existe um consenso sobre os efeitos desestabilizadores da leitura, mesmo que deem da humana condição uma imagem de fraqueza e de abandono. A ideia de silêncio não pertence mais a nossa cultura: nossos contemporâneos gostam do barulho embora se queixem dele. O *walkman*, ouvir música em volume muito alto, o uso de veículos de escapamento barulhento ilustram essa necessidade do barulho como para se dar a ilusão de que não se está sozinho, frente a frente consigo mesmo. Pascal consideraria que fazer barulho, falar para não dizer nada, são as formas modernas do divertimento. O leitor obedece com frequência a imperativos contraditórios. Exige silêncio dos vizinhos e indigna-se barulhentamente quando estes sussurram, mas esquece-se de desligar seu telefone celular. A diminuição generalizada da prática religiosa torna muitos leitores contemporâneos insensíveis ao parentesco entre lugares de culto e lugares de leitura. Num pequeno cartaz que convida muito cortesmente a se calar – "Pede-se respeitar o silêncio" –, colocado no exterior da sala K, no piso "jardim" da Biblioteca Nacional da França,[1] um leitor acrescentou, ironicamente,

---

1 Em suas novas instalações no sítio Mitterand, a BNF possui dois níveis interligados por escadas rolantes: um que fica no térreo chamado "rez-de-jardin" e outro chamado, em um nível logo acima, "haut-de-jardin". Aqui, para facilitar a referência, preferimos uma tradução correlata. (N. E.)

O AMOR ÀS BIBLIOTECAS **15**

acreditava ele, diante dessa recomendação desejada incongruente: "Reza-se".[2]

Nesse arquipélago que uma biblioteca representa, cada leitor é como uma ilha. Mas quem frequenta com assiduidade uma grande biblioteca sabe bem que os leitores acabam se olhando, às vezes mesmo se reconhecendo, praticando uma familiaridade distante como a de vizinhos de porta, trocando algumas palavras e bebendo alguma coisa, entregando-se por um instante às delícias de banalidades do intervalo do cafezinho. Na Biblioteca Nacional da França – que não era a Rua de Richelieu –, a exiguidade do espaço não explica tudo, instalaram-se duas cafeterias. Uma, aparentemente maior, no piso "alto do jardim" e uma segunda, sem dúvida mais modesta, onde o pesquisador vive mais de saberes do que de pão, no piso "jardim". A visão desses alimentos terrestres, modestos em número, elevados no preço e medíocres na qualidade, surpreendeu. Alguns veem aí uma revolução. O imaginário que preside à individualização do pesquisador o pinta sóbrio, ascético, afastado em todo caso dos apetites comuns. No máximo, como aos artistas, dos quais ele é uma espécie de primo que não deu certo, concede-se-lhe o alcoolismo e certa atividade sexual, julgada confusa e compensatória, mas nenhum refinamento culinário. "Esses daí, dizia o garçom de um café da Rua de Richelieu designando os frequentadores da Biblioteca, podemos servir-lhes qualquer coisa, eles nem percebem!" E ilustrava a fala com a ação. Já o doutor Tissot, bem conhecido por sua luta contra o onanismo no século XVIII, demonstrava no tratado *De la santé des gens de lettres* [Da saúde dos homens de letras] (1768), que as prisões de ventre devidas à posição sentada, das quais, como grandes leitores, eles sofriam mais que os outros, favoreciam neles certos transbordamentos e certas ausências.

---

2 Jogo de palavras proporcionado pelo uso do verbo *prier*, que em francês exprime tanto *pedir* quanto *rezar*, *orar*, e do substantivo *prière*, que denota *prece*, mas também uma forma polida para pedido, traduzido aqui pelo verbo rezar. (N. T.)

16 JEAN MARIE GOULEMOT

O que era saudado como um progresso, uma nova atenção dada às necessidades dos leitores, não me espantou nem um pouco. Em Madri, onde há cerca de quarenta e cinco anos comecei minha carreira de leitor, na Biblioteca Nacional, existia um bar muito simpático onde se bebia um excelente *valdepeñas* acompanhado de azeitonas e de queijo manchego. No Ateneo, outra grande biblioteca madrilena, podia-se mesmo, se a memória não me trai, degustar excelentes pãezinhos com filés de anchova, na mesinha da sala de leitura. E uma amiga me lembra, fato excepcional nestes tempos de censura antitabaco intransigente, que havia lugares reservados aos fumantes. O que, na França, se dá facilmente como inovação é frequentemente na realidade somente uma maneira pouco discreta, e não isenta de vaidade, de preencher um notável atraso. Porque se põem bancos de *design* em volta de uma mesinha num restaurante de empresa, acredita-se dar a ilusão de fazer algo novo e de ser social. Portanto, na BNF, lancha-se enfim (bastante mal) como nas bibliotecas dignas desse nome. Gostaria de crer, para terminar, que essa possibilidade oferecida de se restaurar as energias não responde unicamente a imperativos comerciais, como as lojas dos museus, mas antes de tudo a uma mutação radical da imagem que se faz dos leitores, reconhecendo-se que eles não vivem só de leituras.

A França cultivou longamente essa ideia de que a cultura, da qual a leitura constitui uma das vias de acesso, vale por si mesma. Na biblioteca, o leitor ficou então durante muito tempo por princípio malsentado e mal iluminado. Gozava de um lugar restrito e o uso da máquina de escrever lhe foi proibido desde sua invenção. As coisas felizmente mudaram. Mas mantém-se desse período jansenista o custo excessivo das fotocópias, que os mais políticos interpretam como uma vitória obtida pelos defensores da conservação e os mais eruditos como a vontade de reatar com a tradição medieval que fazia necessariamente do leitor um copista. O acesso ao saber se ganhava então com a força do punho. O que deveria ter inquietado, um pouco mais tarde, nosso bom doutor Tissot.

Não se confundirão os dados fornecidos por este ensaio sobre as bibliotecas com os resultados de uma pesquisa sociológica. Eles

O AMOR ÀS BIBLIOTECAS　17

remetem a devaneios, intuições, desejos talvez, tanto quanto a realidades. O leitor que levanta a cabeça de seu livro, olhar perdido ao longe, cessou por um instante de refletir na sua leitura. Não sei qual sonho o transporta, mas não posso impedir-me de acreditar que a biblioteca desempenha aí um papel. Aqueles que se lembram de seus sonhos na escola compreenderão. Uma mosca voando na luz da primavera bastava, entretanto, para distrair o aluno atento que fui. Ela me dava vontade de sair para o pátio, de que fossem quatro horas, de ouvir o sino do recreio, de rever minha avó e minha mãe que me esperavam. Em outro lugar, a mesma mosca e seu raio de luz me teriam arrastado a outros sonhos, nos quais eu teria talvez imitado Ícaro em seu voo. A biblioteca me incita a me interrogar sobre os livros que meus vizinhos leem, sobre meus vizinhos, sobre os bibliotecários atarefados a arrumar os livros ou a informar os leitores. A racionalização das bibliotecas contemporâneas, seu recurso às tecnologias avançadas, à digitalização, fazem que eu deseje, recusando-me a tomá-los por robôs, uma relação mais humana, real ou sonhada, com todos aqueles que me permitem ler. Fico um momento batendo papo com o pessoal do vestiário, cumprimento uns e outros, alegro-me por reencontrar um empregado que já trabalhava na Rua de Richelieu.

É também para mim uma maneira de compensar a ausência notável de muitos frequentadores da antiga Biblioteca Nacional. Daqueles leitores familiares, permanecem bem poucos na de Tolbiac. Um leitor idoso notava com amargura que a nova Biblioteca desbastara as fileiras. A mudança de lugar, a adaptação necessária e difícil às técnicas novas, a dificuldade das reservas, a multiplicação dos controles, a mania passavelmente perversa da mudança que torna caduco rapidamente o que se aprendeu penosamente, o aspecto maratonista dos deslocamentos afastaram os leitores menos suscetíveis de se adaptar, menos ágeis e mais apegados aos hábitos adquiridos. Alguns tiveram a impressão de que o leitor não estava mais no centro do sistema, de que tudo tendia mesmo a lhe permitir não frequentar mais a biblioteca. A consulta à distância dos catálogos, dos textos digitalizados, a possibilidade de imprimi-los em domicílio fazem que a biblioteca não pareça mais o lugar indispensável à leitura. Ela prepara um evidente processo de dessocialização. Ficar-se-ia tentado a lhe propor um *slogan*: "Frequentem melhor a biblioteca pública ficando em casa!" O que, hão de convir, é um enunciado contraditório.

O que é uma biblioteca sem leitores? Um depósito tão inútil quanto um livro à espera de seu leitor. Uma alma morta visto que separada do corpo e afastada dessa unidade tão vigorosamente descrita por Descartes. Aqui como um navio sem passageiros e para sempre atracado, que acaba por se desintegrar sob os esforços conjugados da água, do vento, do sal e da fauna marinha – o que não quer dizer que não exista nenhum parentesco entre a coleção e a biblioteca e que essa última seja totalmente estranha ao museu. Ao se observar detidamente, o que, no conjunto, dá à biblioteca sua singularidade é o contato físico, assim como intelectual, que a leitura estabelece entre o livro e o público. Se há coleção, no museu e no âmago da biblioteca, ela não tem o mesmo estatuto que a acumulação privada, visto que está aí submetida ao olhar público, aqui à leitura, às mãos do leitor, ao dedo que vira as páginas, à descoberta progressiva, linha após linha, do conteúdo. Nada a ver, nesse último caso, com o percurso do visitante de pinacotecas. O colecionador que me tornei não se contenta em acariciar com o olhar como um visitante num museu. Eu toco, desloco, limpo, e, se se trata de livros, não me contento em virar as páginas, olhar as ilustrações, interesso-me também pelas encadernações, pelo estado do volume, pelas marcas deixadas pelos proprietários anteriores. A tal ponto que a encadernação desbotada e baça de um volume pedido em consulta numa biblioteca me dá vontade de pegar meus trapos e ceras para voltar a lhe dar um pouco de brilho. Mas sabemos também que os museus são hoje em dia minoritariamente de pintura. As bibliotecas são quase sempre unicamente de livros. Se os livros forem minoritários, são chamadas mediatecas. Esse termo traduz uma generalização sem dúvida na moda, mas discutível, da ideia de leitura.

As coisas a colecionar são inumeráveis. Das gravuras de Dürer aos invólucros de açúcar em cubinhos passando pelos próprios livros, vê-se que a escolha está aberta. Desde muito jovem, colecionei com paixão: quadros, desenhos, gravuras, documentos literários, livros antigos e modernos, objetos de arte primitiva. Na releitura, pergunto-me se essa lista está completa. Mas pouco importa. Se me ativer unicamente aos livros, sei que os volumes que colecionei não têm nem a mesma função nem o mesmo estatuto que aqueles que leio em bibliotecas, mesmo que tenham em comum a relação corporal, quase erótica, mantida com eles. Assim, é raro que eu empreste os livros de minha biblioteca pessoal. Se transgrido a proibição, é com a consciência de cometer uma espécie de falta, de não respeitar uma regra não escrita. Os livros que coleciono não são feitos somente para serem lidos. Manipulo-os o menos possível. Para classificá-los, encerá-los, tirar-lhes o pó, mais raramente, em caso de extrema necessidade, para lê-los. Conheço seu valor aproximado, sua raridade. Nada disso em bibliotecas, onde o livro é destinado a ser lido. A leitura da qual ele depende que lhe dá seu valor. Mesmo na reserva da Biblioteca Nacional da França ou de bibliotecas mais modestas, o critério é de raridade, que não se confunde com o valor mercantil. Como o museu (excetuando talvez os museus americanos), a biblioteca desvaloriza (no sentido monetário do termo) os livros que aí são guardados. Sua utilidade imediatamente percebida é sua capacidade de fornecer uma informação necessária em dado momento. É raro que se venha ler numa grande biblioteca para experimentar um prazer estético. Quando ele existe, é somente um suplemento ainda mais apreciado.

Todo museu implica um distanciamento, uma apresentação de conjunto ao acaso das salas, das vitrines e das peças nas paredes. Pode-se isolar numa visita tal ou tal peça, demorar-se aí, mostrar mais interesse por ela, transformá-la mesmo num documento a consultar. Esse ato de seleção e de hierarquização é intelectual e não perturba em nada a ordem do museu; não implica, salvo autorização particular, nenhum contato físico, nenhum deslocamento das peças contidas nas coleções expostas. Se isso ocorrer, é para uma exposição, uma restauração, uma nova disposição prevista por uma reorganização do próprio museu. Em toda coleção privada, há uma classificação e uma

20 JEAN MARIE GOULEMOT

desordem. As gravuras que possuo estão em pastas que de tempos em tempos prometo a mim mesmo classificar. Promessa não cumprida e tarefa incessantemente adiada. Meus livros antigos em duas fileiras sofrem deslocamentos muito frequentes. De acordo com o tamanho, o tema, a época, a série, os motivos da encadernação... Ajo mais ou menos segundo minha fantasia e o ritmo que me impõem minhas compras e meus achados. Não tenho catálogo, apesar da consciência que adquiri de que precisaria elaborar um. Não para me orientar, mas sem dúvida para deixar, quando chegar o momento, uma bagagem em ordem para nossos filhos, para o seguro em caso de sinistro, ou a necessidade de vender...

Será que eu sou um caso à parte, um produto de minha educação? Minhas primeiras lembranças remontam à Ocupação. Minha família era refugiada. Ela possuía mais ou menos o necessário, exceto comida e roupa, mas nada era supérfluo. Minhas coleções me protegeram retrospectivamente daqueles tempos de penúria. Serviram para exorcizar o passado e meus temores de então. Hoje, mesmo sem querer, minhas coleções me obrigam a pensar na minha morte. O que se tornarão depois de mim? Faltando a nossos filhos tempo e consciência do que elas representam, será que acabarão numa loja de objetos usados ou num leilão não catalogado? Minhas coleções, muito mais seguramente do que os livros que escrevi, impelem que eu me interrogue sobre a marca que deixarei. Paradoxalmente, enfim, elas me ajudaram a não me apegar demais às coisas, a considerá-las como uma reserva útil e mais divertida de constituir do que o depósito regular na Caixa Econômica. Em momentos de necessidade, vendo algumas das peças que as compunham. Não foi um sacrifício; experimentei mesmo certo orgulho em vender com lucro o que adquirira habilmente, sentimento totalmente alheio ao que nasce da consulta das peças mais raras de uma biblioteca pública. A riqueza de um catálogo de biblioteca pode provocar a sensação de se imergir no patrimônio cultural de uma nação, até mesmo às vezes da humanidade. Esta é talvez a razão de ser mais profunda da leitura em bibliotecas, mesmo que eu não pretenda que ela seja consciente. Imagino com dificuldade um colecionador que exalta sua coleção a ponto de se pretender depositário de uma fração do patrimônio cultural. Por mais rica que seja sua coleção, nenhum colecionador tem a pretensão de se igualar a um museu. No máximo pode sonhar que um dia sua coleção se reunirá às riquezas desse último. A pretensão de possuir uma parte do patrimônio cultural é aceitável quando se refere aos arquivos de um grande homem ou uma obra de um grande mestre, mas ela parece sempre um pouco exagerada. Enfim, tratando-se de coleções de livros, falta-lhes esse desejo de exaustividade que persegue toda biblioteca pública, mesmo modesta.

Isso mostra a complexidade da relação aos tempos presente e passado que expressa a frequentação de uma biblioteca pública contemporânea de envergadura. Insisto sobre o adjetivo "contemporânea", pois as bibliotecas têm uma história e a noção de leitura pública é ela mesma relativamente recente. Uma placa colocada na entrada da Biblioteca Mazarina indica que esta, aberta ao público em 1749, é a primeira biblioteca pública a existir na França. A extensão e multiplicação delas datam do século XIX. Ainda é preciso se entender sobre o sentido dessa placa comemorativa e compreender que a Biblioteca Mazarina não era mais reservada unicamente a seu proprietário, morto havia quase um século, mas acessível sob certas condições a leitores privados. A leitura pública é um termo enganador. Ela deixa crer numa prática indiferenciada e generalizada. Não é nada disso. Quantos lugares de leitores no conjunto das bibliotecas existentes na França e que porcentagem da população leitora poderia satisfazer aí coletivamente sua necessidade de ler? Ninguém ignora que o público das bibliotecas é minoritário, que suas demandas são diversas, que se distingue, por exemplo, na Biblioteca Nacional da França a biblioteca de estudo do piso "alto do jardim", aberta ao grande público, e a do piso "jardim", reservada aos pesquisadores autorizados, que dispõe de uma reserva riquíssima. Nada a ver, porém, com um convento, apesar das alusões do arquiteto ao claustro de um mosteiro, que impressionaram tão vigorosamente, diz-se, o presidente Mitterrand. Tenho certeza de que nenhum dos leitores que gastam suas solas a palmilhar essas

22 JEAN MARIE GOULEMOT

ilusórias galerias acha essa comparação pertinente. Se se escolher conversar aí com um amigo, incomodam-se os leitores. Então elas se percorrem, não se passeia. Pode-se mesmo antecipar que nas bibliotecas conventuais, abertas a todos os monges do convento e a todos aqueles da sua ordem, se praticava o que entendemos hoje por leitura pública? Permitir-se-á aos historiadores duvidar disso.

Se nos propomos explicar o que esconde ou encobre o amor às bibliotecas, é muito evidente que os monges medievais, por mais apegados que fossem à sua biblioteca, experimentavam por ela sentimentos diferentes dos nossos ou daqueles dos sábios do museu de Alexandria. Assim como existe uma história das bibliotecas, da leitura, de seu estatuto, dos desafios reais ou imaginários que eles recobrem da Suméria até hoje, existe também uma história ainda por escrever dos interesses que elas suscitam, das paixões que elas fazem nascer. Segundo o suporte do "livro" – placas de argila seca, papiros, rolos, códices, livros de papel impresso, microfilmes, páginas digitalizadas numa tela – ou o lugar utilizado para a leitura – edifício desviado de sua função primeira ou especialmente pensado e concebido em função da imagem que se faz da leitura e do leitor –, vínculos diferentes se criam com o livro e a biblioteca e constituem--se estatutos, usos, outras práticas da leitura pública ou em público – o que não quer dizer a mesma coisa.

Enfim, na fundação das instituições culturais, o medo desempenha um papel tão grande quanto o desejo e a vontade criadora. Sinal visível do poder político, desejo de possuir todos os saberes do mundo, mas igualmente medo da perda, da destruição, do cataclismo, do desperdício generalizado: a biblioteca traduz e exprime tudo isso. O incêndio, a inundação, os bárbaros, o triunfo da ignorância, a vitória dos censores e da intolerância são outras tantas ameaças que pesam sobre as bibliotecas. Não é por acaso que, desde as origens, o fogo é uma das formas privilegiadas do pesadelo do aniquilamento cultural. A vivacidade das chamas, o brilho que elas desprendem, seu avanço devorador representam paradoxalmente o prelúdio escolhido para a entrada nas trevas. Conhece-se a linhagem: o incêndio de Alexandria, acidental por parte de César, desejado pelo califa

O AMOR ÀS BIBLIOTECAS   23

Omar ou alguns cristãos fanatizados, o livro sacrificado em *auto-da--fe*, o volume condenado pelos teólogos da Sorbonne, queimado pela mão do carrasco, as fogueiras de livros feitas pelos nazistas durante as saturnais hitleristas, seguidos sem dúvida pelo fogo purificador dos guardas vermelhos do Grande Timoneiro ou dos Khmers Vermelhos e de seus êmulos, os talibãs encolerizados e orgulhosos de sua ignorância... a linhagem não está indubitavelmente prestes a se extinguir. Há incendiários ideológicos sempre de tocha na mão. Mas a história nunca deixa de ser irônica: é em nome de um livro, pequeno ou grande, encadernado em vermelho ou em preto, comum ou reservado a uma elite, que as bibliotecas foram, são e serão votadas às chamas. Outras queimam quando as cidades são entregues aos enfrentamentos dos exércitos e tudo sucumbe nos incêndios e combates. Que eu saiba, nenhuma convenção de Genebra ou de outro lugar proíbe aos exércitos queimar os livros. Quando se pensa nesses livros votados à destruição em nome de outro livro que conteria uma verdade válida para todos e para tudo, é como se, além da barbárie, se afirmasse uma evidência: nunca se acabou de ler e, tenha ele de morrer por isso ou condenar à destruição todos os seus semelhantes, é ainda e sempre o livro que conserva a última palavra.

II
MITOS E REALIDADES DAS ORIGENS

Durante muito tempo, Alexandria foi para mim uma cidade do Egito fundada por Alexandre. Eu conhecia a insolência de Diógenes perante o homem de guerra, mas nada que tivesse a ver com os livros e as bibliotecas. À figura de Diógenes, relaciona-se raramente – ou mesmo nunca – o livro. Diógenes contentava-se com uma tigela de leite coalhado e algumas azeitonas e sabia satisfazer sem ajuda externa suas pulsões amorosas. Pode-se imaginar que aquele que dormia num barril e que, no coração de Atenas, armado de uma lanterna ao sol do meio-dia, "procurava um homem", tivesse gosto pela leitura? Um pouco mais tarde, não consegui ler *O quarteto de Alexandria* de Lawrence Durrell, do qual, porém, falava-se muito bem. Ele tinha uma relação com a Alexandria dos Ptolomeus? Continuo a ignorá-lo. Por mais que aquele que foi meu melhor amigo, Claude Cristin, desaparecido cedo demais, elogiasse as belezas do Egito Antigo, de nada servia. Numa das aventuras de Asterix aparecia Cleópatra, sedutora de César, mas visivelmente sem que se tratasse de paixão livresca. Uma leitura ocasional consagrada a Dominique Vivant Denon informou-me um pouco mais. Uma nota biográfica indicou-me a célebre biblioteca dos Ptolomeus. Rapidamente satisfeito, saciado mesmo, fiquei por aí. E não consigo me lembrar de onde vem tudo o que sei hoje sobre a fundação da biblioteca, seus usos e seu incêndio. Como muitos outros de meus conhecimentos, devo este sem dúvida a um inciso durante um seminário de Krysztof Pomian, dedicado às coleções. A referência a Alexandria despertou outras leituras esquecidas, de Voltaire sobretudo e da *Enciclopédia*. Eu sabia mais do que acreditava. Relegara informações sobre um acontecimento para mim totalmente ultrapassado a um canto da minha memória, sem nem mesmo pensar em estabelecer uma ficha.

As reflexões notavelmente informadas, inteligentes e profundas de François Jacob sobre o paradigma das bibliotecas fizeram o resto e deram sentido a muitas das perguntas que confusamente eu me fazia então. Devo a elas talvez a vontade de escrever este ensaio e de contar minhas experiências de leitor. Pois um leitor em bibliotecas é evidentemente um alexandrino, leitor e comentador, herdeiro de uma longa prática do livro e da leitura. Não tenho estima alguma pelo leitor mudo que tira proveito de seu prazer egoisticamente. Creio na leitura apostólica, vinculada ao comentário e ao compartilhamento. Além do uso que eu fazia das bibliotecas como leitor, para que serviam elas? O que me ajudavam a procurar? Quais eram os limites da ajuda que me podiam trazer? Por que davam uma impressão misturada de fraqueza e de força? Por que a biblioteca me comunicava o sentimento contraditório de minha eternidade e de minha finitude? Graças à biblioteca de Alexandria (mas sonhada por mim e por todos leitores meus irmãos), formulei minhas perguntas e propus minhas respostas. Graças sejam dadas à sua memória!

No começo...

No começo, houve Alexandria e sua fabulosa biblioteca de rolos vindos do "mundo inteiro", se for dado ao mundo um limite muito preciso que poderia ser os contornos do Mediterrâneo oriental. Em nossa cultura, ela existe como um paradigma fundador, entretanto, não foi a primeira. Houve outras antes dela: por exemplo, as bibliotecas atenienses, que jamais atingiram sua amplidão e respondiam mais a uma necessidade intelectual imediata do que a um projeto científico e político. Aristóteles, grande amante de "livros", utilizava-os para seu ensino e punha-os à disposição de seus discípulos. Tal biblioteca, privada na origem, adquiriu um estatuto semipúblico visto que seu uso era reservado aos membros do Liceu. Após o desaparecimento de Aristóteles, Ptolomeu Filadelfo propôs-se adquiri-la para a biblioteca de Alexandria, fundada antes dele por Ptolomeu Soter. Sem entrar nos detalhes, de acordo com a opinião dos historiadores, os sacerdotes, os reis e os filósofos daquele tempo já possuíam bibliotecas. Eram evidentemente privadas, vinculadas estritamente à função de seus proprietários, mantidas mais ou menos secretas, nunca, é claro, abertas ao público nem mesmo exibidas, porque não se sentia necessidade disso para provar seu poder ou a extensão de seu saber.

Muito antes, houve as bibliotecas da Mesopotâmia Antiga. Elas obrigam a vincular a origem das bibliotecas não à leitura, mas à escrita, e preservam-nos de uma interpretação demasiado anacrônica da biblioteca. À escrita e, portanto, aos "livros", se essa palavra convier às placas de argila seca que serviam de suporte à escrita cuneiforme. Com a escrita – na origem conjunto de desenhos que representavam as coisas do mundo, depois, em seguida, não as coisas, mas seus nomes –, graças aos mercadores e aos príncipes, constituem-se os arquivos. Deixa-se assim de ser escravo de uma memória oral a transmitir, que a fiabilidade do contador ou da testemunha, o esquecimento e a morte ameaçam. Os arquivos correspondem essencialmente a documentos contábeis, ou à memorização de fatos fora do cotidiano, que se podem reproduzir e divulgar pela cópia. Eles encontram então refúgio nas bibliotecas privadas, e mesmo numa biblioteca pública, a que instala, em seu palácio de Nínive, o rei Assurbanipal. Ele acumula inicialmente, ao que parece, as tabuinhas vinculadas a seu reinado segundo uma forma que se parece com o arquivo e com os anais. Depois manda procurar tabuinhas que lhe são estrangeiras com obstinação e método, e mesmo às vezes com brutalidade. Cita-se uma ordem real

28 JEAN MARIE GOULEMOT

que ordena a apropriação das tabuinhas, cuja existência lhe foi sem dúvida assinalada, e o envio destas, com a indicação que "ninguém deve retê-las". Ele acumula assim e classifica, graças a "cólofons de ordenação", milhares de tabuinhas. Por ocasião dos trabalhos de escavação realizados mais ou menos oficialmente pelos arqueólogos ingleses no século XIX, exumou-se da biblioteca do rei Assurbanipal um conjunto de 5 mil tabuinhas inteiras e fragmentos muito numerosos a partir dos quais se estimou em 30 mil tabuinhas o conteúdo da biblioteca real. Como se notou, essa primeira biblioteca pública mostra que a escrita foi "já de início portadora de uma força de expansão, de acúmulo, de desenvolvimento, de aprofundamento e de difusão dos conhecimentos e do saber". Ela traz em germe, mas com importantes lacunas que Alexandria preencherá, tudo o que as bibliotecas públicas representam real e simbolicamente no imaginário do poder que as desenvolve e dos leitores que as utilizam, e na memória que o Ocidente conserva delas. Mas se aqui se trata de escrita, e com razão, não se pergunta pela leitura e os leitores. Leitor, onde estava? O que fazia?

A biblioteca de Alexandria representa seguramente a primeira verdadeira biblioteca pública. Não porque ela o fosse realmente, no sentido que nossa época dá ao termo, mas porque nossa memória cultural o decidiu, e através de sua história incerta e vaga, até mesmo controvertida, mitos e sonhos, regras de utilização e práticas de leitura se construíram e medos se confortaram. Entendamo-nos aqui sobre o termo "público" e cessemos de reduzi-lo temerosamente a uma oposição herdada dos debates políticos do socialismo nascente ou mesmo contemporâneo. Por "biblioteca pública", é preciso entender aqui mais certamente uma biblioteca que assegurou amplamente a publicidade de sua existência e de sua riqueza sem se preocupar muito com sua abertura a um leitorado mais popular e mais numeroso. A biblioteca de Alexandria foi conhecida pelos gregos e ninguém ignorava, no Egito, na Judeia, em Roma, que existia uma biblioteca real instalada em Alexandria. Os métodos de enriquecimento usados por Ptolomeu Filadelfo – apreensões ou mesmo empréstimo de manuscritos, a fim de estabelecer cópia deles, em

O AMOR ÀS BIBLIOTECAS 29

seguida devolvidos ou não a seus proprietários, rolos obtidos contra
caução em Pérgamo ou em Atenas, e muitas vezes guardados apesar
dos pedidos de restituição – tornaram célebres por todo o contorno
do Mediterrâneo a biblioteca e seu real proprietário. Intervindo o
rei diretamente na administração das compras e nos acervos, não
houve no início um curador designado. Ela não parou, ao longo dos
reinados, de aumentar suas riquezas. Contou 200 mil rolos com
Ptolomeu Soter, depois 400 mil com Ptolomeu Filadelfo, e estima-
-se que contava com 700 mil por ocasião do primeiro incêndio,
quando Júlio César destruiu com fogo a frota alexandrina.

Decisão real, portanto, certamente iniciativa do poder, mas es-
clarecidas por um homem de saber. Para os Ptolomeus, foi Demétrio de Falera, discípulo de Teofrasto, que vivera em Atenas e
era, simultaneamente, orador, filólogo, filósofo, político e historiador. Fora aluno de Aristóteles. Incentivou o rei em sua política de
aquisição. Chamou sua atenção para textos importantes redigidos
em outra língua que não o grego, compreendeu a necessidade da
classificação e da catalogação dos rolos, e articulou a biblioteca ao
museu, espécie de academia na qual eruditos, submetidos a uma
organização colegial, sem obrigação de ensino, utilizavam para seus
trabalhos os recursos da biblioteca. Sob estímulo dele, ao que parece, o rei constituíra "uma coletânea de livros sobre a realeza e sobre
o exercício do comando", cuja leitura Demétrio lhe aconselhava.
Quer dizer que, desde a origem, a biblioteca ilustra essa verdade de
que os livros nascem dos livros, que o saber não se desenvolve a não
ser por novas maneiras de estabelecer relações entre eles.

À medida que os anos passam, as instituições primeiras se con-
firmam. A biblioteca possui um diretor. Alguns deles passaram à
posteridade. No século III a.C, Zenódoto de Éfeso, em seguida,
Eratóstenes de Cirene, Apolônio de Rodes... Afinou-se o método
de catalogação graças ao gramático Calímaco. Ele propôs estabelecer catálogos dos autores que haviam brilhado em cada disciplina
(houve seis seções para a poesia e cinco para a prosa), o que constituía somente um catálogo parcial dos rolos da biblioteca, mas
melhorava o sistema anterior no qual uma única pessoa conhecia a

30 JEAN MARIE GOULEMOT

classificação dos rolos, que ela utilizava para satisfazer as demandas dos leitores, e na qual iniciava seu sucessor. Pode-se imaginar que, livres de toda preocupação material, os pensionistas do museu consagravam o essencial de seu tempo à leitura e à reflexão fazendo trazer os rolos de que precisavam. Pouco a pouco, ampliam-se as áreas às quais eram consagrados os "rolos". Por exemplo, sabe-se que um judeu, Aristeu, de cultura grega, tendo rompido com suas origens, foi por algum tempo encarregado de mandar traduzir textos, julgados importantes por ele, do siríaco, do persa e do hebreu. Designou esses últimos para o rei chamando-os "textos reais". O rei mandou comprar os rolos. Depois mandou-se vir da Judeia para Alexandria 72 sábios judeus, representando as 12 tribos de Israel, que foram alojados no museu e remunerados pelo trabalho de tradução. Verdade ou vontade de reforçar a simbólica dos números, afirmou-se que a tradução fora terminada em 72 dias.

O uso sistemático da tradução ilustra uma vontade real de anexação, como a do próprio Alexandre, mas recorrendo às armas da cultura e do saber para tentar "ultrapassar os limites do mundo". Se a tradução em grego está relacionada a uma necessidade didática para ampliar os campos do saber, o ato de traduzir é concebido como uma maneira de dominar o outro, de reduzi-lo a si e à sua própria cultura. A tradução tem aqui valor de absorção e de possessão, segundo uma espécie de canibalismo inicialmente linguístico. O poder real se manifesta assim de modo duplo, na vontade de universalização cultural (sendo o universalismo nesse caso muito reduzido geograficamente), mas semelhante no fato de traduzir. Esse ato de dominação permite resolver uma contradição ainda não formulada, mas já inscrita no devir das bibliotecas, entre uma ideia de patrimônio e o recurso a textos estrangeiros que questionam essa última. Permite também compreender que as bibliotecas nacionais dos grandes países misturam conservação do patrimônio cultural nacional e elementos do patrimônio geral da humanidade.

A fórmula segundo a qual tudo já estava presente na biblioteca de Alexandria é excessiva e merece ser nuançada. A biblioteca não era pública, propriamente falando. Os rolos eram reservados a uma

O AMOR ÀS BIBLIOTECAS **31**

elite de eruditos e de escritores que liam, trocavam ideias, trabalhavam em novos livros e, se fosse o caso, ensinavam em galerias cobertas e salas vizinhas. Nada a ver com as salas de leitura de nossas grandes bibliotecas. Apesar dos cursos (dirigidos a qual público?), nenhuma preocupação real de difundir o saber, com objetivo educacional. O fenômeno traduz, sobretudo, a vontade de entesourar todos os escritos da Terra num edifício, que fazia parte do conjunto real do bairro do Bruchion. O objetivo era assegurar o primado da língua e da cultura gregas e, como se observou, compensar a marginalidade geográfica da capital por uma centralidade simbólica cuja memória constituía um desafio. Quem obteria tal domínio, Alexandria, Pérgamo ou Antioquia? Com a biblioteca apareciam também novas relações de tempo: tempo de acumulação, tempo de leitura, concebido como um diálogo entre o autor e o leitor, e tempo de difusão. Na mesma perspectiva, a acumulação de textos vindos às vezes de muito longe, pertencentes a outras culturas, modificava a relação com o espaço. Conhecidas até então unicamente pelos viajantes e navegadores, essas culturas ficavam doravante, pela frequentação dos rolos, ao alcance dos que não deixavam o silêncio da biblioteca. Não é um acaso se nasceram na biblioteca de Alexandria a Geografia, e depois a Cartografia, graças a Eratóstenes.

Sabe-se que a história e também o imaginário das bibliotecas são habitados por mitos: Babel, Alexandria, Prometeu, que não são tão antinômicos ou mutuamente excludentes quanto se supõe. As bibliotecas nascem num tempo em que os homens se tornam atentos a uma proliferação dos saberes. Elas representam um esforço de contenção, uma tentativa de dominação tanto quanto um desejo de posse e de conservação. Pode-se estabelecer um paralelo complexo entre a torre de Babel onde se exprime, pelo desejo de se elevar até o céu, uma espécie de desafio à divindade e, mantidas as devidas proporções, uma biblioteca como a de Alexandria, que tenta, pela tradução, reduzir à unidade a diversidade cacofônica dos saberes. Alexandria sobrevém depois de Babel, e Ptolomeu e seus conselheiros esforçam-se simbolicamente por tornar inútil o castigo infligido por Deus aos homens demasiado ambiciosos. As múltiplas línguas

32 JEAN MARIE GOULEMOT

faladas no universo, traduzidas em grego, permitirão que a biblioteca seja uma nova Babel e seu contrário. Por suas classificações, sua unificação linguística, a biblioteca quer dominar a confusão que Deus introduziu na língua única dos filhos de Adão. Assim se misturaram e se unificaram em Alexandria textos persas, aramaicos, gregos e hebreus para evitar a dispersão dos saberes, submetidos ao vento da história, nos quatro cantos do universo. O texto bíblico, em Genêsis (11:6-8), indica:

> E Iahwesh disse: "Eis que todos constituem um só povo e falam uma só língua. Isso é o começo de suas iniciativas! Agora, nenhum desígnio será realizado para eles. Vinde! Desçamos! Confundamos a sua linguagem para que não mais se entendam uns aos outros". Iahwesh os dispersou daí por toda a face da terra, e eles cessaram de construir a a cidade.

A biblioteca mítica constitui desafio à ordem divina, porque é recusa da impossibilidade de se comunicar. Porém, essa vitória é ilusória, visto que Alexandria sofreu, com alguns séculos de atraso, o castigo de Babel: a dispersão dos saberes e a errância dos homens de cultura. Livros, onde está vossa vitória?

Quer se tenha ou não consciência disso, toda biblioteca obedece a uma vocação prometeica: igualar-se a(os) Deus(es) tornando-se dono dos saberes, organizando a resistência ao tempo destruidor, alcançando um poder que ameaça a desordem do mundo. Babel não pretendeu erguer-se até o céu? Entretanto, agradeçamos a Deus por nos ter feito homens à Sua imagem, em vez de termos podido, como os anjos caídos, rivalizar com Ele. Humanos, simplesmente humanos. Homens do Livro e dos livros.

As bibliotecas também são mortais

Durante muito tempo, a biblioteca de Alexandria não chamou muito a atenção dos historiadores além de sua fundação. Falta de

O AMOR ÀS BIBLIOTECAS   33

documentos, destino incerto do reino do Egito: não é fácil decidir. Entretanto, existem dados objetivos para explicar as poucas informações possuídas sobre essa parte da herança de Alexandre, marcada por uma lenta e segura decadência – outros dirão torpor. Num estranho resumo, passa-se quase brutalmente, no sobrevoo histórico, da fundação à destruição, inicialmente parcial, definitiva em seguida. Tanto a fundação quanto a destruição estão sujeitas a versões quase contraditórias. O mito não obedece aqui a uma *doxa*. Por isso mesmo, parece-se com os "livros" contidos nas bibliotecas, que são submetidos a interpretações diferentes, às vezes mesmo opostas, ao sabor do humor dos leitores, das sensibilidades dominantes e do contexto histórico.

Por muito tempo, ficou-se no incêndio provocado pelos conquistadores árabes, inspirados pelo Corão e lançados à conquista do mundo, até a derrota em Poitiers e o recuo para a Andaluzia. O Islã é então uma religião armada. Por espantoso que pareça, o incêndio da biblioteca de Alexandria foi feito por homens do Livro e ordenado em nome do próprio Livro. Com o risco de propor hoje um relato julgado sem dúvida politicamente incorreto, relembremos aquilo que, segundo alguns, tem a ver com a lenda difamante, forjada no momento dos violentos conflitos que opõem a cristandade à ameaça militar árabe-muçulmana, sugerindo que mesmo as lendas não são simples fabulações laudatórias ou maldizentes.

Em 641, os exércitos árabes penetram em Alexandria. O Egito é então conquistado. Amrou, seu chefe militar, consulta o califa Omar sobre o que deve fazer dos numerosos papiros encontrados na cidade. Recebe uma resposta que, segundo Pierre Larousse, traduz de "maneira ingenuamente brutal a lógica do fanatismo". "Se esses livros são conformes ao Corão, são inúteis; se são contrários ao Corão, são supersticiosos: portanto é preciso destruí-los." Consequentemente, a crer no testemunho de Abu Faradj, que morreu bispo de Alep em 1286, Amrou repartiu os papiros entre os numerosos banhos de Alexandria que os queimaram para aquecer a água. E sustenta-se que foram precisos seis meses para consumi-los. Ainda que esse testemunho tardio esteja sujeito a caução, não

34 JEAN MARIE GOULEMOT

carece totalmente nem de credibilidade nem de força simbólica. O apaziguamento religioso, a laicização que o Ocidente conhece fazem que recuemos para um passado distante os comportamentos iconoclastas. Apesar da repetição incessante das fogueiras purificadoras, dos livros queimados pelos nazistas, destruídos pela Revolução Cultural em benefício do único pequeno Livro Vermelho do Grande Timoneiro, ou, mais próximos de nós, ameaçados pela *fatwa*, apagamos a barbárie de nossas memórias. Agradeçamos aos talibãs, orgulhosos dinamitadores dos monumentos anteriores ao Islã, por nos terem relembrado que o desejo de destruir nunca deixou de vez as plagas da história humana. Polieucto não é somente o herói distante de uma tragédia de Corneille. Às vezes, ele é um dos nossos, um de nossos vizinhos, ou mesmo um de nossos irmãos.

Essa versão do braseiro final pela mão dos invasores árabes foi adotada, evidentemente, pela Europa cristã, mas também pelos homens das Luzes, embora hostis à Igreja, e sempre dispostos a acusá-la de censura e autos de fé. *Le grand dictionnaire géographique, historique et critique* [Grande dicionário geográfico, histórico e crítico] de Bruzen de la Martinière faz sua essa versão, e o próprio Voltaire a aceita sem vacilar no capítulo VI do *Ensaio sobre os costumes e o espírito das nações* quando escreve:

> Nesta conquista foi queimada a famosa biblioteca de Alexandria, monumento dos conhecimentos e dos erros dos homens, começado por Ptolomeu Filadelfo, e aumentado por tantos reis. Então os sarracenos não queriam outra ciência senão o Corão, mas já faziam ver que seu gênio podia se estender a tudo.

A aceitação por Voltaire do saque de Alexandria pelos árabes não vai até retomar por sua conta a frase de Omar, que convinha, entretanto, tão bem ao combatente da intolerância. Essa omissão deve-se ao fato de que Voltaire, apesar do que escreveu na tragédia *Mahomet ou le fanatisme* [Maomé ou o fanatismo], recusa-se a julgar o Islã como uma religião "perseguidora". Se ele concede que "o legislador dos muçulmanos, homem poderoso e terrível, estabelece

O AMOR ÀS BIBLIOTECAS   35

seus dogmas por sua coragem e suas armas", "entretanto sua religião tornou-se indulgente e tolerante", segundo uma evolução radicalmente diferente da do cristianismo, que teria passado do evangelismo primitivo à intolerância fanática – essa indulgência cultural experimentada para com o Islã permite, por outro lado, denunciar melhor o arcaísmo, a barbárie e a incultura dos judeus. É espantoso, por conseguinte, que Voltaire não faça a menor alusão ao primeiro incêndio da biblioteca, provocado por César ao sitiar Alexandria.

Na sequência desse primeiro incêndio, segundo uma lógica defensiva em uma cidade cercada, a biblioteca fora reconstruída e enriquecida pela dos reis de Pérgamo, que Antônio, diz-se, ofereceu a Cleópatra. Ela teria contado com mais de 300 mil títulos antes de voltar a ser parcialmente destruída em 390, por ocasião das lutas que opuseram cristãos e pagãos, para ser enfim reconstruída no começo do século VI e definitivamente aniquilada em 641. O acento posto pela memória ocidental nessa última data e o esquecimento relativo das destruições anteriores devem-se no fundo ao fato de que, por si só, o saque de Omar erige a biblioteca de Alexandria em uma espécie de paradigma e torna exemplar a sua história. Contudo, a biblioteca destruída por César ao aniquilar a frota alexandrina merece que nos detenhamos nela, como em uma prefiguração. Aí, já se manifestam o fogo e a água, agentes unidos de destruição. O que o fogo não destrói é tornado inútil pela água. Há um anúncio do destino trágico do papiro e, mais tarde, do papel. Mas Antônio oferece a Cleópatra os livros de Pérgamo e reconstitui a biblioteca perdida. Essa perda anulada revela uma esperança segundo a qual toda biblioteca destruída renasce das cinzas, diferente e semelhante ao que ela foi.

Na história da humanidade, o fogo é muito cedo um elemento indispensável à sobrevivência, meio de purificação e forma extrema do castigo. Um livro é queimado para relembrar as chamas eternas do Inferno, às quais ele condena talvez, no além, seus leitores demasiado zelosos. Sua destruição pelo fogo possui também, com menos força simbólica, valor de purificação. A chama purifica porque destrói. O purificado paga um direito de passagem que é seu aniquilamento, sua redução a cinzas espalhadas ao vento. É significativo que, por ocasião da destruição final da biblioteca de Alexandria, a água se mescle ao vento, e que esse mesmo fogo sirva para aquecer a água dos banhos, água que lava e purifica os corpos. A duplicação traduz uma relação ambígua com o livro e o saber feita de orgulho, de necessidade e de medos. À lógica dos censores, que começam destruindo o livro e completam sua purificação matando também seu leitor, opõe-se outro percurso, de apreensão mais incerta: a memória da leitura substitui o próprio livro e torna sua destruição amplamente ilusória. Destruído o livro, sua memória permanece. Um leitor o rememora e pode transmitir esse conteúdo a um discípulo ou um desconhecido. Um livro lido, mesmo destruído, nunca está completamente morto e mudo.

O ato prometeico de desafio ao tempo, de acumulação dos saberes e a vontade de dominação sobre a diversidade das línguas (concebida como um castigo divino) invocam sanção e purificação. Toda biblioteca está ameaçada de destruição, assim como está ameaçada a memória coletiva pelo fato do desaparecimento dos arquivos, de sua censura ou de seu questionamento imposto aos historiadores pelos imperativos políticos, e a memória individual pela degradação da idade e a aproximação da morte. As fotos, fiéis testemunhos de um instante passado, amarelecem e acabam por perder seu sentido quando mais ninguém pode identificar o que elas representam. São destroços sem vínculo com aquilo que pretenderam arrancar à finitude. Acontece-lhes mesmo, como foi o caso sob Stálin, serem modificadas. No grupo dos *apparatchiks* sérios e fraternos, um dos fotografados é substituído por uma planta ou pelo seu sucessor.

O destino da biblioteca de Alexandria constitui um severo chamado à ordem dirigido aos nossos entusiasmos. Por que confiamos em objetos de papel, que as fontes mesmas da vida ameaçam – a luz, a água, o fogo –, que conhecem, à sua maneira, as manchas escuras da velhice, o ataque dos fungos e dos parasitas, e que devem submeter-se, como seres humanos, a tratamentos preventivos, terapias de desintoxicação, períodos de isolamento asséptico, e mesmo transplantes de órgãos? Nada muda isso, verdadeiramente. O homem é o maior amigo e o pior inimigo do livro. Mal o salvou, protegeu, classificou e arrumou e já as censuras que ele exerce sobre o livro e os conflitos armados em que se envolve o expõem à morte. Dever-se-ia erguer em todas as grandes bibliotecas um monumento aos livros queimados, às bibliotecas saqueadas ou destruídas.

Apesar dos esquecimentos passageiros, o destino de Alexandria relembra com insistência que as bibliotecas são frágeis e mortais. Como os homens e as civilizações das quais elas são guardiãs. Pois, sem dúvida, não há nada mais humano que o livro nem mais próximo da casa que a biblioteca. O que explica os cuidados dos quais são cercados e as violências que lhes são impostas. No fim, também eles têm somente histórias de família. Com seus momentos de alegria, de multiplicação e de compartilhamento, e suas angústias de perda e de aniquilamento.

Memória de Alexandria

A queda do Império Romano do Oriente reavivou a memória de Alexandria. A chegada à Itália, e depois à Europa inteira, dos manuscritos gregos fez sair do limbo a biblioteca e o museu. Alexandria apareceu como um modelo, sempre atual, de acumulação e de circulação do saber. Quem não sonhou, entre os sábios humanistas, de Pico de Mirândola a Montaigne, escrever, comentar, filosofar a partir de uma biblioteca. Montaigne, em sua "livraria", praticou esse vaivém do livro, da sentença pintada nas vigas à página de ensaio, pensando sem dúvida na proximidade do museu e da biblioteca. A "República das Letras" que se constituiu então exigindo de seus membros, como contribuição e garantia de pertencimento, a posse de alguns livros ou de um ou dois manuscritos ilustra bem essa relação com o livro partilhado. Sem lugar de inscrição, sem reservas ou depósitos, sem salas de leitura nem mesmo lugares institucionais de ensino e de reunião, ela conclama à criação de bibliotecas. Peiresc, possuidor generoso de uma importante biblioteca, atribui grande importância a esse ritual de pertencimen-

38 JEAN MARIE GOULEMOT

to e de fidelidade comunitária. Os libertinos eruditos sonharam todos ser bibliotecários, guardas e usuários dos livros, à maneira dos irmãos Dupuy ou de Gabriel Naudé. Não resta dúvida de que o desenvolvimento da Biblioteca Real, da qual Voltaire se orgulhará da monarquia francesa, comprova a memória de Alexandria. Será preciso o ceticismo das Luzes, reconhecido com pouca frequência, para que se pergunte de maneira crítica sobre o valor da acumulação dos livros. Quem teria imaginado que as Luzes foram atravessadas por tentações vândalas? Dessa ótica, não é sintomático que Voltaire faça de Alexandria, no *Ensaio sobre os costumes e o espírito das nações*, o depósito dos saberes, mas também das faltas humanas? Um pouco como a história do espírito humano que nos conta o mesmo ensaio, que une à presença recorrente das trevas da superstição e do fanatismo os avanços da razão, a lenta emergência da sabedoria, a aposta enfim no futuro, vinculada unicamente à cultura.

Ante a destruição, a atitude dos humanistas, confessada ou não, é necessariamente ambígua. À consciência da finitude de todas as coisas herdada da tradição cristã, soma-se neles a crença na exemplaridade do destino dos impérios antigos. As neves de antanho não mais existem: o tempo reduziu a nada a perfeição das formas, a inteligência das mentes, o poderio militar. A viagem a Roma faz-se num campo de ruínas de onde nasce uma meditação sobre o tempo e a fragilidade das construções humanas. Roma não está mais em Roma. O Império do Oriente está entregue aos bárbaros que incendeiam e pilham. Razões tanto para se deixar levar pelo pessimismo quanto para ter esperança. As obras sobrevivem aos homens e lhes conferem essa parte de eternidade que eles possuem. Graças aos manuscritos que chegam ao Ocidente, as obras dos filósofos, dos poetas, dos autores trágicos, dos historiadores, de novo lidas e comentadas, são também mais vivas do que no momento de sua redação. Os humanistas se querem os herdeiros do passado reencontrado e negam, sem terem consciência disso, a força destruidora do tempo. Substituem a destruição pelo esquecimento temporário, a ocultação provisória. Paradoxalmente, enfim, a queda e o saque de Constantinopla parecem como necessários a um renascimento.

O AMOR ÀS BIBLIOTECAS   39

O retorno à tradição antiga, os reencontros com textos comentados, tornados filologicamente mais puros, deviam passar pela derrocada do Império Romano do Oriente, ele mesmo uma espécie de forma alterada e corrompida da Roma imperial. Seja qual for o destino das grandes metrópoles onde nascem as bibliotecas e de onde elas desaparecem sob o assalto dos exércitos inimigos e dos saqueadores, o livro sai triunfante. Por outra via, reencontra-se aqui a lição, apesar de tudo otimista, do primeiro incêndio da biblioteca de Alexandria.

Nos séculos XVII e XVIII, na Europa ocidental, constituem-se as grandes bibliotecas privadas ou públicas: bibliotecas principescas, reais ou imperiais. No *Essai sur les moeurs*, Voltaire presta homenagem a Henrique IV pelo estabelecimento de uma Biblioteca Real que teria contado já em seu tempo com várias centenas de milhares de livros. Em *Le siècle de Louis XIV* [O século de Luís XIV], ele mostra que o enriquecimento das coleções da Biblioteca Real responde ao papel que desempenham doravante a cultura e a preservação do passado na representação e legitimação do poder real. A Biblioteca faz então plenamente parte das coleções reais e do aparato do poderio. Como para a pintura, que é mostrada ao público através não só dos salões, mas também da exibição da Pinacoteca Real, a Biblioteca Real, por autorização especial, é aberta ao público. Escritores vêm trabalhar ali. Possuímos provas disso para Jean-Jacques Rousseau e Denis Diderot. Existe igualmente uma importante Biblioteca da rainha, da qual se podem admirar inúmeros exemplares no acervo da biblioteca municipal de Versalhes. Tudo deixa pensar (e especialmente quando se encontram ali as obras do republicano Algernon Sidney ou textos filosóficos entrados clandestinamente na França) que tal biblioteca era mais patrimonial que de uso.

Paralelamente desenvolvem-se as bibliotecas privadas, às vezes no duplo sentido do termo: coleção de obras, mas também lugar para lê-las ou consultá-las. Assim, Colbert constitui uma importante biblioteca que seus colaboradores utilizam. Nada disso acontece a outras grandes bibliotecas, como as de Mazarino, do duque de La Vallière ou do marquês de Paulmy. Estas dependeriam, mais nitidamente do que aquelas que as precederam, de uma ardente

40 JEAN MARIE GOULEMOT

paixão bibliófila e de um gosto pela coleção, mas igualmente pela leitura, cultura e pelo saber, sem esquecer às vezes um senso agudo da especulação financeira. O catálogo estabelecido para a venda da biblioteca do duque de La Vallière é impressionante e os preços alcançados por ocasião dos leilões são elevadíssimos. As vendas públicas de livros são então numerosas em Paris. Uma biblioteca fornida representa um sinal social indispensável. Para o aristocrata um pouco rapidamente acusado de frivolidade, para o financista e o cobrador de impostos que veem aí um meio de ornar com mais nobres aparências uma fortuna julgada mal adquirida, isso parece evidente. A constituição de uma biblioteca toca todos os setores da minoria leitora. Grandes aristocratas, ricos burgueses, escritores, membros do clero, oficiais apaixonados pelas artes mecânicas: o gosto pelo livro se propaga vigorosamente a todos. Lê-se mais e quer-se possuir livros. Nascem novos móveis, destinados a acolhê-los. E o que vale para os indivíduos vale também para as cidades ou os Estados. Os guias de viagem assinalam frequentemente, no século XVIII, a presença em uma cidade de tal ou tal biblioteca, indicando mesmo às vezes os dias e as horas de abertura. Indicação que se buscaria em vão hoje em dia num guia turístico. O conde Peñaflorida, nobre espanhol que vive num vilarejo basco, Azcoitia, possui uma importante biblioteca. Manda vir seus livros de Madri, de Paris, da sociedade tipográfica de Neuchâtel e recomenda ao filho, Munibe – o qual efetua uma viagem de formação na Europa, além das compras de livros a lhe remeter –, frequentar tanto quanto puder as bibliotecas e os cursos públicos. Não se contam mais os livros dando conselhos para formar uma boa biblioteca, de Sorel a Formey passando por Naudé e Lenglet-Dufresnoy. O que já não é frequente em nossos dias. Os mais otimistas deduzirão daí que esse saber prático é para o Ocidente um dom doravante socialmente adquirido desde o nascimento. Deixo os pessimistas anunciarem, e de maneira cada vez mais convincente, o desaparecimento do livro sem necessidade de incêndio, por recusa deliberada de ler.

A multiplicação dos livros, sua circulação pelos quatro cantos do universo, para as colônias, os territórios conquistados, o estrangeiro, o aumento das traduções revelaram a importância do livro, mas também sua fragilidade. Alexandria entregue às chamas retirava daí assim, de fato, uma nova força. Tanto mais, seríamos levados a crer, que as viagens ao Egito são mais numerosas. Encontram-se referências a Alexandria nas grandes obras de cultura geral da Idade Clássica. Citemos o *Dictionnaire historique* [Dicionário histórico] de Moréri, *Le grand dictionnaire géographique, historique et critique* de Bruzen de la Martinière, a *Enciclopédia* de Diderot e d'Alembert no verbete "Biblioteca". O *Dictionnaire historique et critique* de Pierre Bayle utiliza-o como uma referência evidente no verbete "Pérgamo" e, suprema distância erudita, não a cita no "Alexandria". Parece evidente que a cumplicidade cultural que se tece entre Pierre Bayle e seu leitor implica que esse último conheça o destino da biblioteca de Alexandria. Numa das obras de vulgarização geográfica mais conhecidas no século XVIII, *Le jeune voyageur françois ou la connoissance de l'ancien et du nouveau monde* [O jovem viajante francês ou o conhecimento do velho e do novo mundo] do abade de Laporte, encontra-se no tomo I, consagrado ao Egito, uma evocação do esplendor da biblioteca em um tempo em que os livros eram tão raros e sua destruição tão cruel. "Os turcos, que creem que o Corão pode substituir todos os livros, fizeram da biblioteca de Ptolomeu uma espécie de cidadela."

Uma pesquisa mais aprofundada mostraria uma presença constante e paradigmática da biblioteca na cultura do século. Seu destino vem confirmar uma representação cíclica do devir da história ainda muito majoritária, mas revela também suas ambiguidades. Assim, no verbete "Biblioteca" da *Enciclopédia,* a biblioteca de Alexandria constitui sem dúvida uma referência fundadora, mas Diderot procura ao mesmo tempo inscrevê-la numa linhagem em que dominam as bibliotecas modernas, de Paris a São Petersburgo, passando pelas de Amsterdã, Varsóvia ou da Alemanha. A crer nos levantamentos lexicais de que sua obra foi objeto, Jean-Jacques Rousseau não faz nenhuma alusão à célebre biblioteca. Entretanto, estava-se disposto a imaginar esse combatente da cultura inventando outro Fabricius a denunciar sobre as ruínas de Alexandria a

42 JEAN MARIE GOULEMOT

vaidade dos saberes, visto que os livros e os lugares que os abrigam estão fadados à destruição. É preciso ver nesse silêncio inesperado um paradoxo rousseauniano, que se deveria a essa situação estranha de um escritor condenando a escrita escrevendo livros?

Mesmo sumária, a pesquisa sobre a presença de Alexandria provoca outras surpresas. Os numerosos viajantes no Egito, como Savary (*Lettres sur l'Égypte où l'on offre le parallèle des moeurs anciennes et modernes*, 1786 [Cartas sobre o Egito em que se oferece o paralelo dos costumes antigos e modernos]) ou Volney (*Voyage en Égypte et en Syrie*, 1787 [Viagem ao Egito e à Síria]), chocados pelo campo de ruínas que lhes oferece a moderna Alexandria, e por seu empobrecimento, acabam esquecendo sua biblioteca ou se entregando a considerações assaz banais sobre a finitude das construções humanas, ou, mais geralmente, sobre a história como desperdício e aniquilamento. Encontra-se então aplicado a Alexandria um discurso que se tornou clássico a respeito da Roma moderna e do Coliseu. Com a diferença de que, em Alexandria, mesmo o passado se revela incapaz de ressurgir. Ele é sem vestígios. "Confessai que é doloroso", escreve Savary, "procurar uma cidade famosa no meio de suas próprias muralhas". Jean de Thévenot (*Relation d'un voyage fait au Levant*, 1665) [Relação de uma viagem feita ao Levante]) anotava já:

> Esta cidade [...] outrora tão famosa, tão rica e tão bela, está presentemente tão arruinada, que não é ela mesma: não se veem aí senão casebres empilhados uns sobre os outros, e os montes de pedras e de terra que aí estão por todos os lados são mais altos do que as casas.

Quer dizer que muito cedo se impôs a ideia de que a cidade antiga não está mais presente em suas ruínas e que nada permite adivinhar o esplendor passado. Da biblioteca, não restam senão os testemunhos escritos.

Mais espantosa ainda é a *Voyage en Égypte et en Syrie*, de Volney. Não se encontra aí nenhuma referência a Alexandria. No fundo,

Volney recusa a arqueologia. Ele observa o Egito alexandrino ou romano como etnólogo ou político, mais que como arqueólogo, historiador ou filósofo. Essa viagem coerente com o título propõe um ponto de vista geopolítico em que Alexandria, da qual Savary constatava que era "uma povoação de pouca extensão, mal contendo seis mil habitantes", não tem lugar. Mas por que Volney não a utilizou como exemplo em *Les Ruines ou Méditation sur les révolutions des empires* [As ruínas ou meditação sobre as revoluções dos impérios], em vez de fazer da meditação sobre a finitude dos governos um *tête-à-tête* com as ruínas de Palmira? No contexto da Revolução, a biblioteca de Alexandria não constitui uma referência. O vandalismo revolucionário apega-se aos afrontamentos internos, à recusa de um passado cujos traços e símbolos se quer destruir. O desafio é doravante de ordem política: a situação implica uma urgência, uma escolha. A reflexão sobre o passado não deve fazer temer um amanhã ameaçador, mas permitir uma compreensão do presente. Constitui talvez toda a diferença de Savary, o qual, meditando sobre Alexandria, anotava:

> Se três quartos das obras que a Europa possui fossem aniquilados subitamente, se a imprensa não existisse, e um povo sem letras se apoderasse desta bela parte do mundo, ela recairia na barbárie da qual tantos séculos custaram a tirá-la.

III
Ressurreição:
A nova biblioteca de Alexandria

O legado incerto do passado próximo

Um dia, será preciso admitir que, em muitas áreas, a Revolução não instaura um corte. Assim, o que vinha à tona na descrição dos viajantes ao Egito desde o século XVII (em 1665, o relato da viagem de Jean Thévenot o prova) – um olhar de pretensão etnológica, ancorado no presente e sem perspectiva histórica nem exaltação de um destino, no qual a biblioteca, por sua riqueza e por sua posterior destruição, era um elemento fundamental –, é amplamente confirmado pelos viajantes europeus do século XIX.

Essa ignorância a respeito da biblioteca de Alexandria nos relatos dos viajantes que percorrem o Egito, sua ausência do discurso cultural que legitima a expedição do Egito são, todavia, surpreendentes. É espantoso, por exemplo, que Dominique Vivant Denon nem mesmo lhe faça alusão em sua *Voyage dans la Basse et la Haute-Égypte pendant les campagnes du général Bonaparte* [Viagem ao Baixo e Alto Egito durante as campanhas do general Bonaparte], publicada em 1802. Como os viajantes que o precederam, Denon atribui pouca importância à Alexandria, que, no fundo, para o exército e os cientistas que o acompanham, representa simplesmente o porto de acesso ao Egito. Contudo, Vivant Denon é um homem das

46 JEAN MARIE GOULEMOT

Luzes, "o olho de Napoleão" e seu "ministro das Artes", e a expedição é tanto científica quanto militar, como prova *La description de l'Égypte ou recueil des observations et des recherches qui ont été faites en Égypte pendant l'expédition de l'armée française* [A descrição do Egito ou coletânea das observações e das pesquisas que foram feitas no Egito durante a expedição do exército francês], que oferece um notável balanço científico da expedição napoleônica. Vivant Denon não desempenhou por fim um papel determinante na criação do acervo de antiguidades do Louvre? A confirmação está no interesse que ele dedica às antiguidades e sua história em sua *Voyage au royaume de Naples* [Viagem ao reino de Nápoles] e seu *Discours sur les monuments d'antiquité arrivés d'Italie* [Discurso sobre os monumentos da antiguidade chegados da Itália], pronunciado em 8 vindemiário do ano XII (1804).

Mas por que se obstinar em querer confundir a viagem à Itália e a viagem ao Egito? Suas finalidades não são comparáveis. Apesar dos debates sobre a antiguidade da civilização egípcia, usada por Voltaire, por intermédio de Newton, para atacar a cronologia bíblica, o Egito não pertence à genealogia cultural dos países ocidentais. Sem contar que desembarcando ali também para fazer a guerra, não se está verdadeiramente em busca de um passado que sirva para explicar o presente europeu. A história do Egito também não constitui um paradigma do destino histórico de todo Estado. A presença das ruínas conduz aqui a tomar consciência de uma diferença não temporal, mas cultural. Se se evocam as pirâmides, é por seu exotismo e não para permitir uma meditação sobre o tempo. Além disso, os cientistas que acompanham a expedição do Egito estão mais próximos da lição de Buffon que da lição dos humanistas em busca de genealogia cultural. Excetuando os capítulos dedicados às pirâmides, o interesse se volta no essencial para o Egito estratégico, para o mundo contemporâneo, para a alteridade que impressiona o viajante. Os cientistas fazem dele uma espécie de levantamento fotográfico no gênero das pranchas de ruínas, onde estão instalados alguns personagens hieráticos, como estrangeiros, à maneira dos gravados por Cassas.

O AMOR ÀS BIBLIOTECAS   **47**

Por outro lado, a maioria dos relatos de viagem que se publicam desde a aurora das Luzes, porque são muitas vezes consagrados a povos aparentemente sem história, não possui dimensão histórica. Não há história para os índios do padre Lafitau nem para os do barão de La Hontan. A antiguidade filosófica proclamada da própria China não é senão um meio de pôr em dúvida a cronologia bíblica. As antiguidades chinesas não têm de resto muita realidade, porque a perfeição do modelo político e social chinês instala a China num tempo imóvel. O olhar lançado a esses mundos julgados primitivos é fotográfico antes que este existisse. A dimensão temporal é aí naturalmente apagada. A análise reserva-a em geral à Roma. O abade Barthélemy, mediante a viagem imaginária do jovem Anacarsis, torna-a sensível para a Grécia, às vésperas da Revolução. Quanto ao Egito, ele pertence a outro registro. Medir-se-á a originalidade de seu estatuto relembrando que, de modo irônico, Leibniz aconselhava sua conquista a Luís XIV para desviá-lo de seus inquietantes projetos de monarquia universal. A expedição do Egito possui origens intelectuais e políticas anteriores ao período pós-revolucionário. Diferentemente da Grécia ou da Itália, o Egito tornar-se-á, graças à sua utilização política durante a Idade Clássica, um terreno de experimentação econômica predestinado no século XIX para os saint-simonianos, tal como a Argélia, país também sem passado aos olhos da metrópole. Abertura do canal de Suez, guerra na Crimeia, esses fatos revelam uma mesma intenção política para o Oriente, a qual separa de seu passado essas regiões transformadas em teatros de operações militares e depois econômicas.

O Egito como história não interessa, portanto, no século XVIII, senão aos tratados generalistas e às histórias universais. Nesses panoramas, ele tem obrigatoriamente seu lugar. Comprovar-se-á isso não só consultando dicionários e enciclopédias, mas lendo o tomo XXV da obra de Delisle de Sales, escrita em colaboração com C. -J. Mayer e L. S. Mercier, *Histoire des hommes, ou histoire nouvelle de tous les peuples du monde* [História dos homens ou história nova de todos os povos do mundo] (41 volumes para a história antiga,

48 JEAN MARIE GOULEMOT

1780-1785), consagrado aos Ptolomeus. Amplas passagens tratam da vida intelectual em Alexandria, e, por conseguinte, da biblioteca. Explica-se aí que Sóter,

> depois de ter embelezado sua capital com todos os monumentos que podiam torná-la uma das Metrópoles do mundo conhecido, pensou em fixar ali para sempre a razão e as barreiras reunindo todos os livros que poderiam ter alguma celebridade. Tal foi a origem da famosa biblioteca de Alexandria.

O texto sublinha as relações entre biblioteca e poder político, os limites da vontade de exaustividade de seu fundador, a noção de celebridade, essencial aqui, e a diferença que existe necessariamente entre tal biblioteca e as bibliotecas modernas. Para a formação das bibliotecas, a imprensa mudou tudo: os livros são mais acessíveis, de menor custo, ao passo que na época dos Ptolomeus era dispendioso o esforço de vencer as dificuldades de acesso às fontes e de transcrever.

A imagem que Delisle de Sales dá de Ptolomeu deve muito à imaginária do príncipe esclarecido que as Luzes elaboraram. A ponto de anotar que ele

> não acreditava que a vida sedentária e especulativa fosse um crime em política; sua razão esclarecida lhe ditava que o homem que torna, por seu gênio, um estado respeitável a seus vizinhos, tem tanto direito de ser protegido, quanto o Sacerdote que o abençoa, ou o Soldado que derrama seu sangue por ele nas batalhas.

Tal afirmação permite colocar Ptolomeu entre a coorte dos grandes homens que trabalharam pela civilização. Não se beneficia ele, por conseguinte, do fenômeno de panteonização que nasce e se desenvolve na segunda metade do século XVIII? É notável que seja a fundação de uma biblioteca que permita aqui conciliar o sábio, o cientista, o guerreiro e o religioso e modificar as hierarquias sociais habituais. Não é de espantar a ausência de referências aos leitores e aos usuários da biblioteca. Entretanto, a ideia de que a leitura é a consequência do desenvolvimento da imprensa começa a se impor aos espíritos. A ideia de uma irradiação política pelo cultural deduz-se naturalmente das novas legitimações do poder que surgem no século XVIII, mas se está longe de pensar num leitorado real e importante fora da leitura individual. Por algum tempo ainda, a biblioteca tem mais relação com a irradiação política do que com uma valorização do patrimônio. O que equivale a dizer que ela não constitui então para seus leitores uma prática cultural.

Porém, Louis Sébastien Mercier, partilhando aparentemente nisso o ponto de vista de Voltaire sobre a política cultural da monarquia francesa, consagra o capítulo CXCIV de seu *Tableau de Paris* [Quadro de Paris] à "Biblioteca do Rei". O interesse que ele lhe dedica, a ponto de fazer dela um paradigma, não o impede de refutar a ideia admitida de que a acumulação de livros é sinônimo de "riqueza do espírito humano". Escreve ele:

> O espírito fica obscurecido nessa multidão de livros insignificantes, que ocupam tanto lugar, e que não servem senão para perturbar a memória do bibliotecário, que não consegue dar conta de arranjá-los.

Existe em Mercier, como se verá, uma clara vontade de triagem e de eliminação, que é comum a todo um setor das Luzes. A enumeração dos livros a destruir – eles representam quase a maioria do acervo da Biblioteca do Rei – não depende do capricho de Mercier: ela se fundamenta no critério de utilidade e numa filosofia dos progressos do espírito humano. A ideia é simples: a humanidade sai enfim das trevas da ignorância, cujas testemunhas são esses infólio empoeirados, onde se amontoam a loucura e a estupidez. Não é útil conservá-los como testemunhas dos tempos obscuros. Mercier invoca então o fogo purificador.

> Mas quem pegará uma tocha para aniquilar esse absurdo amontoado de velhas e loucas concepções, que o gênio desconhecendo suas próprias forças, e confiando em outrem, vai consultar ainda

50 JEAN MARIE GOULEMOT

nos primeiros anos da vida, e que lhe fazem perder um tempo precioso?[...]

O poderio alucinado da evocação é tão forte que assusta mesmo Mercier.

Reprimamos esse primeiro movimento: não queimemos nada. Cessai de fremir, vagarosos eruditos, bizarros bibliômanos, fastidiosos compiladores de fatos inúteis: vamos, saciai-vos de uma ciência deplorável; copiai os erros antigos, componde com eles uma nova reserva; esquecei vosso século pelo de Sesóstris[...]

A destruição dos livros não porá fim à ignorância humana e é mesmo dela que a militância filosófica se alimenta. Sem erros, não há combate filosófico necessário, nem mesmo possível. Do conhecimento do erro pode nascer às vezes uma centelha de verdade. Não é preciso livros para errar. O erro e a ignorância estão no coração do homem. Não queimemos os livros, mudemos o homem. "Nenhuma tocha destruidora: a tolice não está no livro, está no leitor..."

Louis Sébastien Mercier dirige em seguida sua crítica ao mau funcionamento da Biblioteca real.

Esse vasto depósito não é aberto senão duas vezes por semana e durante duas horas e meia. O bibliotecário tira férias por qualquer coisa. O público é ali malservido, e com ar desdenhoso. A magnificência real torna-se inútil diante dos regulamentos dos subalternos, preguiçosos em excesso.

Essa crítica é a prova mais evidente do fato de que o leitor de biblioteca pública apareceu enfim, e se define já de início tanto por suas queixas quanto pelo ato de ler. Admitamos que essas frases acerbas de Louis Sébastien Mercier, todo leitor impaciente por ler e tendo encontrado a porta fechada, ao menos uma vez na vida, as pronunciou.

Notas encontradas no acervo Mercier da biblioteca do Arsenal, sem dúvida rascunhos datando de 1801 – Mercier redige então *Le nouveau Paris* [A nova Paris] –, retomam o tema das bibliotecas. Porque as apreensões revolucionárias de livros modificaram amplamente a rede nacional de bibliotecas e os usos da leitura pública, e Mercier postula que o Consulado e depois o Império vão abrir uma era cultural nova, a referência a Alexandria muda de sentido e de tom. O incêndio que marca sua perda é substituído imediatamente por uma referência profética à sua grandeza: "Paris sob a influência magnânima pode não se tornar outra Alexandria, uma segunda Babilônia...?" Esses sonhos de grandeza não apagam os pesadelos da perda e do incêndio provocado pelo fanatismo e pela intolerância, cuja vinda Mercier, movido por uma pulsão iconoclasta, parecia exigir. Em *Le nouveau Paris,* ele anota no capítulo LIII:

> As palavras de Omar a respeito do Corão não foram mais terríveis do que as dos decênviros quando diziam com uma intenção formal: Sim, nós queimaremos todas as bibliotecas, pois não será preciso senão da história da revolução e das leis...

A ideologia política pode substituir o fanatismo religioso com a mesma brutalidade destruidora. Ambos postulam a inutilidade dos livros oferecidos pelas bibliotecas à leitura: os revolucionários substituem a referência ao Livro único, detentor de todo saber e de toda verdade, pela revolução e as leis que ela fez nascer, como fim último da história e discurso inultrapassável.

O século XIX ou a estranha travessia do deserto

Ao longo do século XIX, o Oriente fascina. O mundo político, militar, econômico, mas também as elites culturais: escritores, pintores e fotógrafos. Antes de dirigirem seus passos rumo à África profunda, os viajantes percorrem o Egito, a Síria. Esses escritores que viajam, de Fromentin a Maupassant, esses pintores, que serão chamados os orientalistas, atraídos pela luz, os usos e costumes diferentes e julgados misteriosos e mais livres, esses fotógrafos que

52 JEAN MARIE GOULEMOT

vêm fixar para sempre a luz, as atitudes, as ruínas e as paisagens, todos eles dirigem seus passos rumo ao Magrebe, depois para o Mediterrâneo Oriental. Chateaubriand é talvez o primeiro deles, mas seguir-se-ão muitos outros: Lamartine, Nerval, Flaubert, Maxime du Camp, que fotografa mais do que escreve, Fromentin, tanto pintor quanto escritor, e que escolhe o deserto contra os oásis, as caravanas, os rios e as cidades, e tantos outros ainda.

Ficar-se-ia tentado a acreditar que o desenvolvimento da leitura pública, a experiência revolucionária, os excessos do vandalismo tornariam os viajantes, que, na maioria, abordam o Egito por Alexandria, sensíveis ao tempo que passa, às culturas que morrem, à memória daquilo que foi. Napoleão evoca para suas tropas os séculos que os contemplam do alto das pirâmides, mas nunca faz referência aos tesouros culturais desaparecidos nas tormentas da história. Porque sobreviveram, sentinelas imóveis, as pirâmides inspiram reflexões sobre o tempo e a posteridade. De sua visibilidade no deserto, dos segredos que elas escondem ou que lhes são emprestados nasce quase espontaneamente o discurso com o qual são homenageadas. As fotografias das esfinges são incontáveis e traduzem uma espécie de admiração estupefata. As pirâmides não representam uma ruína, mas um surgimento do passado remoto na fragilidade do presente e na imensidão da areia. De Alexandria, a barbárie dos homens, a voracidade das chamas, destruiu tudo. Não resta nada: pedras, um vilarejo empobrecido, alguns milhares de habitantes. Do que foi Alexandria, nada aqui ostenta traços. Nem mesmo ruínas. A Alexandria dos Ptolomeus e de Cleópatra não é doravante senão um fato de discurso. A descrição que Maxime du Camp faz dela parece um lamento:

> Alexandria inteira de resto, salvo alguns bairros quase desabitados hoje, não tem nenhum caráter definido. Das construções europeias, tomou emprestada a feiura, sem pegar o confortável; da arquitetura indígena, manteve os materiais insuficientes e pouco sólidos, sem saber conservar a elegância e o imprevisto. A cidade não é nem francesa, nem alemã, nem russa, nem italiana, nem espanhola, nem

árabe, nem turca, nem inglesa; é um pouco de tudo isso ao mesmo tempo. Numa palavra, é uma cidade franca, a pior coisa que existe no mundo. Quando Amrou a tomou, escreveu a Omar que havia encontrado 4 mil banhos, 4 mil palácios, quatrocentas praças, 40 mil judeus pagando tributo e 12 mil comerciantes de legumes. De tudo isso não resta nada.

Seu amigo Gustave Flaubert, na obra *Voyage en Égypte* [Viagem ao Egito], dirá ainda menos. À Alexandria, Flaubert não concede um olhar, nem mesmo uma meditação fugaz. Ele não experimenta nenhuma nostalgia, no máximo uma sensação de vazio, de defasagem entre o que se é e o lugar onde se está. "Não posso resignar-me a me deitar – penso em Cleópatra – as águas são amarelas – está muito calmo." Tudo aqui exala uma sensação mortífera. Também nada de significativo nos artigos que Théophile Gautier escreve para o *Journal officiel* [Jornal oficial]. A única referência cultural que eles oferecem é uma alusão ao tema pictórico da "fuga para o Egito". Também nada em Gérard de Nerval, nem nos artigos publicados no *Journal de Constantinople* [Jornal de Constantinopla] em 1843, nem na carta que ele envia a Gautier. Os interesses de Théophile Gautier, que pedira informações a Nerval sobre as "almeias do Cairo e suas danças tão celebradas" e do próprio Gérard de Nerval dirigiam-se a outra coisa que não esse passado histórico, cujos únicos depositários eram os livros.

Sob muitos aspectos, Chateaubriand oferece perspectivas muito mais interessantes, mesmo que, no *Itinéraire de Paris à Jérusalem* [Itinerário de Paris a Jerusalém], Alexandria lhe inspire a mesma amarga desilusão que a seus contemporâneos.

Se o Egito me encantara, Alexandria me pareceu o lugar mais triste e mais desolado da terra. Do alto do terraço da casa do cônsul, eu percebia somente um mar nu que se quebrava em costas baixas mais nuas, portos quase vazios e o deserto líbico avançando para o horizonte ao sul: esse deserto parecia por assim dizer aumentar e prolongar a superfície amarela e alisada das ondas...

54   JEAN MARIE GOULEMOT

No livro XI dos *Martyrs* [Mártires], que relata a história de Eudoro, uma vasta parte é dedicada a Alexandria em seu esplendor. Tão imponente que o herói confessa:

> Antes de me reunir a Diocleciano no Alto Egito, passei alguns dias em Alexandria, para visitar suas maravilhas. A biblioteca excitou especialmente minha admiração. Era dirigida pelo sábio Didyne, digno sucessor de Aristarco. Lá encontrei filósofos de todos os países e os homens mais ilustres das Igrejas da África e da Ásia [...]. Uma noite, eu ficara quase sozinho no depósito dos remédios e dos venenos da alma. Do alto de uma galeria de mármore, olhava Alexandria iluminada pelos últimos raios do dia. Contemplava essa cidade habitada por um milhão de homens e situada entre três desertos: o mar, as areias da Líbia e Necrópolis, cidade dos mortos tão grande quanto a dos vivos. Meus olhos erravam sobre tantos monumentos [...]; eu considerava esses dois portos cobertos de navios, essas ondas, testemunhas da magnanimidade do primeiro dos Césares, e da dor de Cornélia...

Percebe-se a diferença entre o panorama contemporâneo avistado do terraço da casa do cônsul e essa visão da opulenta Alexandria dos Ptolomeus. Foi preciso a magia da ficção para que Alexandria surgisse de suas cinzas. Pela dinâmica da trama narrativa – a viagem do herói através do Egito –, pode-se reescrever a descrição desiludida da Alexandria moderna. Uma comparação, termo a termo, dos dois momentos da cidade se revela possível. Mas a ficção permite ir mais longe ainda. O que o panorama da Alexandria contemporânea ignorava – a biblioteca, para sempre apagada pelo fogo – pode, graças a ela, voltar a ser realidade. A mudança é mais do que de tonalidade: ela toca nos conteúdos. A escrita apaga a ausência, nega à morte seus direitos.

> Cheio de admiração por Alexandre, penetrei no interior da biblioteca: descobri uma sala que ainda não percorrera. Na extremidade dessa sala, vi um pequeno monumento de vidro que refletia

O AMOR ÀS BIBLIOTECAS   55

as luzes do sol poente. Aproximei-me. Era um túmulo: o cristal transparente deixou-me ver no fundo desse túmulo um rei morto na flor da idade, a fronte cingida por uma coroa de ouro, e cercado de todas as marcas do poder.

O texto é uma armadilha: a biblioteca não é descrita, pois só esse cenotáfio importa. A seu lado, o herói vê um homem lendo um versículo do Livro dos Macabeus na Bíblia dos Setenta que evoca o destino de Alexandre e de seu império. A riqueza da biblioteca fica então esquecida em proveito de um único livro que diz a vida, a morte e a vaidade das glórias humanas. Para o cristão que medita, estava escrito na natureza das coisas que nada resiste ao tempo, e que só Deus é eterno. Por meio do religioso, e não da biblioteca destruída, formula-se aqui uma reflexão sobre a humana condição.

Pode-se falar de um desvio para fazer entrar na lição dos *Martyrs* os fastos de Alexandria? Seria esquecer as coerções descritivas, a relação singular com o real que comandam a escrita dos itinerários no século XIX. A essas coerções a ficção não tem de se submeter. Está em seu poder recriar, ao sabor de sua fantasia, um passado grandioso, do qual até as ruínas desapareceram. Ante os itinerários, ela pode não dar importância ao tempo, e até mesmo fazer como se o futuro do passado, dado por ela como um presente, não fosse advir. Alexandria, ressuscitada pela ficção da viagem de Eudoro, é mais verdadeira do que os testemunhos que os livros fornecem, e dos quais, contudo, ela se alimenta.

O que resta de Alexandria para a memória coletiva encontra-se um pouco adiante no *Dictionnaire* de Pierre Larousse. A entrada "biblioteca de Alexandria" é um subitem importante do verbete "Alexandria", que contêm seis. Ele dá as datas fundamentais de sua criação e história, até a sua destruição. Mais do que na riqueza da biblioteca, o acento é posto aqui na sua destruição, cuja versão tradicional Larousse adota. Sinal dos tempos, apesar de todo o rigor de sua informação, ele escolhe o símbolo do fogo e da água, prova de que, apesar do silêncio dos viajantes, Alexandria tornou-se um fato de memória e um mito.

A nova biblioteca de Alexandria

Toda biblioteca destruída está destinada a renascer de suas cinzas? O livro chamaria o fogo e a biblioteca reduzida a pó, sua reconstrução. A regra talvez não seja geral, mas os casos de reconstruções, que não ousam se revelar com medo de serem responsabilizadas pelas próprias destruições, não são raros. Citemos as bibliotecas alemãs destruídas pelos bombardeios do fim da Segunda Guerra Mundial, a Biblioteca Nacional de Varsóvia, incendiada por ocasião da sublevação da cidade, mais perto de nós, a solidariedade internacional que ajudou a reconstrução da biblioteca de Sarajevo. Ficar-se-ia tentado a evocar a fênix que renasce de suas cinzas e acrescentar um novo mito aos que já alimentam o imaginário das bibliotecas. Seria queimar etapas. Há mais bibliotecas destruídas do que bibliotecas reconstruídas e, no caso de Alexandria, precisou-se de mais de treze séculos para que a biblioteca revivesse. Ver-se-á aí a prova de sua força mítica, que sobreviveu aos acasos da história e da memória coletiva, mas isso ilustra também a dificuldade – e às vezes quase impossibilidade – de renascer.

Contudo, essa nova biblioteca de Alexandria, mais que as de Sarajevo ou de Varsóvia, constitui um símbolo, e contém uma mensagem à qual é difícil se sentir alheio, porque ela se impõe como uma evidência que tira partido de nossa memória e porque ela nos foi martelada ao longo de cartas e discursos. Mas voltemos aos fatos. Para quem não está no segredo dos deuses – entendamos dos políticos, dos diretores e dos responsáveis da Organização das Nações Unidas para a educação, a ciência e a cultura (Unesco), dos generosos doadores, dos arquitetos e dos mestres de obras –, eles formam uma sequência claramente pontuada. Na origem, um professor, Dowidar, propõe a criação de uma biblioteca universitária moderna para a universidade de Alexandria. Nenhuma dúvida de que a carga histórica do lugar, o modelo antigo revisitado que reúne biblioteca, pesquisa e ensino impuseram sua marca a esse desejo, servindo também para legitimá-lo. O tempo passa e o projeto sucede ao desejo. Encontra disposição favorável na Unesco. Em fevereiro de

O AMOR ÀS BIBLIOTECAS   57

1986, durante uma viagem oficial, o diretor-geral, sr. Amadou--Mahtar M'Bow, evoca a possibilidade de uma ajuda internacional para realizar o projeto. Em junho de 1986, o conselho executivo da Unesco convida o diretor-geral "a cooperar com o governo egípcio no andamento e execução desse projeto". Em 1987, o Alto Comitê Nacional da Biblioteca de Alexandria, sob o alto patrocínio do presidente da República, sr. Mohammed Hosni Mubarak, é constituído. Em 14 de dezembro do mesmo ano, é instituída a Goal (General Association of the Alexandrian Library), que é encarregada de criar a Bibliotheca Alexandrina e de atingir todos os objetivos que lhe são fixados.

A vontade do governo egípcio é apoiada pela ajuda internacional confirmada por Federico Mayor, diretor-geral recém-eleito, ao colocar em 26 de junho de 1988, em companhia do presidente Mubarak, a primeira pedra do edifício. O Egito fornece o terreno, elabora um plano financeiro das somas previstas para a remuneração do pessoal egípcio. Além disso, esse governo convida a Unesco a criar uma comissão internacional para o renascimento da antiga biblioteca de Alexandria. Esta se reunirá pela primeira vez, sob a presidência da sra. Mubarak, em fevereiro de 1990, em Assuã.

Paralelamente, são feitos estudos de viabilidade. Um simpósio reunindo arquitetos, bibliotecários e peritos examina o projeto do caderno de encargos em março de 1988, na própria Alexandria. Organiza-se um concurso internacional de arquitetura financiado pelo PNUD (Programa das Nações Unidas para o Desenvolvimento). Para fazer frente aos problemas de financiamento, o Egito e o PNUD, ajudados pela Unesco, organizam em 1990 uma campanha de coleta nos países interessados. Essa campanha é precedida por um apelo do diretor-geral da Unesco que convida todos os governos e todos os países a participar, por meio de contribuições em dinheiro, em equipamento ou em serviços, do imenso esforço empreendido pelo governo egípcio. É aberta uma conta especial na Unesco para receber as doações. Que país de cultura podia permanecer surdo a um apelo que mencionava Alexandria? As ajudas são generosas. É feito o concurso. Ganha uma equipe internacional, composta por

58 JEAN MARIE GOULEMOT

três noruegueses, um austríaco e um americano. As obras começam: serão demoradas para nossos hábitos, breves sem dúvida se comparadas às construções da Alexandria antiga.

A arquitetura da Bibliotheca Alexandrina mistura modernidade das formas como das técnicas de preservação dos documentos – a luz é tão forte e a água está tão perto – e utilização tradicional dos volumes. Assim, uma única sala de leitura, à maneira das bibliotecas antigas, pode acolher 2 mil leitores. Se a parte sul da biblioteca é protegida por uma parede de granito, esse último provém de Assuã e comporta inscrições em cento e vinte línguas, utilizando todos os alfabetos do mundo. Como as bibliotecas antigas, a biblioteca de Alexandria não mostra pelo aspecto exterior o que ela é, mas a simbólica de seus materiais revela seu projeto. Está-se ao mesmo tempo perto e longe do livro, da leitura pública e dos discursos mais simples que acompanham às vezes as mediatecas de construção recente: fazer comunicar os edifícios com seu entorno à maneira dos livros lidos ou dos discos ouvidos que tornam presentes ausências reais.

A modernidade está aí para demonstrar que a Bibliotheca Alexandrina não é um desafio ao tempo, ao desgaste que este traz e à destruição inevitável das construções humanas. Reproduzir a biblioteca antiga representava uma tarefa impossível e, sem dúvida, vã. O desafio, aqui, consistia em voltar a dar vida não ao corpo, mas ao espírito de pesquisa, de aprendizagem e de difusão que foi sua característica durante seus setecentos anos de existência. Ora, não há pesquisa a não ser com as técnicas, as inquietações e os questionamentos contemporâneos. Portanto, Alexandria propõe uma biblioteca digital. Construída num Oriente Médio dilacerado por conflitos, ela os amplifica dando-se como missão ser um centro de pesquisa e de diálogo e um lugar de passagem, "janela do mundo aberta para o Egito" e "do Egito para o mundo". Em poucas palavras, uma biblioteca para o século XXI: não só pelo recurso às tecnologias da informação que utiliza, às vezes mesmo a fim de voltar a dar vida ao passado remoto e apagar o tempo empregando a tecnologia digital para a proteção e a reconstituição dos manuscritos antigos, mas afirmando também, num período de enfrentamentos,

O AMOR ÀS BIBLIOTECAS   59

uma vontade de "compreensão entre o Norte e o Sul, o Oriente e o Ocidente", que ilustra uma aposta no futuro.

Na moderna Bibliotheca Alexandrina, existem então, como nas bibliotecas tradicionais, livros (200 mil na sua inauguração e uma capacidade de armazenamento de 8 milhões de volumes), acervos consagrados à cultura geral e quatro áreas privilegiadas: arte e cultura, humanidades (e especialmente história) e duas áreas com a marca do nosso tempo – ética da ciência e tecnologia, e, mais próximo dos questionamentos atuais, o desenvolvimento, com os problemas da água e do meio ambiente. Entretanto, a função pedagógica da biblioteca não é negligenciada. Propõe-se atrair um leitorado jovem com bibliotecas de livros para a juventude, visitas guiadas para os alunos de primeiro grau, a abertura de certos setores a um público amplo. Nisso, a Bibliotheca Alexandrina é bastante contemporânea a nós. Imagina-se equivocadamente visitantes adolescentes e leitores (mas eles existiam?) na antiga biblioteca que é referência desta, a não ser que fossem sábios renomados ou pessoas cultas. Hoje, não pensamos mais em bibliotecas de porte, possuidoras de uma irradiação pública real, que não estejam vinculadas a uma abertura para um novo leitorado e não visem primeiro a uma democratização do saber. Não pretendemos mais tão brutalmente querer aumentar e desenvolver o saber unicamente pela frequentação das bibliotecas, mas prioritariamente difundi-lo. A operação visa menos o futuro, o acréscimo do saber, do que sua vulgarização.

Quando à Biblioteca Nacional sucederam a felizmente depressa esquecida Três Grande Bibliothèque de France (Grandíssima Biblioteca da França), depois a Biblioteca Nacional da França, foi forçoso constatar a parte mesquinha reservada até então às ciências nos acervos conservados. A BNF tentou, e com sucesso, remediar essas faltas. Não que as bibliotecas científicas não existissem até então, mas elas eram pensadas como autônomas, para não dizer diferentes, vinculadas a instituições de ensino ou de pesquisa, e sentidas como quase alheias a essa vasta cultura, de predominância literária, dos acervos da Biblioteca Nacional. Se a função de constituição de saberes é ainda reconhecida em nossas modernas bibliotecas e

60 JEAN MARIE GOULEMOT

muito particularmente em alguns setores das ciências humanas, de bom grado se lhe opõe, entretanto, o laboratório onde se experimenta e descobre. Na visão trivial da ciência que é a da opinião comum, a leitura dos livros remete ao ócio, ao devaneio; a ciência, por seu lado, alimenta-se de uma aparelhagem técnica importante e dispendiosa, de procedimentos de experimentação e de cálculo, de recursos informáticos complexos.

Ao ver o programa que presidiu à criação da Bibliotheca Alexandrina, retira-se a impressão de uma divisão bastante precisa entre a conservação – com forte tendência à restauração – e a colocação em rede e a digitalização, para assim privilegiar a circulação da informação e a transmissão dos dados. Sua modernidade deve-se menos à abertura de novos espaços de reflexão ou à adoção de campos do conhecimento recentemente constituídos do que ao emprego de meios técnicos para todos os setores de sua atividade, marcados pela modernidade tecnológica mais avançada.

Isso quer dizer que o modernismo tecnológico, do qual faz uso deliberadamente o ambicioso programa, constitui a prova de que pertence ao seu tempo. Efeito de perspectiva, sem dúvida nenhuma – o que tenderia a provar que a ressurreição de uma biblioteca jamais pode ser sua reconstrução idêntica ao original. Se a vontade de apagar prioritariamente o tempo da desgraça de sua destruição, de fazer como que retardar a passagem dos séculos, não seja o objeto primeiro do empreendimento, tenha-se ou não consciência disso, uma biblioteca nunca é alheia à sua época e esta se manifesta naquela pela ordem dos saberes que incita a sua fundação. A reconstrução idêntica ao original das bibliotecas e dos monumentos alemães destruídos pela guerra revestia-se de significações múltiplas e historicamente datadas. Simbolicamente, ela ilustrava uma vontade de apagamento da desgraça da guerra, de reconquista da memória aquém do advento do nazismo, uma recusa dos valores culturais que ele tentara impor contra o livro e o humanismo liberal, uma promessa envolvendo o futuro do país.

Nada de idêntico à Alexandria. Isso não era materialmente possível: não se sabe nada preciso sobre a arquitetura da biblioteca,

O AMOR ÀS BIBLIOTECAS   61

nem mesmo se conhece com certeza sua localização. Não havia nada a apagar. Alexandria pertencia a uma história majestosa, mas abolida para sempre. Segundo a opinião dos peritos, a escolha de inscrever a Bibliotheca Alexandrina em Alexandria não é tecnicamente feliz. A exigência simbólica foi então mais forte que o julgamento dos próprios peritos. Existe, porém, com o passado um vínculo igualmente forte. A abertura para o conjunto do mundo cultural mediterrâneo, que Ptolomeu Soter e seus conselheiros pregavam, é aqui executada. Além do cultural, sem vontade hegemônica, nessa parte do mundo dilacerada por guerras, terrorismo, políticas de anexação, ódios raciais e intolerâncias, a Bibliotheca Alexandrina representa um esforço de compreensão entre o Norte e o Sul, o Oriente e o Ocidente e opõe ao choque entre os estados a vontade de promover o diálogo entre as civilizações. Ela é transposição mais do que reconstrução.

Como não adivinhar, desde logo, que a participação internacional no projeto constituía a ocasião de um gesto de afirmação cultural de forte alcance simbólico e político? A esse respeito, a Bibliotheca Alexandrina é uma espécie de desafio coletivo às violências dos extremismos. Ela é, enfim, uma mensagem de esperança, que se deseja que resista aos fanatismos e ao desgaste da água, da areia e do vento. É cedo demais para se fazer de profeta. Pode-se temer tudo. Alguns veem aí uma provocação de alto risco e um fim programado. Não devido a uma supressão das ajudas financeiras e técnicas. Os países desenvolvidos, por meio da Organização das Nações Unidas (ONU), precisam disso para sua imagem e porque permanecem convencidos, com ou sem razão, de que o desenvolvimento cultural é um fator de paz e estabilidade.

À maneira do poeta barroco apaixonado, eu me alimento de esperança e não cesso de duvidar. As guerras justas ou injustas não poupam muito as bibliotecas. Museus e bibliotecas do Iraque estão ameaçados de extinção. Os saqueadores e os traficantes de todos os tipos vêm rematar as destruições da guerra. Em outra parte, novos Omares ordenam a destruição dos livros. Há o temor de que a Bibliotheca Alexandrina repita a história. Folheio álbuns de fotos que lhe são consagrados e tento ler seu futuro nessas imagens em papel couché. Duas imagens, entre outras, retêm minha atenção: a de uma classe de adolescentes visitando a biblioteca. Regozijo-me: garotas que estudam. Mas a imagem é mais inglesa que do Oriente Médio: as alunas vestem o uniforme de um colégio – blazer, saia plissada, meias até o joelho, cabeça descoberta. Constituem uma amostra representativa da juventude egípcia? Seu grupo homogêneo me obriga também a me interrogar sobre o ensino misto ausente. Ao se tornarem mulheres, passarão elas desse uniforme a outro, que as afastará para sempre do mundo das bibliotecas? A segunda fotografia permite prolongar a reflexão: uma vitrina de exposição numa sala inundada de luz – um homem com roupas tradicionais olha as peças expostas; a alguns metros, atrás, uma mulher. Não posso impedir-me de pensar que essa mulher seja a dele, e que é normal que o marido olhe em primeiro lugar enquanto ela se mantenha à distância, de cabeça coberta e abaixada. As imagens não são o reflexo exato da realidade. Sabemos disso, mesmo as de verdade mais flagrante e as mais belas. Mas mesmo assim...

IV
LEMBRANÇAS DE MINHAS DESCOBERTAS

A primeira

Tanto quanto consigo me lembrar ou se lembram por mim, sempre gostei dos livros. Minhas leituras, feitas muito cedo solitariamente, encerrado em meu quarto ou à sombra de uma nespereira sofrivelmente mirrada num "pedaço" de terra que meus pais haviam adquirido logo depois da guerra, me ajudaram desde muito jovem a escapar dos outros, de seus pedidos e suas exigências e a construir pelos livros esse romance familiar do qual, aliás, eu não precisava, por muito que a realidade bastava a si mesma. Meu irmão mais velho usara antes de mim essa técnica da fuga para um mundo nem melhor nem pior, mas que existia somente pelos livros. Nossa avó, sempre preocupada, nos admoestava da cozinha para nos obrigar, sem sucesso, a voltar à terra. Ela substituíra os tradicionais "ele está embasbacado", "está no mundo da lua" por um mais espantoso "ele está nas suas leituras".

Eu aprendera a ler muito cedo. Desde o jardim de infância. O que equivale a dizer que o iletrismo contemporâneo me surpreende e me choca, e eu me pergunto como se pode aceitar essa vida sem o auxílio dos livros. Aprendi repetindo sem interrupção, em coro ou sozinho, primeiro na escola, sob a direção da professora – ela

64 JEAN MARIE GOULEMOT

se chamava sra. Avril e creio lembrar-me de que era loira –, depois titubeando em casa. Ficava muito contente de imitar os grandes que liam o jornal depois de jantar, aproveitando o fogão ainda quente. Antes de quererem ser missionárias, aviadoras ou policiais, as crianças da minha geração tinham como modelos o professor primário ou seus pais de jornal em punho, como as de hoje querem ser finalistas do *Star Academy*,[1] atrizes de cinema, cantoras de rap ou de rock.

Não faz muito tempo que eu, tentando arrumar meu escritório, reencontrei um livro que meu pai me trouxera de presente de Lyon, onde fora hospitalizado depois de ter sido ferido. Comovido, tanto pelo livro quanto pela dedicatória, a qual me devolve intacta sua letra tão particular, decidi folheá-lo. O livro encadernado e ilustrado se intitula *Tous heureux. Tous beaux* [Todos felizes. Todos belos], escrito e ilustrado por Marianne Doll. Logo nos primeiros desenhos, o tempo foi abolido. Não precisei virar as páginas. Eu o conhecia de cor, prova indubitável não da força da memória infantil, mas das horas passadas a lê-lo e, com o cuidado de um perito, a contemplar as ilustrações. Devo ver nesse cuidado a origem da paixão com a qual olhei durante minha vida as gravuras, as pinturas e os desenhos que colecionei e da precisão das lembranças que deles guardo? Fazendo alusão à minha memória visual, minha avó afirmava que eu tinha bons olhos na cara, e eu me orgulhava disso.

Havia poucos livros em casa. Alguns missais, romances edificantes de Pierre L'Hermite, livros de prêmios com bordas douradas e encadernados em cartão vermelho, alguns álbuns do *Petit Journal* [Pequeno Jornal] emprestados por um vizinho, de cujas comoventes e poéticas capas ainda me lembro, os livros de meu irmão e, sobretudo, um álbum de histórias em quadrinhos intitulado *Hop-là!*, no qual eu lia e relia as aventuras do Fantasma, as Aventuras de Tim e Tom, do mágico Mandrake ou de Rip Kirby. Graças a essas tiras, soube rapidamente que texto e imagem podiam ser unidos

---

1 Programa de televisão francês, no estilo *reality show*, em que candidatos a cantores se apresentam e são submetidos ao julgamento do público e de profissionais da Música. (N. E.)

e ser lidos num mesmo movimento, do qual ainda não consegui penetrar todos os mistérios. Ao se revelarem depressa insuficientes os recursos livrescos da família, voltei-me para a limitadíssima biblioteca da classe, que cabia numa prateleira de um armário, perto do aquecedor, em companhia da grande garrafa de tinta violeta com a qual se enchiam, a cada segunda-feira de manhã, os tinteiros de faiança branca das carteiras, dos trapos, de um grande compasso, de uma régua de extremidades metálicas e de duas ou três esponjas. Romances da Condessa de Ségur, resumos de Júlio Verne, dos quais eu não compreendia grande coisa, apesar de uma consulta minuciosa do *Petit Larousse* cuja capa me fascinava sem que eu soubesse então que era de Eugène Grasset.

Foi durante o longo e quente verão de 1944 que conheci – creio me lembrar – o que era uma quase verdadeira biblioteca. Mas talvez eu esteja confundindo as datas. Aprendia-se a nadar na montante de uma eclusa estabelecida no Rio Vienne, que oferecia um lago artificial próprio para os ensaios náuticos. Os dias eram sem fim, a ponto de chegar a lamentar o fechamento da escola desde o fim de maio. Meu irmão mais velho ia pegar livros emprestados na biblioteca municipal, uma simples peça com estantes no primeiro andar da prefeitura, onde se arrumavam algumas centenas de livros, ou talvez menos. A poeira tingia de cinza a borda dos volumes e o sol descoloria-lhes docemente as lombadas. Reinava um cheiro de papel envelhecido como naqueles sótãos onde se guardam os jornais velhos. A única janela dava para o rio. Se minha memória é boa, havia um móvel com escaninhos e uma cadeira. Observando meu irmão consultar aquele fichário, compreendi o sentido dos números e das letras colocados nas etiquetas coladas embaixo nos volumes. O porteiro verificava os empréstimos, anotava-os num caderno. "Então, vocês são os filhos do Jean-Baptiste! Aquele que está ferido..." Voltávamos em seguida com nosso butim para casa, do outro lado da ponte.

Era raro que fizessem alusão a nosso pai. Procurado pela polícia alemã, fugira do hospital Desgenettes de Lyon em 1943 para se refugiar junto a nós. Ele devia estar em convalescença. Ausentava-se longas tardes para ir, dizia ele, tentar comprar comida ou lenha.

66 JEAN MARIE GOULEMOT

Meu irmão o seguira e contou a nossa mãe que um veículo de tração dianteira, ostentando pavilhão tricolor, parara para pegá-lo a algumas centenas de metros da saída de C. As censuras que ela dirigiu-lhe nessa mesma noite quando ele voltou fizeram-no decidir escolher de vez a clandestinidade. Disse que retornava ao hospital para continuar o tratamento. Voltava quase todo mês com uma pretensa licença do hospital. Suspeitando de que ele não estava nos melhores termos com as autoridades em C., evitava-se mesmo nomeá-lo. Um dia, entretanto, o carteiro, que fazia seu trabalho e que sem dúvida já absorvera uma grande quantidade dos copos de vinho que lhe ofereciam, passando-me a mão no cabelo disse-me entre dentes: "Teu pai, o Baptiste, podes te orgulhar dele, pequeno. Ele não foi ferido enquanto tentava chegar mais depressa a Bordeaux!" Como eu não entendera nada dessa frase que achava misteriosa, nunca a repeti a ninguém.

Nada me deixava adivinhar que uma biblioteca era também um lugar para ler. Para mim, ela não era ainda senão uma espécie de depósito, um armazém de livros, não muito diferente da distribuidora da editora Hachette que vendia os jornais locais e nacionais e alguns livros na moda ou cuja distribuição, imagino eu, as autoridades de Vichy impunham. Eu decifrara penosamente alguns meses antes o título de um livro exposto na vitrina, *Voltaire contre les Juifs* [Voltaire contra os judeus]. Sabia quem eram os judeus, pelo catecismo, no qual não se falava, aliás, de povo deicida. Quanto a Voltaire, eu perguntara à minha avó. "Um homem não muito interessante", respondera ela. Se eu tivesse insistido, ela teria sem dúvida me contado a lenda negra de Voltaire que circulava nas famílias católicas. Na escola, eu decorava passagens campestres de Jean-Jacques Rousseau que acompanhavam as exaltações rurais do retorno à terra pregado pelo Marechal – talvez um quê de vocação universitária de especialista do século XVIII!

Deixamos C., meu irmão e eu, em 1946. Fui matriculado no 2º ano do ginásio no pequeno Liceu Hoche em Versalhes. O professor, sr. Tonneau, ajudou-me a perder meu sotaque de Charente. Eu era bom aluno, um pouco surpreendido por todas as novidades com

O AMOR ÀS BIBLIOTECAS   67

as quais era confrontado. Uma turma mista. Os soldados, às vezes negros, que pertenciam ao Estado-Maior das forças americanas estacionadas em Rocquencourt e circulavam em grandes motos, indo depressa pelas longas avenidas que saíam da praça de armas, diante do castelo. O liceu também parecia um monumento histórico. Mas me lembro, sobretudo, dos laticínios e das frutas secas com que nossa mãe nos empanturrava para lutar contra um início de raquitismo. Morávamos com nossos pais num pequeno apartamento do hotel de La Chasse, perto do castelo, requisitado para os oficiais da guarnição. Havia uma biblioteca de classe. Eu tinha demasiadas coisas a aprender para me sentir no mesmo nível dos outros alunos. E depois a luz ainda era racionada: mal tínhamos tempo de fazer as lições antes do corte da energia. De manhã, tomávamos o café rapidamente aproveitando as luzes do hospital militar Dominique-Larrey, situado exatamente em frente de nossos quartos, e que gozava de autonomia em eletricidade. Eu não adivinhava que morávamos muito perto da biblioteca municipal, à qual tanto devo.

Após esse início quase deslumbrante para um pequeno camponês, minha escolarização foi caótica. Por razões de comodidade geográfica, meus pais matricularam-me em outro liceu, moderno e técnico. Sofri uma primoinfecção não diagnosticada pela medicina escolar. No terceiro ano, eu detestava o professor, que era um bruto sombrio. Repeti o quarto ano e precisei passar para a seção técnica, na qual, apesar de grandes amizades e excelentes professores, não fui feliz. Se eles sublinhavam minha singularidade, meus primeiros lugares em francês e história não impressionavam ninguém. Meus resultados por outro lado medíocres ou no máximo médios aliavam-se a uma paixão crescente pelos livros. Eu continuava a gostar de ler. Meu vizinho que devia passar brilhantemente no concurso de Artes e Ofícios, e do qual eu admirava, mais do que o dom para a matemática, a cabeleira frisada, me fez ler um volume da "Série negra" que ele emprestara da biblioteca do quartel dos guardas móveis, corpo do qual seu pai era brigadeiro. Fiquei maravilhado.

Durante as férias, frequentávamos a biblioteca do círculo dos oficiais. Eu acompanhava meu irmão, também sempre grande leitor, a ponto de preferir às vezes a leitura intensiva a seus trabalhos de aluno do liceu. A biblioteca ocupava o sótão de um belo palacete do século XVIII, logo acima dos salões de recepção e das salas de jantar. Um soldado desempenhava as funções de bibliotecário. Consultávamos o fichário, circulávamos nas seções, e líamos algumas páginas de um livro tomado ao acaso, sentados em uma espécie de escada que conduzia a outras salas, bastante pequenas, de pé-direito baixo, iluminadas por lucarnas, que se designavam respeitosamente pelo nome de olho de boi. Os livros eram encadernados em tecido preto grosso. Numa página precisa, cujo número esqueci, um carimbo a tinta indicava que o livro pertencia ao círculo dos oficiais de Versalhes. Revejo claramente o redondo do carimbo, sem me lembrar precisamente da inscrição. Talvez fosse "guarnição de Versalhes". Por ali, tive a revelação de que os livros que levávamos para casa eram apenas emprestados, que precisaríamos devolvê-los numa data calculada graças a uma folha de calendário – instalada na escrivaninha sempre abarrotada do bibliotecário – e transportada com uma espécie de marcador de borracha para uma ficha introduzida na página de rosto. A impressão de liberdade que eu retirava de nossas visitas à biblioteca ficou vigorosamente atenuada por isso. Mesmo o prazer e a evasão estavam submetidos a coações e conheciam limites. Todo atraso era sancionado. Eu não queria saber mais do que isso. Inventava punições a partir daquilo que aprendia no catecismo. Uma página amassada representava um pecado venial. Uma página arrancada, uma encadernação desmontada, um livro perdido, e íamos perder-nos nas trevas dos pecados mortais, afastados para sempre do direito de ler.

Nas seções preparatórias ao vestibular técnico e ao concurso para a Escola de Artes e Ofícios, não havia biblioteca de turma. Entretanto, as aulas de francês da srta. David me ensinaram muito: a explicar uma poesia, uma cena de teatro, a compor uma narração, depois a redigir o que já se chamava uma dissertação. Ou seja, os instrumentos fundamentalmente necessários a minha formação de estudante de Letras, à qual, sem o saber, eu estava destinado. Em casa lia quadrinhos, o *Spirou e Fantásio* e o *Tintin*, cuja divisa – que

O AMOR ÀS BIBLIOTECAS **69**

eu julgava divertida e cheia de promessas – era que se podia lê-lo dos 7 aos 77 anos. E guardo uma lembrança deslumbrada de uma longa estada passada na cama – sofria então de resfriados repetidos – lendo todos os quadrinhos que passavam ao alcance dos meus olhos. Será que lhe devo ter conservado o hábito cotidiano de ler antes de me abandonar ao sono, como uma espécie de último adeus ao dia e sinal de uma paz reencontrada depois dos imprevistos do estudo ou do trabalho?

A biblioteca municipal de Versalhes

A biblioteca municipal de Versalhes foi "minha" primeira verdadeira biblioteca. Ali, iniciei-me no manejo dos catálogos, na tomada de notas, na leitura reflexiva com vistas a redigir uma exposição, mais tarde um artigo, enfim, meus primeiros livros. Fui inicialmente como aluno, não consigo lembrar-me para que tarefa precisa. A primeira experiência não foi muito conclusiva. Um amigo me acompanhava. O silêncio reinava. Leitores de idade franziam o sobrecenho ao menor murmúrio. Eu me perguntava, à vista de seus aparelhos auditivos, como possuíam essa sensibilidade ao barulho. Consultamos algumas obras de referência, olhamos discretamente, e depois descaradamente, garotas ruborizadas. Um de nós, talvez eu, teve um irresistível ataque de riso, que nos valeu a reprimenda de um empregado e uma saída tão rápida quão pouco gloriosa.

Voltei lá alguns anos mais tarde. Fazia curso de Filosofia, grande leitor confirmado, lançado à descoberta do mundo. As garotas continuavam a me interessar, ainda mais intensamente, mas, absorvido por minhas leituras, tomando notas febrilmente, não tinha muitos olhares a lhes consagrar. Terminada a leitura, quando a biblioteca ia fechar, eu voltava à terra. As garotas partiam em grupos e eu escutava, arrumando minhas coisas, na doçura da primavera, suas vozes e risos ecoarem no pátio. A biblioteca municipal de Versalhes ocupa as dependências do Ministério das Relações Exteriores do

70 JEAN MARIE GOULEMOT

Antigo Regime. É um lugar solene. A porta que dá para a Rua de l'Indépendance-américaine destaca-se pelo tamanho e qualidade de seus ornamentos. Como em muitos lugares versalheses carregados de história, para atravessar o pátio interno e alcançar a escada que conduz às salas de leitura, torcem-se os pés na pavimentação irregular, sem ter coragem de protestar. Os verdadeiros versalheses (de raiz, sinto-me tentado a dizer) tiram daí certo orgulho. Desde essa época, que representa quase meio século, as salas de leitura foram aumentadas e organizadas para satisfazer um número crescente de leitores. Não reencontro mais o encanto e o aroma da biblioteca velhota onde ler me deu tanto prazer.

Meus inícios de leitor sério, que implicavam um uso inteligente e proveitoso dos fichários – quantas descobertas devo ao fichário de matérias, que indicava os livros que tratavam do assunto, mas também os artigos de revista mais importantes! –, datam de meus anos parisienses de curso preparatório. Minhas tardes de sábado e uma longa parte de minhas férias eram reservadas à biblioteca. Apreciava o frescor reinante para ler aí com consciência os textos do programa, as obras críticas que lhes eram consagradas, e praticar também a caça proibida e a exploração livre. Esquecendo, como se se tratasse de uma recreação, dos programas impostos, lembro-me de ter lido Breton, Salmon e Apollinaire, a correspondência de Flaubert, e mil outros títulos que esqueci, mas cuja importância para meus gostos e minha personalidade conheço muito bem. Essa caça proibida começou bastante mal. Tendo lido não sei qual referência a Sade, pedi *A Filosofia na alcova*. A espera se prolongou além dos prazos habituais. Um dos empregados veio dizer-me que o sr. Curador desejava me ver. Conduziram-me a seu escritório, para lá da secretaria que se percebia através das portas duplas envidraçadas e onde se faziam as inscrições e se datilografavam as fichas. O sr. Breillat era um curador notável, ativo e competente e a quem devo sem dúvida nenhuma uma parte de meu amor aos livros e às bibliotecas. Tinha aparência severa, no exercício de suas funções jamais sorria, e, por timidez sem dúvida, adotava um aspecto rabugento. Recebeu-me, com a minha ficha na mão, num

O AMOR ÀS BIBLIOTECAS   71

escritório atravancado de livros. Leu-a colocando os óculos na testa e começou a interrogar-me. Por que Sade? Tinham-me pedido um trabalho sobre sua obra? O que seria espantoso. Por que *A Filosofia na alcova*, obra particularmente "forte"? Qual era minha idade? Eu murmurava as respostas. Ele pôs de novo os óculos no nariz e assinou a autorização. À leitura de *A Filosofia* entendi bem depressa, e sem esforço particular, as razões daquela entrevista. Não havia, creio eu, Inferno declarado na biblioteca municipal de Versalhes, apesar da reputação de conservadorismo moral e religioso de que gozavam a cidade e a sociedade versalhesas. "Ah! Você mora em Versalhes", disseram-me com frequência meus camaradas da École Normale ou meus colegas, com um ar entendido e que revelava a estima que consagravam à cidade real. Marcas particulares teriam indicado aos armazenistas — empregados municipais, como indicava seu uniforme azul-escuro, com as armas da cidade na lapela do paletó, que eles usavam por baixo do guarda-pó cinzento — os livros problemáticos a submeter à autorização do curador. Essa é uma hipótese que nunca tentei verificar. Havia numerosos acervos que deviam o nome a generosos doadores. Guardo na memória a chegada, sem pompa particular, de livros magníficos do acervo Lebaudy.

Mantive com o sr. Breillat uma relação cortês. Não era um homem caloroso, mas nunca fiz apelo em vão a suas imensas competências. Ele me permitiu aceder aos acervos antigos provenientes das apreensões de aristocratas versalheses emigrados, até mesmo coleções reais, e me ensinou, antes mesmo que eu me interessasse profissionalmente pela Livraria do Antigo Regime, tudo o que era preciso saber sobre a censura, as permissões tácitas, os lugares de edição enganosos, a respeito dos quais ele deixava escapar: "editoras clandestinas do Marais". Graças a ele, compreendi como se calculava o formato dos livros: infólio, in-quarto, in-octavo... e mil outras coisas, que acabei acreditando conhecer desde a eternidade.

O sr. Breillat era bibliófilo. O amor que tinha por seu estabelecimento, que geria com imenso talento, orientava-o para compras essencialmente destinadas à biblioteca. Visitava regularmente os livreiros da cidade especializados em obras antigas e o vi muitas vezes analisar catálogos de vendas ou de livreiros, de óculos na testa e lápis na mão. Aconteceu-me frequentemente lamentar não ter podido comprar livros que ele reservara a tal ou qual livreiro de obras antigas, reconhecendo que nada escapava à sua curiosidade bibliófila. Ele não me deixava senão algumas migalhas, mas devo a ele, lembrando-me de suas compras, saber o que são uma curiosidade ou uma raridade. Sem que tenhamos trocado mais do que cortesias banais ou informações técnicas sobre os livros, graças a ele tornei-me um frequentador de bibliotecas e um bibliófilo. Foi sem dúvida para mim a maneira mais simples de unificar espaço público e espaço privado. Tem-se às vezes a dialética que se pode.

Frequentei com assiduidade a biblioteca municipal de Versalhes até 1980, data em que, por razões de comodidade, nos instalamos em Paris. Compráramos mesmo em 1969 um apartamento bem perto da biblioteca municipal, onde me permitiram vir consultar de manhã livros reservados na véspera. Ali, li o essencial dos livros antigos, muitas vezes raros e de acesso difícil, que eram necessários para a redação de minha tese. Ia uma vez por semana à Biblioteca Nacional para ler uma obra que faltava em Versalhes. Não contraí, porém, verdadeiros hábitos, a não ser ir tomar um café às quatro horas num bar da Rua do Vieux-Versailles. Não fiz amizades, e nunca tive lugar reservado. Basta-me fechar os olhos para me lembrar do suporte de mata-borrão de guta-percha marrom que indicava o número do lugar, das gravuras consagradas a Versalhes no século XVIII ou devidas ao talento de Dunoyer de Segonzac que decoravam as salas de leitura, e às quais vieram se juntar, compra sem dúvida do sr. Breillat, pequenos óleos do século XIX que representavam bastante ingenuamente diversos cantos da cidade.

Voltei pouco à biblioteca de Versalhes uma vez instalado em Paris. Entretanto, frequentei aí o depósito dos periódicos da Biblioteca Nacional, situado muito perto do Estádio Montbauron, para escrever um livro razoavelmente desrespeitoso sobre a maneira como os comunistas franceses haviam festejado os 70 anos de Stálin e chorado sua morte em seguida. A leitura dos jornais é

O AMOR ÀS BIBLIOTECAS   73

uma prática tão penosa que guardo poucas lembranças das tardes passadas nesse edifício de um modernismo dos anos 1950 assaz surpreendente para essa cidade tão Grande Século. Tenho igualmente uma profunda nostalgia da biblioteca da Rua de l'Indépendance-américaine, aonde ia a pé, e a partir da qual eu organizava, para visitar meus pais, um percurso pontuado pelas paradas nos livreiros de livros antigos e nos antiquários. Devo a essa biblioteca minhas emoções de leitura mais profundas. Efeitos da idade, sem dúvida, em que eu descobria os encantos do comentário, a formulação de perguntas novas a fazer ao século cujo estudo eu empreendera. Tentava então constituir sobre a literatura um olhar que me fosse próprio, como a isso me convidava essa época presa de um verdadeiro desejo de teorizar e de substituir as impressões, às vezes com excesso, por uma teoria para compreender o que é ler. Não lamento esse prurido frequentemente pretensioso dos prolegômenos a toda análise. Nós éramos inquietos, incrédulos e iconoclastas como se deve ser no alvorecer de uma vida de pesquisador. A sabedoria cética (será que ela merece esse nome?), que é hoje a da minha geração e a minha, nem sempre me parece um progresso.

A frequentação da biblioteca municipal de Versalhes me veio no momento certo: acompanhou e facilitou a redação de minha tese. Foi minha sorte e meu mais belo instrumento de trabalho. Será que eu estava então verdadeiramente consciente disso? Nunca tive com ela essa familiaridade que me trouxe um pouco mais tarde a Biblioteca Nacional. Da Rua de Richelieu, evidentemente. Essa última dava-me talvez mais nitidamente a impressão de brincar no pátio dos grandes. A proximidade geográfica da biblioteca de Versalhes – nós morávamos a duzentos metros do palacete de Vergennes – tornava-a para mim um lugar facilmente acessível, porém sem ser familiar. Jovem pesquisador, eu aceitava mal as ideias preconcebidas sobre o século XVIII e desconfiava das instituições. Achava nossa bela e boa biblioteca sensível demais aos dignitários locais e excessivamente dependente deles, e isso explica provavelmente também a distância em que a mantive. Mesmo com as bibliotecas, os amores nunca são simples nem fáceis.

Madri

Como bolsista, passei o ano universitário de 1959-1960 em Madri. Guardava uma excelente lembrança de uma viagem turística à Espanha e dos banhos em praias perto de Valência. Foi suficiente para me fazer preferir Madri a Londres, aonde eu deveria ter ido naturalmente. Meus amigos procuraram dissuadir-me: eu não falava espanhol; a Espanha estava submetida à ditadura fascista de Franco; eu ficaria isolado entre os hispanistas veteranos. Obstinei-me. Essa estada, sem esquecer que ela decidiu também minha vida afetiva e me trouxe inúmeras felicidades compartilhadas, foi para mim bem mais importante do que meus anos de preparação, meus estudos na Sorbonne, minhas amizades na École Normale. Nascido numa família muito franco-francesa, que tinha pouquíssimas preocupações culturais e ainda menos curiosidade pela Europa, que ela reduzia às guerras às quais pagara pesadíssimo tributo, eu tinha sem dúvida necessidade de me sentir estrangeiro a meu próprio país. A estada em Madri forneceu-me ocasião para tal. A experiência espanhola me permitiu também distanciar-me rapidamente de uma imagem preconcebida da Espanha, aceita sem reserva pelo meio intelectual que era então o meu. Compreendi bem depressa que, para inúmeros espanhóis, a guerra civil pertencia ao passado e que era preciso olhar a Espanha com outras imagens que não as de *Terra sem pão* de Buñuel, de *A esperança* de Malraux, de *Por quem os sinos dobram* de Hemingway ou dos *Grandes cemitérios sob a lua* de Bernanos. Sim, a Espanha conhecera uma guerra civil com centenas de milhares de mortos, assassinatos em série, republicanos e franquistas, um exílio sem apelo de seus intelectuais. Sim, a Espanha era pobre. Os salários eram baixos a ponto de minha bolsa, transformada em pesetas, fazer de mim um privilegiado. Meus amigos espanhóis chamavam-me ironicamente *"el pequeño becario"* quando comparavam seus salários de altos funcionários iniciantes a minha bolsa de estudos. Madri parecia uma cidade de província. Havia poucos carros. Podia-se flanar, demorar-se nos terraços dos cafés. Por todas essas razões, a vida era aprazível. A acolhida era ca-

O AMOR ÀS BIBLIOTECAS 75

lorosa. Quanto ao franquismo, eu não sabia o que pensar. A entrada na Espanha não fora mais difícil para o estudante que eu era do que a passagem pelos controles meticulosos da alfândega britânica.

Para aprender espanhol mais depressa, procurei um quarto numa casa de família. Minha hospedeira foi uma viúva muito dissimulada, vestida de preto, com dois filhos. Era tagarela e curiosa, o que me obrigava a ouvir e a falar. Ao fim de alguns dias, eu aprendera a suspirar gemendo e lançando uns "*¡Dios mío!*" de partir o coração. Passei dois meses na casa dela. Colegas de turma me avisaram que vagara um quarto em uma residência de estudantes ligada ao Ministério das Relações Internacionais. Candidatei-me a ela e fui aceito. Até então, eu me dedicara a estudar gramática, ler o jornal e alguns romances, e, sobretudo, a decorar as listas de um vocabulário cujo autor se chamava Chicharro de León. À tarde, eu tentava reconhecer as palavras frequentando com assiduidade as salas escuras, onde se projetavam dois ou três filmes em sessão contínua. Habituei o ouvido ao sotaque. Analisava os movimentos e o lugar da língua para pronunciar o *r* gutural, os pontos da garganta e do palato para o *jota* e o *ge*. Treinava à noite ouvindo rádio. Manifestava talentos insuspeitados de imitador, que me ajudaram bem depressa a perder quase totalmente meu sotaque francês. Fiquei orgulhoso e, graças a esses primeiros sucessos e a outras razões mais pessoais ainda, apaixonei-me pela língua espanhola. Falá-la, escutá-la me propiciava um autêntico gozo físico, e não só estético como com minha língua materna. Usei e abusei disso por mais de quarenta anos. Na residência Culturales onde me instalei, moravam estudantes espanhóis e estrangeiros: professores norte-americanos de licença, latino-americanos bolsistas de doutorado, romanistas alemães, bom número de hispanistas franceses, nórdicos, apreciadores excessivos do *brandy* espanhol... Todos esses pensionistas falavam espanhol. Era uma bela mistura de sotaques, que teria feito o mais metido a francês dentre nós perder os complexos.

Meus compatriotas hispanistas que preparavam sua dissertação de mestrado me convenceram a frequentar a Biblioteca Nacional, situada num belo edifício, um pouco abandonado, da *Plaza* Colón.

76 JEAN MARIE GOULEMOT

Ele abrigava também o Museu de Arte Moderna. Abandonei minhas listas de vocabulário e meus cinemas muitas vezes miseráveis. Concederam-me sem dificuldade uma carteirinha de leitor, que lamento hoje ter extraviado. Foi ali que se fez minha iniciação à leitura na Biblioteca Nacional. Descobri os fichários onde dominavam ainda as fichas manuscritas. A precisão que aí reinava, e às vezes também a fantasia. Eu tinha textos a ler para obter um certificado de licenciatura. Uma parte do *Don Quijote*, *El libro de buen amor* do Arcipreste de Hita, romances de Azorín, Pío Baroja e Unamuno, teatro de Moratín, um drama romântico e *La vida del buscón* de Quevedo, cuja língua e cujo cinismo alegres me encantaram, depois de vencer as dificuldades de compreensão.

A Biblioteca Nacional era pouco frequentada. A iluminação deficiente, os fichários não atualizados – o que garantia aos que preparavam suas teses, como a frequentação dos arquivos, descobertas inesperadas – surpreenderam-me, assim como a existência de um bar no local, do qual não consigo lembrar-me com precisão. A sala era enfumaçada e barulhenta. O espanhol fala alto e precisei de semanas para compreender que os gritos não indicavam um estado de cólera e nunca eram seguidos de brigas. Expressavam simplesmente a paixão. Aprendi naquela sala de fumo barulhenta a teatralidade do mundo latino, a importância da gestualidade. Aquelas palavras gritadas, as injúrias que jorravam por um nada enriqueceram meu vocabulário, e notei rapidamente que podia me pôr em uníssono e que minha voz tinha um timbre diferente segundo me exprimisse em espanhol ou em francês. Na cafeteria, comentavam-se as notícias. Futebol e política eram os únicos assuntos tratados. Existia uma liberdade de expressão que contradizia a ideia que da França tínhamos da ditadura e da repressão. Entre dois cafés, Franco era chamado *el enano* e qualificava-se o pessoal político e sindical, sublinhando-se por gestos obscenos, com nomes de pássaros. Como descobri mais tarde no Quebec, as blasfêmias e as alusões sexuais pontuavam as conversas com um absoluto natural. A ponto de me perguntar se elas conservavam para aquele que as pronunciava um resto de provocação. Meus amigos espanhóis explicaram-me que os

O AMOR ÀS BIBLIOTECAS **77**

cafés representavam um exutório que o regime tinha a inteligência de preservar. As ameaças de café, as críticas virulentas e as gozações sobre a Falange eram aqui sem consequência. Não existia a mesma tolerância para as reivindicações sindicais ou as greves, que eram severamente reprimidas. Mas a presença policial (*los grises*) não me impressionava mais que a exibição dos guardas móveis ou dos CRS[2] em Paris.

A imprensa era controlada, o cinema censurado, como se percebia nas versões espanholas dos filmes americanos, nas quais cenas de adultério eram desajeitadamente camufladas com demonstrações excessivas de ternura familiar. Acontecia com frequência que a distribuição de *Le Monde* fosse proibida. Às vezes com atraso: o censor distraído deixara passar os artigos incriminatórios e compensava proibindo números seguintes que não continham nenhuma notícia sobre a Espanha. Uma pesquisa sobre os números das semanas passadas não levava a nada. Mas, por um amigo barcelonês, ficava-se sabendo que panfletos a favor do catalão ou da defunta *Generalitat* haviam sido distribuídos nas ruas. Notícias locais pouco acessíveis revelavam que houvera greves na periferia de Madri ou manifestações no País Basco. E *Le Monde* o divulgara.

Para um jovem francês que fingia ler Marx, para quem o marxismo dominava, sem nem ter consciência disso, a crítica literária e a pesquisa histórica, a vida cultural espanhola tinha algo surpreendente. Os estudantes, na França, liam *Morales du Grand Siècle* [Morais do grande século] de Paul Bénichou e *Le Dieu caché* [O Deus oculto] de Lucien Goldmann; o nome de Althusser começava a aparecer fora dos círculos filosóficos da Rua d'Ulm; *Les Temps modernes*, *Esprit* aderiam às posições dos oponentes mais radicais à guerra da Argélia, a extrema-esquerda revolucionária começava a recrutar. Um boletim de oposição interna ao Partido Comunista

---

2 Sigla pela qual são conhecidos, por metonímia, os policiais das Compagnies Républicaines de Sécurité. Trata-se das forças civis da polícia nacional francesa; por possuírem alta disponibilidade e mobilidade, são a linha da frente da polícia no patrulhamento e contenção de eventos. (N. E.)

que se intitulava, creio eu, *L'Étincelle* circulava entre os estudantes e lembro-me de que Félix Guattari vinha à Sorbonne divulgá-lo. Essa agitação intelectual e política era visível: não era preciso ser militante para se dar conta disso, bastava ler os semanários e as revistas. Em Madri, onde essa mesma agitação existia sem dúvida, não era fácil informar-se. Não se viam nas vitrinas das livrarias madrilenas as novidades francesas ou italianas que os meios progressistas deviam adquirir em Paris. Havia, porém, algumas livrarias bem-abastecidas cujo endereço se comunicava discretamente, como a Buchholz, perto de Cibeles, na Castellana. Encontravam-se aí livros alemães, franceses e ingleses em boa quantidade. Aos espanhóis que podiam pagar e ler numa língua estrangeira, nada era verdadeiramente inacessível. Nessa livraria, conheci ao vivo o que fora uma permissão tácita na Livraria do Antigo Regime. Embora tivesse decidido ler em espanhol sobretudo, passava regularmente pela Buchholz. Um amigo francês, bolsista de um ou dois anos antes, me contou ter tido uma noite a surpresa de ouvir aí dois senhores muito idosos falar francês com grande elegância. Àquele que tinha a voz mais doce, quase feminina, e que dava mesmo a impressão de estar maquiado, o outro se dirigia gratificando-o com um respeitoso "Senhor Ministro...". O que, naturalmente, o intrigou. Um empregado que ele conhecia indicou-lhe que se tratava de Abel Bonnard, ex-ministro da Educação Nacional do marechal Pétain, condenado por contumácia, exilado na Espanha, e conhecido, segundo os próprios mesmos da Colaboração, pelo seu gosto pronunciado pelos garotos. Chamavam-no mesmo "Gestapete" ou "a bela Bonnard". Fiquei sabendo na universidade que muitos professores de língua francesa eram ex-rexistas, condenados à morte na Bélgica por colaboração com o ocupante, e aqui reaproveitados no ensino. A presença de Abel Bonnard, que fora aqui recebido como *persona grata*, fez-me distanciar da livraria e me conduziu a um interrogatório sobre a instalação em Madri de tal livraria alemã. Soube, bem mais tarde, por um artigo do *Mundo*, que ela fora durante a guerra um ativo ninho de espiões nazistas.

O AMOR ÀS BIBLIOTECAS **79**

Seguindo os conselhos de alguns bolsistas espanhóis da Culturales, reuni à Biblioteca Nacional a frequentação da biblioteca do Ateneo da Rua do Prado. Acedia-se por uma entrada relativamente discreta e mal-iluminada. Uma das ruas vizinhas, a *calle* Echegaray, do nome do dramaturgo do século XIX, era mal-afamada. Bastante tolamente, eu me espantava com isso. Ignorava então que as ruas vizinhas da Biblioteca Nacional em Paris haviam abrigado célebres prostíbulos até a sua proibição. Contava-se mesmo que Julien Cain, administrador da Biblioteca, mandava lá chamar às vezes Georges Bataillle, curador pouco pontual, que esquecera após uma noite agitada a hora em que seu serviço começava. Por razões que jamais procurei aprofundar, essa vizinhança me parece inevitável e conveniente. A leitura me parece um dos prólogos ao devaneio e o devaneio incita ao desejo amoroso. Inevitável, não sei por quê, mas é forçoso constatar que não há muito tempo as ruas próximas da Biblioteca Nacional eram um dos lugares preeminentes da prostituição masculina. Abster-me-ia de generalizar. O aspecto solene de uma biblioteca pública em em São Paulo não tinha nada que pudesse deixar crer que se praticavam em suas imediações exaltantes atividades amorosas. Entretanto, só Deus (ou o Diabo) sabe tudo o que pode contar ou sugerir uma mulher brasileira por seus olhares e o balanço de seu corpo. Os amplos espaços em volta da biblioteca do Congresso conduzem às mesmas conclusões e o sítio Mitterrand, com seu modernismo pretensioso e na última moda cultural, é apenas digno de um Eros Center, higiênico e resplandecente de vidro e de aço. Apesar de *A madona dos trens noturnos* de Maurice Dekobra e o *O expresso de Xangai* de Von Sternberg, dificilmente se chega a reconhecer ao imóvel da "rede ferroviária da França", há pouco instalado, um grande poder erótico. E como conservar o coração em festa e o corpo em júbilo quando se enfrenta o vento da noite atravessando a praça escorregadia da Biblioteca?

Os bolsistas espanhóis da Culturales, abandonando cursos, livros e cópias mimeografadas, organizavam sexta-feira à noite passeios pelas ruas quentes de Madri para os quais convidavam os

80   JEAN MARIE GOULEMOT

bolsistas estrangeiros. *"¿Oye, Francés, te vienes de putas?"*[3] Imaginei frequentemente que aqueles mesmos que eu via prepararem-se para exames e concursos no Ateneo começavam sua jornada pela Rua Echegaray, a alguns metros da biblioteca, como se tivessem dificuldade de mudar seus hábitos de leitor antes de se dirigirem, tranquilizados, para as imediações da Gran Via. Apesar da ditadura e do que pretendiam certos velhos republicanos exilados, o centro de Madri conhecia intensa vida noturna. As grandes avenidas ficavam coalhadas de gente até tarde da noite, como para confirmar a tirada de que um espanhol não corre nenhum risco de morrer na cama, esmagado pelo desabamento do telhado de sua casa. Compreendi que os espanhóis do norte ou do sul gostam de percorrer as ruas de sua cidade, ou seja, ver e serem vistos. O que torna surpreendente, e mais simbólico que real, o tema do encerramento que se encontra em Galdós e em *La casa de Bernarda Alba* de Lorca.

Acostumei-me depressa ao ritual do Ateneo. Às suas pequenas lâmpadas, aos livros empoeirados e amarelecidos que guarneciam as estantes das paredes das salas de leitura, a seus empregados de uma lentidão de vencidos e alguns tão velhos que se temia que perecessem nos depósitos onde nossos pedidos os obrigavam a ir. Verdade ou lenda, contava-se entre os leitores que os mais idosos circulavam de pantufas, dando a impressão de escorregar pelo parquê sem precisar andar. No Ateneo, os leitores eram tratados como reis. Trazia-se àqueles que o desejavam, e que o pedido obrigava tacitamente a conceder uma respeitável gorjeta, um copo de vinho tinto e um sanduíche. Nada a ver com a Biblioteca Nacional, da qual se julgava que a maioria dos empregados era de guardas civis aposentados, o que, para os iniciados, explicava a brutalidade com a qual colocavam os livros, mesmo antigos e raros, no lugar dos leitores que os haviam pedido. Por respeito à tradição liberal que presidira a sua fundação, o Ateneo permanecia radicalmente hostil a Franco. Em certos períodos do ano, em que a militância política de uns e a atividade repressora dos outros determinavam muito pre-

---

3 [Ei, francês, você gosta de putas?]

O AMOR ÀS BIBLIOTECAS   81

cisamente, no banheiro, cuidadosamente dissimulada na caixa que continha o papel higiênico, podia-se ler uma edição em papel bíblia do *Mundo obrero*, órgão do Partido Comunista no exílio, editado segundo toda verossimilhança em Paris. Passava-se a indicação aos iniciados. Aqueles que haviam viajado a Paris, com um sotaque muitas vezes horrendo, sussurravam: "Última *Le Monde*, peça *Le Monde!*" Nunca presenciei isso, mas assistia-se, parece, a estranhas cenas. Aparecia inesperadamente um leitor apressado por uma necessidade urgente que sacudia a porta fechada protestando. "*¡Tengo ganas, coño, date prisa! Me estoy cagando...*"[4] De dentro, respondiam: "*Aguántate. Tengo que acabar el artículo de Santiago. Muy bueno por cierto. Hay perspectivas...*"[5] Chegava um terceiro que ordenava silêncio assegurando que os *grises* estavam no *hall*. O ocupante liberava o lugar e o homem apressado se instalava e se dedicava a ler por sua vez o artigo *cojonudo*[6] a ponto de provocar protestos dos que esperavam.

Não gostaria de dar a impressão de que a repressão franquista virava folia. Ela era dura. Torturava-se nos locais da direção da Segurança da Puerta del Sol. Condenava-se, internava-se, bania-se. Mas, nos meios universitários, ainda se estava longe das grandes manifestações dos anos 1970 e dos enfrentamentos dos quais elas foram o pretexto. A oposição era verbal. Os banheiros e as margens dos livros de referência estavam cobertos de *slogans* e de insultos nos quais a política se misturava, segundo uma lógica raramente perceptível, com a sexualidade. Acusava-se de perversões diversas ou de impotência caracterizada os adversários. Muitas vezes, os inimigos dialogavam por *slogans* sucessivos. "*¡Desde que me he enterado de lo que es el capitalismo ya no tengo ganas de joder!*",[7] ao que se respondera: "*¡Vete a un campo de concentración en Siberia a ver si*

---

4   Estou apertado, bicha, vai rápido! Estou me cagando!
5   Se segure aí. Tenho que terminar o artigo de Santiago. Muito bom mesmo. Há perspectivas...
6   Do caralho.
7   Depois que entendi o que é o capitalismo, não tenho mais vontade de foder!

82   JEAN MARIE GOULEMOT

se te levanta la polla!"[8] Os insultos se respondiam pelos muros ou nas margens de uma sequência de páginas. Ao convite a ir para a Sibéria, um fulano achara bom responder: *"¡Fui a Rusia y ahora la tengo mas roja y dura como un martillo! ¡Toma cabrón!"*,[9] convidando um quarto a rabiscar: *"¡Asi com la hoz te la cortaremos mejor!"*[10] Esse curioso uso da foice com que se ameaçava o adversário despertava velhas fantasias rurais de vingança contra o *señorito* que abraçava com demasiada intimidade as garotas do vilarejo. Não era raro que as margens dos livros recentemente emprestados estivessem cobertas de comentários injuriosos ou polêmicos que se respondiam ao longo da página, muito além da frase ou do parágrafo que primeiramente haviam retido a atenção do leitor. Quanto mais a troca durava mais o tom subia, sem que se soubesse verdadeiramente qual era a origem da polêmica.

Como, na época, por zombaria das fichas que elaboravam por tudo e por nada alguns de nossos condiscípulos particularmente estudiosos, nós lançáramos, com dois de meus camaradas de quarto, uma pesquisa sobre as pichações dos banheiros públicos, eu me aplicava então a levantar o material que me ofereciam os das bibliotecas madrilenas. Meus cúmplices, que passavam o ano em Londres, vieram me ver em Madri. Comparamos nossas fichas. Elas revelaram manifestamente uma perversidade refinada dos britânicos, desejos imediatos e brutais dos franceses e uma inextricável mistura de sexo e de política nos espanhóis, que devia mais ao senso que eles tinham do verbo e ao imaginário erótico do que à repressão sexual e política de que sofriam. Depois de uma refeição bem regada, comprometemo-nos com a publicação de pichações comparadas, de alto valor científico, assim que voltamos a Paris. Escondido debaixo de um paletó de camurça comprado por um de nós em Madri, o fichário nos foi roubado no Quartier Latin, sem

---

8   Vá para um campo de concentração na Sibéria e veja se sua pica não levanta!

9   Fui para a Rússia e agora ele ficou mais vermelho e duro com um martelo! Chupa, sacana!

10   Assim com a foice podemos cortá-la melhor.

O AMOR ÀS BIBLIOTECAS **83**

arrombamento, no carrinho sacolejante e falhando a todo instante que um de nós possuía. Imagino a surpresa do ladrão, o qual imaginamos imediatamente poliglota.

Quando penso na privação de liberdade que sofri em Madri, vêm-me à memória duas lembranças. Com o passar do tempo, parecem-me irrisórias, e felizmente jamais tirei delas conclusões apressadas. Eu devia ler para meus exames da Sorbonne obras de Pío Baroja. Muito precisamente a trilogia madrilena. Eu gostara daquela maneira de pintar a cidade e seus *bas fonds* no início do século sem cair no exotismo da miséria e numa pretensa poesia dos marginais, como ocorre nos romances de Carco ou em *Bubu de Montparnasse* de Charles-Louis Philippe. Para complemento de informação, decidi ler *El árbol de la ciencia* do mesmo Pío Baroja. Sendo impossível encontrar o texto em livrarias, procurei o título nos fichários do Ateneo e fiz o pedido. Um dos bedéis veio me dizer que o diretor queria me ver. Segui-o até um escritório onde o diretor me recebeu. Não tenho lembrança precisa de seu aspecto físico. Disseram-me mais tarde que ele era padre. Não usava sotaina, mas terno. Tinha minha ficha na mão e me inquiriu a razão do pedido. Respondi-lhe que a obra de Pío Baroja estava no programa do exame que eu devia prestar quando voltasse à França. Expliquei que era francês, que estudava na Sorbonne e passava um ano na Espanha como bolsista para aprender espanhol. Ele me perguntou se eu sabia o que continha aquele livro de Pío Baroja. Tentei explicar sem insolência que, ignorando-o, pedira justamente para lê-lo. Sem que eu compreendesse exatamente por quê, ele perdeu de repente a paciência e levantando a voz: "*¡Es la obra de un ateo!*"[11] Respondi que a obra de Don Pío estava no programa do meu exame. "*¡Don Pío, no! Don Impío!*"[12] e, olhando-me, subitamente furioso, lançou-me em rosto como um insulto: "*¡Sorbona, Sorbona, no Soborna!*"[13] Levei anos para entender o trocadilho. De repente calmo ou resig-

---

11 É uma obra de ateu!
12 Dom Pio não! Dom Ímpio!
13 Sorbonne, Sorbonne, não Suborne!

84 JEAN MARIE GOULEMOT

nado, devolveu-me a ficha com sua assinatura. Obtive o livro, que li primeiro com curiosidade e depois com tédio.

Uma noite, vieram avisar-me de que ia passar *Gilda*, filme censurado na versão espanhola, numa sala de projeção da faculdade de Letras. Um dos bolsistas que possuía um carro 4CV razoavelmente desconjuntado propôs passar para nos pegar, Maria, que ia se tornar minha mulher, e eu. A sala estava cheia, a cópia era medíocre, o aparelho de projeção de má qualidade, mas a impressão de transgressão fortíssima. O público só fez silêncio e reteve a respiração na célebre dança das luvas em que Rita Hayworth está deslumbrante de elegância e sensualidade. Aplaudiu-se na palavra "fim", tanto a si mesmo quanto ao filme. Com a polícia podendo chegar de um momento para o outro, recebeu-se a instrução de sair rapidamente e deixar sem demora a cidade universitária.

Devo acrescentar a isso uma representação do *Tartufo* à qual fora por curiosidade, para ver com o que se parecia Molière em espanhol, e que se transformou em manifestação contra a Opus Dei, que acabava, por meio dos ministros técnicos (López Rodo e López Bravo), de chegar ao poder. A segunda representação foi também perturbada por piadas, aplausos intempestivos. Se não me engano, no terceiro dia a peça foi proibida.

Mesmo se me senti pouco francês na Espanha e, contudo, estrangeiro a esse país, ao seu modo de vida, à sua cultura, entendi, à minha maneira, o que representava o Huron de Voltaire e todos aqueles viajantes vindos de fora que o conto filosófico fez passear no reino da França. Fui persa em Madri, mas me recusando a projetar nessas terras novas as ideias vigentes além dos Pireneus, ideias com as quais o progressismo francês se deleitava depressa demais. Quer queira quer não, a Espanha de 1960 não era mais a de 1936. Constatava-se aí um evidente progresso material e cultural. A emigração, enviando milhões de trabalhadores, com a benção do regime, para a França, a Alemanha e a Bélgica, lhes abrira os olhos para a vida política e sindical e para as realidades econômicas. A Igreja no cotidiano era majoritariamente antifranquista e os jovens padres participavam das lutas dos sindicatos clandestinos. A demanda de

O AMOR ÀS BIBLIOTECAS   85

liberdade era imensa, mas não se queria obtê-la com um banho de sangue. Os grupos de resistência no imediato pós-guerra haviam deixado uma lembrança irrisória e trágica. Somente os derrotados saudosistas, cortados das realidades da Espanha contemporânea, imaginavam seu retorno de armas na mão. Os jovens espanhóis falavam mais frequentemente de transição que de revolução. Uma das revistas de inspiração democrática, aborrecidíssima, mas muito lida, intitulava-se *Cuadernos para el diálogo*. E a ditadura de então não se parecia com a do começo. A opinião internacional dificultava a repressão. Isso ficou evidente nos últimos anos do regime franquista, no processo em Burgos dos militantes bascos pelo qual Sartre se interessou, e quando manifestações acompanharam em toda a Europa a condenação à morte de Julian Grimau, dirigente comunista, ou a do anarquista Antich, no fim dos anos 1960.

As autoridades não favoreciam somente as formas de arte mais tradicionais: incentivavam, queira ou não, a divulgação além das fronteiras das obras de Miró, Tàpies, ou, mais tarde, de Chillida e Saura. Achei espantoso que meus compatriotas tenham deslocado a lenda negra da Inquisição ao franquismo para evitar o esforço de pensar o que não era nem o fascismo italiano nem o nazismo. Queria-se continuar a ignorar que milhares de judeus sefarditas haviam recebido um passaporte espanhol dos consulados franquistas e escaparam assim à deportação. O que não impedia um antissemitismo habitual, muito presente na linguagem cotidiana e que se exprimiu na imprensa quando se projetou em Madri um filme americano de José Ferrer consagrado ao caso Dreyfus. Li, razoavelmente assombrado, em *ABC* um artigo de José María Anson que retomava por sua conta a tese da culpa do capitão Dreyfus. Ao voltar à França, desconfiaram que eu tivesse simpatias suspeitas – não estava a ponto de me casar com uma espanhola e eu não tinha um pai e um irmão oficiais? – quando me lembrei de que, fiel ao programa social da Falange, o franquismo instituíra uma Seguridade Social à inglesa. Quando contava o ano que passara em Madri, sentia meus interlocutores decepcionados. A Madri real não correspondia às imagens herdadas da guerra civil. Eu não negava os sindicatos verticais, o partido único, a falta de liberdades, mas recusava-me a enegrecer o que já era bastante sombrio. A Espanha não era nem a Alemanha nazista nem a Rússia comunista, nem as democracias populares, que muitos dos meus amigos comunistas continuavam a admirar apesar do relatório Kruschev e da intervenção das tropas soviéticas na Hungria. A moda era então explicar o Estado soviético policial, como fazia Elleinstein, historiador comunista dissidente, pela herança czarista e o atraso econômico da Rússia. Minha estada em Madri me obrigava a recusar os esquemas simplistas que reavivavam os ardores militantes e evitavam levar a reflexão longe demais. Eu sorria, e depois indignava-me quando se afirmava que o general de Gaulle provocara uma fascização rastejante da V República. Cheguei a abandonar uma manifestação em que um grupo gritava: "De Gaulle, Franco, mesmo combate!"

Sem ousar dizer-lhes abertamente, eu achava meus amigos espanhóis – que zombavam por qualquer pretexto do chauvinismo francês –, de um nacionalismo digno de um gaulês. Ele se expressava abertamente por ocasião das corridas ciclistas, particularmente Tour de France, e dos jogos de futebol. As lembranças da guerra de independência permaneciam muito vívidas e a denúncia das tropas napoleônicas era digna de um discurso que somente a direita nacionalista e os comunistas, colocando-se como o Partido dos Fuzilados, tinham sobre as tropas alemãs. Tanto quanto posso julgar, o chauvinismo francês vinculava-se a um complexo de superioridade, muitas vezes inconsciente e seguro de si. O dos espanhóis traduzia um sentimento de inferioridade: era vingativo e fazia geralmente referência a uma imagem difamante da Espanha que os estrangeiros divulgavam. O que não ouvi dizer dos *gabachos*, nome pejorativo que se dá na Espanha aos franceses? Às vezes, críticas fundamentadas, e outras rançosas e azedas, pronunciadas com uma veemência despropositada.

Eu me queria não demasiado francês na Espanha e, sobretudo, um pouco espanhol na França. Primeiro em política, para evitar as ideias preconcebidas. O ano passado em Madri me fizera descobrir uma extraordinária riqueza cultural: literária, pictórica, arquitetô-

O AMOR ÀS BIBLIOTECAS   87

nica. A leitura de *Dom Quixote* e da obra de Quevedo me siderara literalmente. Oriundo de um grupo fechado, eu ignorava tudo o que não fosse cultura francesa. Os textos clássicos, um pouco de literatura inglesa, romances americanos contemporâneos e muita literatura francesa que o ensino nos levava a privilegiar, mesmo em literatura comparada. Estudava-se Rilke e a França, os ataques feitos à integridade da língua francesa com o "sabir atlântico"... temas que se referem mais à irradiação da cultura francesa do que às trocas europeias ou à comparação dos movimentos estéticos.

Essa conscientização que tentei conservar aplicando-a a outros países, eu a devo às bibliotecas de Madri, aos livros que li aí e às conversas de que participei. Será que devo confessar que os programas universitários, muito distantes de minhas preocupações e totalmente alheios à urgência de aprender o espanhol, conduziram-me a negligenciar a universidade espanhola para me consagrar com frenesi e voracidade à leitura em bibliotecas? Assim, confirmei aí minha vocação de homem do livro. Que a Espanha receba meus agradecimentos.

V
LEMBRANÇAS DA RUA DE RICHELIEU

Minha primeira carteirinha de leitor da Biblioteca Nacional data de 1960. Não era pouco pedi-la. Meu orientador de mestrado (curso que se chamava então diploma de estudos superiores), Jean Fabre, grande especialista do século XVIII, aconselhou vigorosamente que eu fizesse isso. Sem que eu lhe pedisse, ele escreveu uma carta ao administrador da Biblioteca, seu amigo Julien Cain. Ela elogiava o interesse de meu trabalho de pesquisa sobre o abade Raynal, pouco conhecido na época, e a necessidade para mim de frequentar assiduamente a Rua de Richelieu. Precisei fornecer as provas de meu título de licenciatura, uma ou duas fotos, explicar a natureza de minha pesquisa a uma funcionária aparentemente atenta. Entrei de posse de uma carteirinha de leitor de papelão amarelo, flexível, que era preciso proteger com um estojo plástico para tentar evitar que ficasse logo amassada.

Naqueles tempos distantes, a carteirinha de leitor era gratuita. Hoje é paga. O que, pelo que sei, constitui uma forma pouco apetitosa da exceção francesa. Afirma-se que esse dízimo exigido dos pesquisadores serve para cobrir uma parte das despesas faraônicas de funcionamento da Biblioteca Nacional da França. É esquecer que o mal vem de mais longe e que a carteirinha de leitor da Biblioteca Nacional passou a ser paga quando o projeto do Site Mitter-

90 JEAN MARIE GOULEMOT

rand ainda nem existia. A República tem desses lados miseráveis que espantam sempre e enchem com frequência de vergonha. Alguns dizem que essa entrada em caixa contribui muito pouco para o orçamento da Biblioteca. Não consigo acreditar que a taxa cobrada serve unicamente para permitir a criação de alguns empregos. Tenderia a pensar que essa taxa anual se deve antes de tudo à ideia, bem ancorada na tradição nacional, segundo a qual a cultura tem valor em si e a leitura pública é considerada como um ócio pago, tal como o museu ou o concerto. Acrescentemos que ler na Biblioteca Nacional para escrever um livro ou um artigo não interessa muito os responsáveis pela cultura que preferem a essa atividade obscura os efeitos de brilho fácil, que serão comentados na televisão e depois, polemizando, nos jantares mundanos. Preferem-se as portas abertas no Dia do Patrimônio, com *closes* nas filas à porta dos edifícios públicos, às ocupações monótonas dos leitores, esperando também, às vezes, que vague um lugar.

Obtida a carteirinha, era preciso iniciar-se no funcionamento da Biblioteca. Começava-se atravessando a sala Labrouste, da qual sei hoje que data de 1867, e sua arquitetura metálica. A combinação do vidro, do ferro, da madeira escura das estantes e dos escaninhos, a luz das lâmpadas com abajures verdes davam ao conjunto uma atmosfera de mundo glauco. Com um pouco mais de verticais e de ângulos retos, acreditar-se-ia estar dentro de um aquário que esperava ser enchido de água. Seguindo os conselhos dos encarregados da recepção dos novos leitores, ia-se em seguida à sala dos catálogos, no subsolo: a amabilidade foi levada a ponto de me indicar que, num canto, uma porta conduzia banheiro, que permitia satisfazer a natureza sem deixar a sala de leitura. Esse banheiro desapareceu bem depressa. Um de meus amigos dizia que essa proximidade impedia que se perdesse o fio da leitura ou dos pensamentos. Meu cicerone, uma senhora, creio eu, abandonou-me ali aos cuidados dos curadores encarregados da informação bibliográfica. Eu ignorava então quanto lhes deveria, pois nunca apelei em vão para suas competências, e usei e abusei de sua amabilidade paciente.

O AMOR ÀS BIBLIOTECAS   91

Fora entregue para mim na entrada uma placa verde de plástico, em harmonia com os abajures, que correspondia ao meu lugar e ao meu lado da sala. Instalei-me ali um pouco tolamente para esperar sabe Deus o quê, já que não preenchera nenhuma ficha de comunicação de obra. Fiquei ali, sentado comportadamente, à espera do que não podia evidentemente ocorrer. Para não revelar a meus vizinhos, que não davam a mínima, meu desconhecimento das regras do jogo e da sequência imutável do ritual – primeiro o catálogo ou os fichários, depois a ficha de pedido de comunicação a preencher antes de colocá-la numa caixa correspondendo aos lugares à direita ou à esquerda do hemiciclo, a espera paciente de um livro que um empregado vinha enfim depositar no seu lugar –, acabei por me resignar a tentar a sorte. Eu me pergunto que volume posso ter pedido. Sem dúvida um dos livros de crítica percorrido durante meus anos de licenciatura. Apesar dessa sábia precaução, precisei recomeçar várias vezes para chegar a preencher corretamente a ficha. Eu me espantava que, em caso de indisponibilidade do volume, se considerasse, como primeira hipótese, que o demandante já o tivesse em sua posse. O que tornava seu pedido totalmente incongruente e fazia dele um personagem senil. A instituição cultural que a Biblioteca é compartilhava nisso uma imagem estereotipada do intelectual, do leitor e do professor universitário.

Esperando que lhes trouxessem o livro pedido, os frequentadores iam consultar livros de referência ou retornavam aos catálogos do subsolo. Instalei-me comportadamente no meu lugar, tirei da pasta meu material e ocupei a espera examinando meus vizinhos. À minha direita estava sentado um padre muito idoso com uma sotaina de um preto tão desbotado que tinha reflexos furta-cor e esverdeados, de cabeça coberta por uma espécie de calota como a que ostenta Sainte-Beuve nos retratos, e nos ombros uma espécie de xale no qual se enrolava para se proteger das correntes de ar, às quais aparentemente só ele era sensível. Recordo-me ainda hoje de suas mãos lisas como marfim polido, marcadas por veias salientes ligeiramente azuladas, de suas unhas abauladas e tão pálidas quanto sua pele. Lia muito atentamente sem parar de puxar o xale para

92 JEAN MARIE GOULEMOT

os ombros magros. Fiquei sabendo depois que lhe reservavam um lugar preciso, afastado das correntes de ar da entrada. Pois, como me confessou mais tarde um funcionário da Biblioteca, "os velhos clientes têm certos privilégios. Eles fazem parte da casa...". Em papéis reaproveitados, perfeitamente recortados em quadrados, ele tomava notas com uma letra infinitamente miúda. A intervalos regulares, fechava os olhos e permanecia imóvel como uma estátua de pedra, a ponto de me fazer crer que adormecera ou que o sopro vital que ainda o animava o abandonara. Meditava? Não sei. Eu tentava captar seu olhar e tinha a impressão de que ele não via nada do que lhe estava próximo. Olhava ao longe. Seus olhos estavam como afogados e tinham a incerteza de uma linha de horizonte vibrando no calor. Sentado perto dele, eu me sentia invadido por essa compaixão adocicada que durante minha vida não deixei de sentir pelas pessoas idosas.

Sem poder comprová-lo, creio que os leitores da Biblioteca Nacional eram no início dos anos 1960 na maioria pessoas idosas. Ilusão de homem jovem para quem a idade começava por volta dos cinquenta anos, ou realidade, pois os estudantes eram raramente admitidos, um pouco de ambos sem dúvida. O incidente ocorreu no meu segundo ou terceiro dia de trabalho na Biblioteca. Meu lugar ficava, recordo-me com bastante precisão, no lado direito do hemiciclo. Estava sentada diante de mim uma senhora muito idosa que me fascinava porque permanecera fiel à moda da sua maturidade, que eu situava pelos anos 1930. Usava o cabelo grisalho cortado estilo joãozinho, uma espécie de boina vermelha, um colar de forma geométrica, uma longuíssima echarpe, um *tailleur* de jérsei com uma saia que lhe chegava aos tornozelos e, no casaco, uma cintura exageradamente baixa. Ela lia, creio eu, filosofia, e quando as lentes de seus óculos tão espessas quanto fundos de garrafa se revelavam insuficientes, ela recorria a uma lupa de cabo trabalhado. Levantava de vez em quando os olhos para refletir, boca meio coberta por uma mão cruelmente deformada pelo reumatismo, mas enfeitada com múltiplos anéis. Eu esperava os livros que pedira. As pausas reflexivas de minha vizinha eram cada vez mais frequentes. Na

O AMOR ÀS BIBLIOTECAS   93

décima talvez, não sem elegância, ela tirou com um movimento do polegar e do indicador a dentadura, que colocou cuidadosamente sobre uma folha branca à sua direita olhando-a fixamente como se ela lhe fosse estrangeira. Senti subir em mim, meio de não ceder ao pânico, um riso nervoso difícil de controlar. Afastei-me até o corredor central como para consultar uma referência. Quando voltei, a dentadura reintegrara sua boca. Perguntei-me então se não devia fugir e jamais voltar a tal lugar, onde a intensidade da leitura conduzia a semelhantes comportamentos. Nas semanas que se seguiram, regozijei-me por ter sempre um lugar longe da boina colorida.

Como um marinheiro acostumado às escalas, adotei meus hábitos na Biblioteca Nacional: o café às onze horas no Choiseul ou no Richelieu, onde se encontravam leitores e funcionário, com frequência apreciadores de chope sem colarinho. Num desses cafés, conheci várias gerações de garçons e duas gerações de donos: auvernheses conscienciosos e atentos unicamente ao negócio. Almoçava-se às vezes nos restaurantes das redondezas, baratos e velhotes, onde a jarra de vinho deixava uma marca azulada na toalha xadrez de papel. Dividia-se a mesa com um colega, um leitor estrangeiro, um desconhecido pouco eloquente que lia seu jornal. Isso me preparava para trabalhos futuros sobre os cronistas dos anos 1850, que Daniel Oster e eu começávamos a redescobrir, graças à coleção Lovenjoul, e seguindo até o acervo da Biblioteca Nacional consagrado a Paris os traços do leitor Walter Benjamin. Estava-se próximo ainda dos comensais fixos e das toalhas xadrez vermelhas e brancas. Na maior parte do tempo, porém, contentávamo-nos com um sanduíche-café para não interromper o dia de leitura. O almoço completo tornava a tarde mais sonolenta, e limitava o esforço aos trabalhos de classificação, releitura e correção.

Para mim, então, a Biblioteca pertencia a um conjunto parisiense do século XIX. Nada me permitia vinculá-la ao Antigo Regime, aos acervos reais, à figura de Gabriel Naudé, pensador libertino atrevido e bibliotecário consciencioso de Mazarino, no palacete de Nevers. Meu gosto pelas passagens que cercavam a Rua de Richelieu a leste e a oeste e, sobretudo, ao norte, era sem dúvida responsável por essa memória truncada. A arquitetura da sala Labrouste, sua decoração prefigurando a Art Nouveau, tudo isso instalava meus sonhos num tempo em que a própria arte se tornava industrial. Lembro-me de ter percorrido, fazendo um desvio para pegar meu trem na estação Saint-Lazare, a passagem Choiseul imaginando o pequeno Louis-Ferdinand Destouches encarregado de transportar uma mesinha Luís XV e seguindo as claudicações de sua mãe nas lajes da passagem. Mais tarde, quando os olhos me ardiam de tanto ler, cansado das notas acumuladas, concedia-me uma escapada até a passagem dos Panoramas. Apesar do desgosto que me inspiravam o camarada Aragon, seu teatro do amor perfeito demais com Elsa Triolet e sua cumplicidade com o terror stalinista – "Corajoso Luisinho e 'Hurra aos Urais'!" –, lembrava-me da paixão com que lera no ano dos meus vinte anos *Le paysan de Paris* [O camponês de Paris]. À ficção do poeta romancista, eu juntava meus sonhos, que acabavam se parecendo com dioramas.

A presença da Bolsa, muito próxima, não me perturbava. Pelo uniforme, eu reconhecia como um etnólogo em missão os frequentadores do palácio Brongniart: ternos ingleses de finas riscas brancas, camisas de Charvet, gravatas do mesmo ou de Hermès, sapatos costurados à mão, de preferência pretos e de modelo Oxford. Sérios ao chegarem na abertura das cotações, para o almoço, sem que eu tenha podido estabelecer uma relação com a evolução do índice, reencontravam animação e apetite. Escutando as conversas das mesas vizinhas, não conseguia confirmar a hipótese de um de meus condiscípulos, filósofo, depois convertido à psicanálise, segundo a qual a proximidade da Biblioteca Nacional e da Bolsa não constituía um acaso. De acordo com ele, o conjunto era totalmente homogêneo: o capitalismo da Bolsa ilustrava o papel social da cultura.

Lembro-me de que em maio de 1968 uma manifestação se propôs a ir incendiar a Bolsa. Queimaram-se alguns papéis nos degraus de baixo desse templo dos negócios, mas ninguém teve a ideia de atacar, felizmente, a Biblioteca, pois o papel dos livros é mais importante que as ações, que não são senão signos, no fundo sem importância e sem valor real e, aliás, nem mesmo guardadas no palácio

Brongniart. Essa indiferença dos manifestantes, embora na maioria docentes e estudantes, provava ou sua ignorância da dialética ou sua ausência de frequentação assídua da Biblioteca Nacional. Presente no cortejo de manifestantes que percorria Paris sem objetivo preciso, eu esperava que um fora de si, partidário da revolução cultural e do cerco pregado pelo presidente Mao das cidades pelo campo, lançasse esse grito de guerra arrebatador: "Todos à BNP!" Os membros dos comitês de ação secundaristas teriam compreendido? Duvido. Mas o vento de loucura que soprava naqueles dias de maio teria sem dúvida conduzido alguns de meus colegas, apesar de leitores assíduos e trabalhadores da Rua de Richelieu, a lhes mostrar o caminho, vítimas então de uma perda de bom-senso ou acreditando se vingar, naquele momento, de uma escolha de vida que se devia somente a eles mesmos.

A Biblioteca Nacional fechou, conheceu greves, contestações hierárquicas, mas nada comparável às crises que sofrera durante a revolução ou ao suicídio fracassado de Chamfort, tornado administrador da ex-Biblioteca Real, ameaçado em sua vida e suas funções pelo populismo crapuloso que acompanha com muita frequência os questionamentos políticos e sociais. Não conheço o detalhe do Maio da BN, mas lembro-me de que, desde a reabertura das salas da Biblioteca, os curadores de diversos departamentos pediram por meio de cartazes que seus detentores entregassem à BN panfletos, cartazes, pasquins, abaixo-assinados, fotos e outros documentos referentes aos acontecimentos. Fiquei comovido e intrigado: aquilo significava que, diferentemente de alguns docentes de então, eles não haviam esquecido o sentido de sua missão. Mas, ao mesmo tempo, eu me espantava de que os turbilhões da história tivessem agido aqui como um estimulante para negar seus ritmos e suas tensões propondo-se dar uma aparência de eternidade patrimonial àqueles textos efêmeros, incitações a agir, consciência aguda e cotidiana do presente, traços esparsos, mas aqui reunidos, de uma atualidade já antiga.

Passado maio, voltei a meus hábitos de leitor. Para esquecer a embriaguez primaveril, retomei meus trabalhos do doutorado. Não

96 JEAN MARIE GOULEMOT

sem dificuldade. Maio e sua teatralidade política me obrigavam a retificar as perspectivas de pesquisa. Se sobre minha pesquisa soprava ainda a tormenta, a Biblioteca Nacional parecia esse grande rio tranquilo que, tendo deixado o leito, o reencontra com uma estiagem apenas minguada. Creio recordar-me de que houve lugares disponíveis durante alguns meses, sendo mais raros os leitores americanos e japoneses. Os abandonos do doutorado, então frequentes, rarefizeram as fileiras dos leitores. Como a Sorbonne ficou fechada durante alguns meses, o tempo que eu não dedicava a recuperar as noites em claro ou ficando no comitê de gestão do Instituto de Francês, entregava-o todo à Biblioteca Nacional. Seja consciência de uma derrota, seja medo de falar demais, seja desacordo com sua própria militância julgada com o distanciamento um pouco desviado por uma visão romântica da história e da política, nos cafés da Rua de Richelieu evitava-se evocar os entusiasmos de maio. Nada parecia ter mudado. Tudo permanecia semelhante. Voltava-se aos hábitos: curadores se organizavam para recolher as efemeridades dos "acontecimentos", como se começava a dizer. A história, aparentemente, se resumia de novo a seu arquivo. Todos retomavam seus lugares e suas leituras.

Gosto que me considerem um frequentador assíduo de tal ou qual biblioteca. Esse lado de figurinha carimbada, repetindo os mesmos gestos, escolhendo o mesmo lugar ao balcão, mantendo a mesma conversa insípida com o patrão lavando os copos, de ouvido distraído e mão ativa: tudo isso me convém perfeitamente. Sinto-me à vontade, ponho-me facilmente na pele desses homens que conheci, que frequentavam os restaurantes de minha adolescência, nos quais tinham seus hábitos. Eles chamavam a garçonete pelo nome, eram sr. Paul, sr. Daniel ou sr. Alexandre. Naqueles restaurantes, defensores da cozinha burguesa, havia um escaninho para os guardanapos, e marcavam-se as garrafas de vinho com um sinal particular para cada freguês. Não cheguei a esse ponto com a Biblioteca Nacional. Nunca tive lugar marcado: nas salas do Site Mitterrand, instalo-me onde posso. Submetido à informática, se não reservei a tempo, preciso mesmo às vezes me exilar longe da

O AMOR ÀS BIBLIOTECAS   97

sala V, consagrada à literatura francesa. Conheci, porém, na antiga Biblioteca Nacional da Rua de Richelieu belas figuras de frequentadores assíduos. Um de meus colegas, professor de grego, só podia sentar-se no lugar n⁰ 1. Chegava de manhã muito cedo para obtê-lo. Se, quando se apresentava ao controle, o lugar estava tomado, ele voltava para casa, sem nem mesmo protestar. Um então jovem e já brilhante historiador ocupava sempre o mesmo lugar, onde instalara um importante computador, evidentemente intransportável. Sem dúvida obtivera para fazer isso, sem que se saiba muito bem como, a autorização da administração. Um terceiro, que sobreviveu alguns anos à transferência da Rua de Richelieu para o cais François-Mauriac, continuou num lugar da sala V, com a tez um pouco mais diáfana e as costas ainda mais curvadas, a copiar febrilmente datas e números, tentando em vão terminar, parece, uma tese começada bem antes da aposentadoria, que se imaginava já longe. Apesar da atenção escrupulosa que presto a esses fatos, ainda não identifiquei novos maníacos cuja mania se devesse ao próprio sítio. Pergunto-me, aliás, se a estranheza dos lugares, a multiplicação dos espaços, o papel importante que a informática desempenha aí, o aumento sensível dos livros de circulação livre impedem, por exemplo, que se exprima um tradicional mau humor. Resmungar aqui daria a impressão de gritar no deserto, com medo de que a voz se perca nas alturas concretadas do edifício. Resmunga-se na era do celular? Agride-se, ameaça-se o responsável pelo balcão de atendimento da sala. Com grandes gestos desordenados e ordens em voz alta, impõe-se silêncio a alguns tagarelas murmurantes. Rosnar é um comportamento que caiu em desuso. Pertence a um estágio anterior do desenvolvimento tecnológico. Contra o computador que não funciona como se desejaria, pelo qual é difícil responsabilizar um empregado que luta também contra os humores versáteis de sua própria máquina, fica-se furioso tomando-se os vizinhos por testemunha. No máximo se é levado a cometer excessos bruscos de linguagem, como esse leitor erguido diante de um computador indiferente a seus pedidos e bradando: "A informática me enche o saco!" Mas, como se sabe, a informática nunca tem de se justificar por suas errâncias. Ela suspende suas atividades sem aviso prévio e retoma-as após uma intervenção longínqua, que estraga naturalmente um dia de trabalho, planejado há muito tempo.

O novo espaço das salas de leitura torna as manias pouco visíveis. Pergunto-me mesmo se a atual aceitação consensual do individualismo, embora exagerado, não tornou mais vago ainda o conceito de mania. A mania é, afinal, a aplicação excessiva do direito reconhecido à singularidade. Ela combina com esse sacrossanto direito à diferença de que nossa época gosta a ponto, às vezes, de lhe sacrificar o direito simplesmente. O que não significa que todos os originais tenham desertado o Site Mitterrand. Ainda estão presentes, fiéis a si mesmos. Um deles me impressiona. Evidentemente está sempre ali. Seu crânio quase totalmente calvo é guarnecido de algumas mechas de cabelos brancos espetados. Seus olhos abrigam-se por trás de imensos óculos de grau de armação transparente e lentes coloridas, e ele manifesta às vezes uma agressividade notória com o pessoal. Só raramente o vi ler sentado num lugar preciso. Quase sempre instalado nos degraus de madeira que conduzem à cafeteria, ele lê folhas datilografadas que penso serem impressas no local a partir dos textos de imprensa acessíveis pela Internet. Dizem que é inglês ou americano e matemático. Não o conheço, mas elogiou um dia um de meus ternos de *tweed* perguntando-me se o comprara numa loja de Oxford cujo nome esqueci.

Apareceram certamente novas figuras de originais ao passo que desaparecem outras, expulsas sem dúvida pelas novidades tecnológicas, o distanciamento geográfico, o percurso difícil do leitor transformado com frequência em combatente contra sua vontade. A informática criou novos modos de leitura na tela. Alguns passam longas horas a consultar informações na rede ou a enviar mensagens a correspondentes distantes. Há mesmo os que veem as notícias ou as cotações da Bolsa.

Reflexo das evoluções sociais talvez, a presença dos grupos nacionais – outros dirão mesmo comunitários para o "alto do jardim" – é identificável segundo o acaso na cafeteria e nas reuniões de fumantes nos terraços ao pé das escadas rolantes ou nas salas reserva-

O AMOR ÀS BIBLIOTECAS **99**

das aos fumantes. No piso "alto do jardim", os grupos reúnem-se por liceus, exames preparados, periferias de origem. O que dá às salas de leitura um lado de fã-clube ou sala de estudo. No piso "jardim", a repartição das salas segundo os campos de saber acentua as clivagens. Os historiadores na sala L; os juristas na O e N; os literários na V; os historiadores da arte na sala W... Esse recortes parecem remeter frequentemente a uma visão arcaica do trabalho disciplinar. A prática de uns e outros os contradiz. Os historiadores da literatura são também muitas vezes historiadores, os especialistas de tal ou qual literatura estrangeira analistas das formas, do estilo e linguistas. O historiador do social ou da política que se interessa igualmente pela literatura deve percorrer algumas centenas de metros para aceder às obras de referência da sala consagrada à literatura francesa, onde é obrigado a ler no local, sendo proibido levar obras de referência de uma ala para a outra. Relendo este parágrafo, minha crítica me parece um pouco enviezada: traduz uma nostalgia muito real da grande sala Labrouste onde se encontravam, lado a lado, historiadores, sociólogos, juristas, gramáticos e literários...

Na Biblioteca Nacional, dizia-se às vezes de Paris (pois existia, produto das guerras franco-alemãs, uma Biblioteca Nacional de Estrasburgo), tive, em alternância com as sessões de leitura da biblioteca municipal de Versalhes, minhas primeiras experiências de pesquisador reconhecido. Encontrei aí historiadores, sobretudo: François Furet, que preparava *Livre et société* [Livro e sociedade], e mais tarde Mona Ozouf e Emmanuel Le Roy Ladurie, assíduo entre todos. Encontrava aí meus colegas e mestres do século XVIII, Jean Sgard, Jean Ehrard e, sobretudo, Jacques Proust, que aproveitavam estudiosamente a BN quando vinham a Paris, os pesquisadores da minha geração, dos quais alguns foram depois meus colegas, professores-assistentes na Sorbonne. Os trabalhos coletivos se desenvolviam então com entusiasmo e não sem segundas intenções políticas, e, no Louvois ou no Richelieu, discutíamos seus conteúdos e méritos, por vezes as estratégias, tentando evitar os ouvidos indiscretos. Os veteranos aconselhavam a meia-voz segredo sobre

100 JEAN MARIE GOULEMOT

nossos projetos ou descobertas. A acreditar neles, alguns, pouco respeitosos da propriedade intelectual, aproveitavam-se indecentemente das confidências imprudentes de balcão. Era verdade? Não sei. Acreditei por muito tempo que isso se relacionava a temores lendários, que se repetiam, de manuscritos ou de fichários de tese destruídos num bombardeio ou num incêndio, ou extraviados durante uma mudança, e que, por si sós, explicavam uma carreira despedaçada.

Aprendi bem depressa as hierarquias não ditas que organizavam esse mundo da Rua de Richelieu: havia os leitores da sala Labrouste que constituíam o grosso da tropa, acima, os privilegiados do hemiciclo. Eu não sabia em que consistiam seus privilégios, que não existiam na realidade, como me apercebi quando, tendo pedido um livro particularmente frágil, me atribuíram para lê-lo um lugar no hemiciclo. Mas não deixa de ser verdade que se sentia uma diferença de estatuto, fundamentada ou não, quando, voltando do almoço com um colega, o deixávamos no meio do corredor central explicando-lhe que tínhamos um lugar no hemiciclo.

Havia também a reserva superior, que constituía o santo dos santos. Escrevia-se a lápis, instalavam-se os livros sobre uma espécie de almofada de veludo em forma de estante de música. Era preciso ter autorização e justificar o pedido. Tagarelava-se menos que no hemiciclo, considerado, entretanto, silencioso. Um de meus amigos dizia que se falava menos porque os leitores frequentemente idosos economizavam cuidadosamente o fôlego. Fiz aí longas estadas quando preparava um estudo sobre os livros pornográficos no século XVIII. Aprendi nessa ocasião que as *curiosa* (o Inferno) estavam em sua grande maioria na reserva, como para evitar que fosse feito mau uso deles na sala de leitura pública. Passei dias pacíficos a ler, de lápis na mão, as descrições mais descabeladas das ginásticas amorosas. Essa atividade pouco recomendável, se se pensar no que pôde significar o Inferno nos sonhos secretos dos leitores e no exercício da autoridade dos curadores, não provocou nenhum comentário por parte dos empregados da reserva, a não ser por uma manifestação de simpatia, com todo o respeito, de uma encantadora curadora, que conhecia meus trabalhos e apreciava minhas hipóteses sobre a literatura pornográfica, a saber, que esta constitui um sucesso exemplar daquilo a que tende toda escrita narrativa: fazer tomar as palavras e as descrições pela coisa mesma a ponto de suscitar os efeitos no próprio corpo do leitor. Num dia em que eu comparava, creio eu, várias edições de *Teresa filósofa*, meu vizinho, um velho elegante de terno transpassado, ostentando na lapela a roseta da Legião de Honra, inclinou-se para mim e murmurou, imperturbável, um conselho, que jamais esqueci, e que lhe agradeço. A melhor maneira de ler tais livros era deixá-los se abrir sozinhos, pois se tinha certeza então de encontrar as passagens mais lidas e, portanto, de melhor qualidade erótica.

A essa dignidade um tanto majestosa no comentário, preciso opor a febrilidade de outro leitor, razoavelmente desalinhado, e sem Legião de Honra, ao menos aparente, que lia na sala Labrouste livros eróticos em edição moderna e pontuava a leitura com "Não é mau, não é mau... não é mau..." ou, abandonando-a com um gesto desdenhoso: "Não vale um sonho frito!" No fim da tarde, mostrou-me dois volumes de sua pilha indicando-me: "Só esses dois merecem ser lidos com proveito, caro senhor!" Lamento não ter anotado os títulos e não o ter interrogado sobre as razões do elogio. Ainda penso nisso. O que vinha fazer aqui o "sonho frito?" E o que se devia entender por "proveito"? Experimentava-se, graças a eles, uma excitação sexual digna de interesse e tão imperativa que era urgente satisfazê-la? Ou o julgamento dependia da mais pura estética, sem nenhuma intenção utilitária? O que ganhava aqui, o corpo ou o espírito?

A reserva da Biblioteca Nacional da França, da qual se afirma que fora esquecida pelo arquiteto e que foi acrescentada depois, parece uma espécie de cesta que, como as cabines destinadas à consulta das microformas, flutua acima dos leitores das salas e conserva, apesar do gigantismo do lugar, o encanto discreto da Rua de Richelieu. Os suportes de veludo não foram submetidos à dura lei do *design*, mas conservados tal e qual. Reencontro mesmo, tenho quase certeza, as barrinhas de madeira que permitem manter o

102 JEAN MARIE GOULEMOT

livro suficientemente aberto para o ler sem estragar a encadernação. Reina aí um silêncio acolhedor. Pode-se pedir emprestado o lápis indispensável que não se tomou a precaução de pegar. Os gestos são comedidos, como numa igreja ou num museu. Evita-se despertar a atenção, preenche-se com cuidado escrupuloso a ficha de pedido. Nada aqui está direta ou completamente informatizado como as obras do catálogo geral. Conservou-se mesmo o fichário manual das obras e das pranchas reproduzidas.

A raridade das obras conservadas permite, sem vergonha aparente, mostrar-se resolutamente arcaico, sem que a pátina do tempo seja nesses lugares realmente visível. O que seria, sem a reserva, a Biblioteca Nacional da França? Sem ela, que lhe dá sua marca e permite esquecer a profusão do concreto armado, as escadas rolantes e essa impressão súbita, uma vez chegado ao piso jardim, de se encontrar nesse lugar luminoso que hesita, quando se olha o jardim encerrado no fosso central, entre o aquário e o jardim submerso.

Tive por muito tempo a fraqueza de crer que a Biblioteca da Rua de Richelieu era um lugar ideal, poupado pelas vicissitudes e imprevistos do mundo, um refúgio pacífico onde eu me sentia orgulhoso e feliz de ser admitido. Meio brincando, dizia às vezes que a Biblioteca era para mim a prova de que o Paraíso existia. Havia obviamente múltiplas greves dos funcionários, paradas de trabalho dos armazenistas, livros mal reclassificados que não se podiam ler, fotocopiadoras caríssimas e lotadas, as proibições com frequência irritantes de fotocopiar, os fichários manuais dispersos e dos quais, sem a ajuda dos curadores da sala dos catálogos, não se conseguia tirar proveito. Quando o catálogo foi informatizado, foi preciso passar por monitores que guiavam os iniciantes desajeitados porque pouco habituados à informática. Havia o anexo de Versalhes onde era conservada uma grande parte da imprensa e, quando a Biblioteca ficou na moda, a espera nos bancos estofados da entrada, que, no caso de se encontrar aí um conhecido, permitiam fazer sala. Distribuía-se um tíquete de espera como nos ônibus parisienses de minha infância e, a cada saída definitiva de um leitor, um leitor

O AMOR ÀS BIBLIOTECAS **103**

à espera entrava. Sem trapaça possível. Lembro-me de que uma funcionária particularmente vigilante controlava a regularidade das operações. Esperava-se às vezes uma boa hora. Se você decidisse ir perdê-la no café e se seu número fosse chamado durante sua ausência, era preciso recomeçar com um número novo. Não existia exceção. Acontecia-me às vezes demorar-me um pouco no café, o que me condenava à meia hora de espera suplementar e a esse conselho áspero: "Bastava ficar aqui e esperar sua vez. Pegue outro tíquete e espere de novo...", mas que satisfazia igualmente meu senso de democracia e de justiça. Estávamos todos submetidos à mesma lei. A guardiã impassível, consciente, tenho certeza, da importância de sua missão, teria certamente recusado ceder à corrupção, mas também à fama. Ela teria obrigado, como obrigava a mim, Albert Camus, Jean-Paul Sartre, Claude Simon, todos Prêmios Nobel, a pegar outro tíquete e a prolongar a espera.

Esse reinado da virtude perdeu muito de sua grandeza a meus olhos por ocasião de uma greve selvagem que nos surpreendeu numa tarde em plena sessão de leitura, e que devia revelar o que ocultavam essas aparências. Não tenho lembrança da data. Daniel Oster vivia. Ensinava na Universidade de Tours ou já se ocupava da administração do Institut ou do *Dictionnaire de l'Académie* [Dicionário da Academia]? Não saberia dizê-lo. Nunca conheci verdadeiramente os motivos daquela greve. Alguns evocaram um bônus que era um assunto contínuo de conflito entre os funcionários e a administração; é possível. Devia ser entre 15 ou 16 horas. No silêncio relativo da sala de leitura, um funcionário, empoleirado numa cadeira, tomou a palavra. Uma assembleia, que ocorrera no mesmo dia, decidira uma greve efetiva a partir das 16 horas. Perturbados em seu trabalho ou sua sonolência, alguns leitores protestaram. Seus gritos cobriram a voz do orador, que um curador, balzaquiano famoso, de óculos de lentes tão espessas quanto vigias de cabine de navio e turvas como fundos esverdeados de garrafas de vinho de Bordeaux, de alta silhueta desajeitada, tentava em vão fazer descer de seu poleiro improvisado. Tanto quanto pude observar, não creio que o caso tenha chegado à troca de socos, mas houve empurrões:

104   JEAN MARIE GOULEMOT

colegas acalmaram o curador encolerizado, que apelava para a lega-
lidade e os direitos dos leitores. Outro responsável sindical tomou
calmamente a palavra e pediu aos leitores que devolvessem seus
livros e liberassem seus lugares. Alguns, resignados, começaram a
obedecer. Daniel veio até mim de seu lugar perto do hemiciclo para
me dizer que circulava uma ordem de resistência. Ficar-se-ia com
os livros e não se deixaria o lugar. Leitores se levantaram para pedir
explicações sobre a greve, o aviso-prévio, o incômodo imposto aos
usuários. Alguns estrangeiros estupefatos tentavam saber mais.
Um americano inclinou-se para mim e sussurrou que esse era um
dos "chârmes da França" e um espanhol dirigiu-se para a saída
suspirando: "¡Joder con esos francesitos!"[1] Restou uma boa cente-
na de leitores sentados em seus lugares e agarrados a seus livros
como náufragos a suas boias. Não estou certo de que todos tivessem
compreendido o detalhe das operações, nem mesmo os princípios
defendidos de um lado e de outro. Um de meus vizinhos, que usava
uma espécie de tampões rosados nos ouvidos para ler em paz, levan-
tara por um instante os olhos de seu livro para contemplar o lento
êxodo dos leitores, depois retomara a leitura dando de ombros.

A tensão subiu de repente. Diante da resistência passiva, os grevistas ameaçaram evacuar a sala *manu militari*. Atento a essa nova
tensão, eu imaginava um leitor agarrado a sua poltrona, lançando
gritos e agitando as pernas com movimentos descontrolados, mas
reconduzido até o pátio por dois sólidos rapagões. Não creio que
tenha havido vias de fato ou reais tentativas de expulsão. Ficou-
-se nas ameaças e trocas verbais, que atingiram depressa vivíssima
intensidade. De um lado, denunciou-se o analfabetismo e, subindo
o tom, o fascismo vermelho, do outro, um "monte de mandriões
e de viados privilegiados que queriam fazer crer que a leitura era
trabalho...". Alguém apagou as luzes e foi preciso se resignar a deixar o lugar. Sem iluminação, a resistência falhou. A tensão caiu de
ambas as partes. Diante do incidente técnico, a própria greve perdia
o sentido.

---

1 Fodam-se esses francesinhos.

O AMOR ÀS BIBLIOTECAS **105**

Dessa greve, que não chegou a ocorrer verdadeiramente, guardo um sentimento de irrealidade. A ponto de me perguntar se ela se desenrolou como a tenho na lembrança. Não a esqueci, todavia, porque todos tiraram as máscaras e se quebrou essa aparente harmonia entre empregados e leitores que parece ser a regra nas bibliotecas. De um lado, a violência exercida contra eles e a ruptura de seus hábitos haviam feito que os leitores pudessem sem vergonha mostrar todo o desprezo das pessoas cultas com aqueles que realizam numa biblioteca as tarefas materiais. Chocando-se com uma resistência dos leitores, os grevistas haviam revelado que imagem veiculavam destes e da leitura, eles que estão submetidos ao Ministério da Cultura.

Se precisasse reconhecer um mérito à Biblioteca Nacional da França, seria a extrema devoção dos empregados dos balcões de atendimento das salas confrontados às vezes com leitores agressivos ou impacientes. Ouso crer que muitas coisas mudaram e que o tempo dos desprezos recíprocos pertence ao passado. Tenho, entretanto, uma recordação bastante recente que me torna cético. Eu atravessara de manhã cedinho a esplanada da Biblioteca Nacional da França para aceder à entrada oeste, que dá diretamente acesso à sala V, onde um lugar e livros me estavam reservados. Uma espécie de barreira metálica a fechava. Estava ornada com uma placa de sentido proibido que indicava inequivocamente que não era possível aceder ao vestiário e às salas de leitura. Pouco satisfeito com essa caminhada inútil – a BNF é um lugar que favorece as vocações maratonistas e, se não propiciar uma cabeça bem-feita, assegura a vigorosa musculação dos membros inferiores –, mas resignado, voltei à entrada leste. Achei que era um dos transtornos comuns na BNF. Também ali havia uma barreira, mas mantida por um piquete de greve de seis ou sete pessoas, mais hierático e imóvel do que disposto ao diálogo. Defronte, uma boa quinzena de leitores tentando compreender.

– Se não estão contentes –, declarava, sentencioso, um dos grevistas que eu vira frequentemente tomar a palavra nas assembleias gerais do pessoal no pátio de Richelieu ou no *hall* do sítio Mitterrand – devem culpar a direção da BNF, que devia tê-los avisado por cartazes que tinha sido comunicado um aviso-prévio de greve.

– Mas como eu teria lido, se venho do interior?

– Devia escutar rádio enquanto se barbeava. Estavam anunciando perturbações nos museus e estabelecimentos subordinados ao Ministério da Cultura...

Pouco a pouco o tom subira. Alguns leitores tentaram forçar a barreira. O piquete pediu ajuda e recebeu reforço suficiente.

– E vocês chamam isso defender o serviço público. Vocês não estão nem aí para o mundo! Vocês são privilegiados e não têm outro prazer senão encher o saco dos usuários...

– Sejam corretos e não insultem a função pública...!

Um leitor africano lançou uma acusação de racismo. Foi a única a ter efeito; o resto era indiferente. O delegado sindical deu um pulo. Militava num comitê de defesa dos imigrados no 18º distrito. O leitor africano, que vinha de Aix-en-Provence, como se soube mais tarde, continuou a protestar, apoiado por outros leitores vindos do interior. O silêncio se restabeleceu aos poucos. Discutiu-se em pequenos grupos. Estava frio e úmido. Decidi voltar para casa. Durante a tarde, soube pelo rádio que o piquete de greve fora levantado e que o acesso à Biblioteca era, desde as 13 horas, absolutamente normal.

Um piquete de greve compreendendo seis pessoas no máximo quando a Biblioteca conta mais de um milhar de funcionários dá o que pensar. A greve transformada num fato minoritário? Talvez. Mas, sobretudo, uma aberração que permite a seis pessoas paralisarem uma biblioteca da qual se pretendeu às vezes que era uma das maiores do mundo. Daí a considerar que bibliotecas gigantes fossem substituídas por pequenas unidades que evitariam essa paralisia geral, mas que, para o leitor, apresentariam o inconveniente de setorizar a consulta e multiplicariam as dificuldades que já encontram na Biblioteca Nacional as pesquisas cruzadas... Pode-se esperar que as greves sejam anunciadas e que não se use o argumento do serviço público para importunar o trabalho dos usuários?

O que é contraditório, admitamos. Um dos meus vizinhos afirmava que essas greves representavam uma especificidade francesa cuja defesa precisaria ser proposta em nome do patrimônio nacional, como se faz para o cinema. Outro antecipava que com a digitalização, a leitura a distância, tais coisas não poderiam mais acontecer. O que não é certo e representa, além disso, a morte programada da biblioteca, com seus leitores, e talvez mesmo do livro.

Mantive de minha frequentação das bibliotecas madrilenas, talvez porque a arte brutalista os pusera na moda, um vívido interesse pelas pichações dos lugares públicos. Eles nunca alcançaram nas bibliotecas parisienses a amplidão e o vigor constatados na Espanha. As pichações, na Madri dos anos 1960, representavam, como disse, uma mistura inesperada e frequentemente delirante de política e sexualidade, no estilo "ter e não ter". Poucos desenhos, poucos discursos fantasiosos estritamente sexuais. Diferentemente daquelas narrações alucinadas que eu identificara no banheiro da estação dos Invalides, que era pichado novamente com frequência, o que obrigava um habitual contador obsceno a reescrever na mesma porta seus sonhos de ginástica e de etnologia familiar incestuosa, com a mesma letra simultaneamente aplicada, tragicamente legível e, entretanto, raivosa. O único discurso político visível no banheiro do subsolo da Biblioteca Nacional da Rua de Richelieu que tivera certa consistência referia-se à Frente Nacional e Jean-Marie Le Pen, que permitia que se liberasse um discurso racista de rosto político e que se manifestasse um antifascismo sem verdadeiro risco. Irritava numerosos leitores ou usuários do banheiro, que intervinham no debate para denunciar sua inutilidade. Mas esses enfrentamentos eram raros porque muitas vezes estavam vinculados a uma atualidade eleitoral necessariamente efêmera. O sexual paquerador reinava inconteste. Com um vocabulário mais cru e precisões e mensurações anatômicas sem dúvida nenhuma exageradas, tinha-se muitas vezes a impressão de ler os anúncios especializados e na última moda do *Nouvel Observateur* [Novo Observador] ou de *Libération* [Liberação]. Isso, evidentemente, a partir dos anos 1970, quando

108 JEAN MARIE GOULEMOT

os efeitos de Maio de 1968 se fizeram sentir prioritariamente nos costumes. À pergunta: por que essa especificidade das pichações do banheiro da Biblioteca Nacional comparados a seus equivalentes espanhóis ou à diversidade nacional, não saberia responder e nem sou capaz de propor hipóteses.

No sítio Mitterrand, as pichações são raras. Nem políticas nem sexuais. Ausentes. Alguns propõem que os materiais dos banheiros – aço polido, automatização dos comandos de evacuação, torneiras que a passagem das mãos basta teoricamente para abrir, revestimentos que evocam o hospital ou a clínica – convidam pouco às pichações ardentes. Para outros, a longa descida pelas escadas rolantes no meio das tecelagens metálicas e do concreto despertariam, em cada um, o sentido do pecado e a memória de Dante, o que afastaria a tentação da pichação obsessiva. Há alguns meses, contudo, uma pichação de várias cores era legível nos azulejos do banheiro oeste no piso jardim. Com uma primeira letra, "Os negros na África" e "Os árabes na África do Norte"; um grande parágrafo, com outra letra: "Todos para fora". Do lado, uma pergunta com uma terceira letra: "E os chineses?" E, para concluir, com uma quarta letra: "E todos os idiotas no M6". Essa pichação de interpretação pouco fácil em alguns de seus fragmentos, apesar de insuficiente, modificava, entretanto, as habituais folhas de papel rabiscadas com uma letra por vezes incerta, e coladas a sacos de lixo cobrindo um dos urinóis para indicar às vezes durante longos meses que estava estragado. O que atrai comentários indignados ou irônicos, segundo o humor do usuário. Um pequeno cartaz digno do lugar e não lhe faltando humor fora afixado por um leitor quando o forro falso das imediações da cafeteria decidira começar a levantar voo. "Viva Derrida! Viva a BNF que segue a via da desconstrução!" Não se poderia dizer melhor.

A impressão de uma tristeza particular dos banheiros da BNF não tem fundamento. Descobrem-se sempre com o mesmo prazer certos urinóis de faiança perto dos vestiários que o fabricante decorou com uma mosca no fundo. Pergunta-se qual é seu sentido. Exercício de incitação à mirada, alusão indireta à "Mosca do coche"

O AMOR ÀS BIBLIOTECAS   **109**

do bom La Fontaine, vontade de criar um efeito de realidade? A misteriosa mosca está ali mais certamente para lembrar que nesses lugares estamos no reino da polissemia.

Minhas lembranças da Biblioteca Nacional da Rua de Richelieu são incontáveis, mas meu projeto não é evidentemente desfiá-las como anedotas, à maneira daqueles diplomatas aposentados que acabam por resumir sua carreira às boas tiradas e a fatos (de alta) sociedade. Seria retirar-lhe sua dimensão de lugar específico de vida e de sociabilidade. No último ano de funcionamento da antiga Biblioteca, durante o verão, era preciso levantar cedo para obter um lugar, pois, embora se pudessem reservar os livros, não se podia fazer o mesmo para o lugar. Eu vinha de casa a pé. Ainda estava fresco. Paris banhava-se em luz; flanando, eu seguia as passagens. Já havia fila no *hall*, mesmo dupla: uma para a parte direita do hemiciclo e outra para a esquerda. Todos esperavam lendo o jornal ou tagarelando. Acabei por notar ao fim de alguns dias grupos de homens que, de mangas arregaçadas, subiam dos banheiros. Imaginei primeiro que se tratava de uma equipe noturna que deixava o lugar. Acabei por compreender, ouvindo-os falar, que se tratava de pessoas vindas de países do Leste, certamente sem domicílio fixo, que utilizavam, assim que abria a Biblioteca, os lavatórios para se barbearem e lavarem. Contaram-me mais tarde, quando os locais da Biblioteca praticamente abandonados já só acolhiam um número limitado de pesquisadores, que certos ônibus de turistas da terceira idade utilizavam a Biblioteca da Rua de Richelieu como parada para xixi. Não tive coragem de fazer observações para verificar.

VI
A MEMÓRIA RECONSTRUÍDA DOS ANOS SOMBRIOS (I)

Por mais precoce que fosse meu gosto pela leitura, não frequentei evidentemente as salas da Biblioteca Nacional durante a Ocupação. Minhas experiências de criança refugiada, a história trágica e exaltante de meu pai, a idade dos retornos ao passado que atingi me incitam sem dúvida, sem que eu tenha claramente consciência disso, a me interrogar também sobre a Biblioteca Nacional de então. Estas são, todavia, causas gerais. Minha frequentação assídua da Rua de Richelieu – que não mudou muito em sua configuração e seus rituais durante meus quase quarenta anos de bons e leais serviços de leitor, e na qual a história parecia não ter penetrado muito –, é outra causa.

Tive muito cedo a intuição de que uma biblioteca, no que concerne a seus leitores, permanecia indiferente à história. Em Maio de 1968, um de meus colegas me confessava estar desorientado porque a Biblioteca Nacional estava fechada – ele não empregava a palavra "greve". Poder-se-ia glosar ao infinito sobre a inquietação desse leitor quando a história, por ele ignorada, vinha subitamente perturbar seus hábitos de leitura. Ele parecia aceitar que a Sorbonne estivesse ocupada, seus cursos suspensos, como se isso não tivesse nada a ver com sua vida, ao passo que se recusava a compreender que a Biblioteca não podia escapar à lei comum. Pode-se imaginá-lo

112   JEAN MARIE GOULEMOT

como um leitor da British Library continuando a ler, imperturbável, enquanto os alemães bombardeavam Londres, e até mesmo se
queixando de ser incomodado pelo estrondo das bombas, os gritos
dos feridos e os uivos das sirenes.

Creio ter encontrado causas mais imediatas para esse interesse, sem dúvida um pouco perverso, que experimento pelo funcionamento da Biblioteca Nacional entre 1940 e 1944. Primeiro,
uma conversa antiga com Pierre Naville, cujo livro consagrado a
D'Holbach acabava de ser reeditado, para o qual um de meus amigos, bibliotecário na Fundação de Ciências Políticas, assegurara
a atualização da bibliografia. À minha pergunta inocente sobre a
variedade inesperada de suas referências aos textos de D'Holbach –
não citava ele múltiplas edições para um mesmo texto? –, ele me
respondera que, militante comunista ou trotskista, não sei mais
onde ele estava então em seu itinerário político, era procurado pela
Gestapo e a polícia de Vichy. Conseguira passar para a zona livre,
mas devia mudar de cidade com frequência, e, em cada cidade, o
lugar mais seguro e mais bem aquecido era a biblioteca. Lera então
D'Holbach nas edições disponíveis nessas acolhedoras bibliotecas
municipais, sem conseguir por vezes terminar a leitura de tal ou
qual volume. Essa ideia de que as bibliotecas ofereciam um lugar
seguro naqueles tempos de Ocupação me chocara. Via aí uma prova
não do respeito das polícias pela cultura, mas da indiferença culpa-
da das bibliotecas, de seu pessoal e, sobretudo, de seus leitores às
desgraças do tempo, que fazia deles seres inofensivos, nem mesmo
dignos de serem vigiados. Para todos eles, os livros haviam acabado por substituir as urgências exteriores. Leio logo existo. Eles
leem logo existem. A ponto, para o mundo exterior, de não serem
ninguém. Não era este o sentimento, com laivos de desprezo, que
exprimia Arthur Rimbaud em seu poema "Les assis" [Os sen-
tados]? Eu julgava que a leitura deles não constituía uma espécie
de recurso em tempos difíceis, mas um prolongamento natural da
própria leitura pública. A guerra não introduzia uma ruptura. Ela
era muito naturalmente posta de lado. A biblioteca, à maneira das
brincadeiras de criança, permitia fazer de conta que se pertencia a

outra realidade. Tal comparação não é pertinente. As crianças decidem voluntariamente, durante o tempo de suas brincadeiras, que são outras e estão em outro lugar, ao passo que o leitor continua a ser o que sempre foi: um habitante de outro planeta, mas instalado, sem o saber, no meio dos humanos.

Essa constatação me inquietou muito. Sem pretender me fazer de justiceiro, como acontece frequentemente àqueles que se debruçam sobre os anos da Ocupação, experimentei e experimento certa vergonha diante dessa indiferença que contradiz minhas afirmações sobre o papel dos livros no aprendizado da vida. E, ao mesmo tempo, não posso me impedir de congratular que as bibliotecas tenham podido permanecer um refúgio, surdo às violências exteriores, um lugar de exceção poupado, consagrado, próprio dos tempos modernos, numa época em que nem as igrejas nem as universidades estão ao abrigo das violências exteriores. Compreenda quem puder.

Se faço um esforço de memória, há outra causa, quase acidental, mas igualmente real, de meu interesse pelo período da Ocupação. Minha geração construiu sobre imagens um pouco heteróclitas sua memória da deportação. Creio recordar-me das reportagens sobre o hotel Lutétia onde eram acolhidos os deportados libertos. A homenagem prestada aos resistentes e aos combatentes concorria com aquelas, e, todavia, guardo desta uma lembrança que espero não ter reconstruído. Essas imagens se misturam para mim àquelas que pouco a pouco chegaram dos campos da morte, nas quais os rostos emaciados eram devorados por olhos muito abertos de visada insustentável e, entretanto, como que ausente. Houve um pouco mais tarde o filme *Noite e neblina* de Alain Resnais, que vi num cineclube escolar e cuja construção metonímica me impressionou ainda mais que a visão dos ossuários. Enfim, guardo uma impressão ambígua, quase de mal-estar, das manifestações pela paz, organizadas pelo Partido Comunista, nas quais se faziam desfilar ex-deportados em seus uniformes de condenados. Mas não são essas imagens que mais me impressionaram. O menino polonês de boné grande demais, de braços levantados, na mira de um soldado alemão, assumiu rapida-

114 JEAN MARIE GOULEMOT

mente valor de símbolo. Assim que se tratava de deportação, ele era utilizado. Lia-se aí a inocência ameaçada, o episódio que anunciava a morte de vítimas desarmadas, a humanidade degradada e aviltada. Quando se fez o esforço de memória de se interrogar sobre a responsabilidade francesa na deportação dos judeus da França, uma fotografia serviu para mim de resumo simbólico melhor ainda que a silhueta de um gendarme francês de uniforme vigiando seus compatriotas detidos. Via-se nela um velhote numa paisagem parisiense, talvez a Avenida de l'Opéra, acompanhado, se minhas lembranças não me traem, por uma jovem, sua filha ou sua neta, ostentando como ele a estrela amarela. Foi olhando longamente essa foto, a ponto de sonhar com ela, que tive vontade de pesquisar sobre a Biblioteca Nacional e seus leitores durante a Ocupação.

Não estou certo de que meu leitor perceberá a lógica de minha abordagem e eu mesmo tenho dificuldade em desenredar seus desvios. Havia, quando comecei a frequentar a Rua de Richelieu, leitores que se pareciam com aquele velhote. O chapéu rígido de abas enroladas, o terno escuro de três peças, a camisa branca e na lapela uma condecoração discreta, de preferência a Legião de honra. Creio nunca ter pensado, mesmo depois, que eles eram sobreviventes do grande naufrágio. Nem mesmo que, vinte anos antes, eles tinham sido leitores de olhar ausente evitando mesmo levantar os olhos de seus livros para constatar os lugares vazios ou, talvez, levantando-os sem notar por isso o que quer que fosse. Olhando a fotografia do velhote de estrela amarela, compreendi um dia como uma evidência de que ele voltava da Biblioteca Nacional e que a jovem, a seu lado, o esperara lá para acompanhá-lo de volta. Mesmo que tudo indique que é de dia, adivinho-os obcecados pelo toque de recolher. Essa fotografia serviu de suporte a inúmeros de meus devaneios quando, cansado de ler, olhar perdido no vazio, eu brinco de visionário. Pergunto-me o que pensavam os leitores, bons arianos declarados, ao verem aparecer subitamente esses outros leitores, quem sabe colegas, conhecidos, em todo caso, rostos familiares, ridicularizados por um estigma, designados como párias, ameaçados de represálias e, em pouco tempo, ausentes das salas de leitura. Houvera espanto

O AMOR ÀS BIBLIOTECAS   **115**

nas fileiras e entre os funcionários? O fato fora comentado? Em que termos? Olhando as cabeças debruçadas sobre os livros à minha volta, acontece-me pensar que, para alguns dos leitores, essas perguntas não tinham nenhum sentido. Eles não frequentavam a Biblioteca Nacional para se interessar por seus vizinhos, mas para ler e aprender. Eles não haviam visto nada nem ouvido nada. Isso não lhes dizia respeito.

Minha obsessão costumeira de uma biblioteca e de seus leitores indiferentes aos homens e à história destes se reapoderava de mim mais angustiante ainda. Leitores, meus irmãos, eu acreditava então que vocês eram capazes de tudo. Sem ter consciência disso, perdera há muito tempo a ilusão de confundir cultura e coragem. Descobria com dor que homens cuja inteligência, liberdade de espírito, eu admirava, haviam aceitado – sem perder um único instante a se interrogar – ocupar cátedras que as leis antissemitas de Vichy haviam tornado disponíveis. Pensava então especialmente que, em 1941, ao retornar do Stalag, Sartre ocupara uma cátedra no curso preparatório da École Normale, ocupada a título temporário pelo cartesiano Alquié, mas na realidade "liberada" por um colega judeu aposentado compulsoriamente, como publicava *L'Information Universitaire*. Eu pensava nisso tanto mais que acabava de ler essa obra-prima de retórica e de má-fé política do próprio Sartre, "A República do silêncio", publicada em setembro de 1944 em *Les Lettres Françaises* e que o colocava como um resistente exemplar tendo até dado tiros nas barricadas. Sem muita dificuldade, imaginava que leitores, para não serem distraídos de sua leitura, tinham fechado os olhos, no sentido próprio e figurado. Como tinham podido conformar-se? De que servem os saberes quando se tornam cegos às tragédias humanas?

As três batidas para abrir o baile haviam ressoado há muito tempo. Muito antes do verão de 1939. A cortina estava erguida, as luzes começavam a se apagar e a obscuridade ganhava aos poucos toda a Europa. Já fora representado o primeiro ato da tragédia da qual o livro, entre outros, era vítima. Houvera o auto de fé de 1933

116 JEAN MARIE GOULEMOT

durante o qual, em Berlim e Frankfurt e nas principais cidades universitárias, foram queimadas cerca de 25 mil obras em língua alemã, arrancadas às bibliotecas públicas e privadas, segundo uma encenação devida, ao que parece, a Joseph Goebbels. Mas sabe-se que a esperança de que se ficasse por aí continuava, vivaz como nos dias que se seguiram à Grande Guerra. No congresso da Federação Internacional dos Bibliotecários (Fiab) de Haia, em julho de 1939, o presidente Marcel Godet, um francês, afirmou que existia "uma profunda comunidade de interesses e de deveres que [unia] apesar de tudo bibliotecas e bibliotecários de todos os países". Cedendo às operações de sedução lançadas por seus colegas alemães e às pressões da propaganda nazista, que tentava fazer esquecer as violências passadas, os congressistas decidiram que a próxima reunião da Fiab ocorreria na Alemanha e que o congresso visitaria Weimar. Sabe-se o que aconteceu. Foram os bibliotecários alemães, de uniforme e, esperemos, coagidos e forçados, que visitaram Paris.

Essa inconsciência não deve surpreender. Uma vez assinados os acordos de Munique, acreditou-se ganha a partida. O pacifismo recobrava suas cores e tinha novamente bom aspecto. Alguns, entretanto, começaram a pensar na eventualidade de um conflito que as pretensões expansionistas da Alemanha nazista e a fraqueza das democracias tornariam inevitável. A Educação Nacional, já então ministério do qual depende a Biblioteca Nacional, de acordo com o administrador Julien Cain, assistido por inspetores-gerais e pelo diretor do ensino superior, considerou adotar medidas de evacuação que se deviam limitar às peças insubstituíveis. Desde agosto de 1939, em união com a direção dos Museus Nacionais, organizou-se o êxodo dos livros. Nas bibliotecas municipais, a iniciativa da evacuação foi tomada pelos curadores e as autoridades municipais. Os castelos próximos, as propriedades burguesas isoladas no campo serviram de refúgio, utilizaram-se mesmo habitações trogloditas. Mas bombardeios sistemáticos às vezes pegaram desprevenidas essas prudentes decisões. A biblioteca municipal de Tours foi destruída por bombas, e com ela desapareceram 200 mil volumes, quatrocentos incunábulos e quatrocentos manuscritos. Em Beauvais, a

O AMOR ÀS BIBLIOTECAS **117**

evacuação foi mais rápida e 42 mil volumes reduzidos a cinzas. Os combates e os bombardeios foram implacáveis.

A Biblioteca Nacional foi evacuada? Puseram-se em abrigos seguros alguns de seus tesouros? Fora previsto, mas o atoleiro do início da guerra, a instantaneidade fulminante da ofensiva alemã modificaram sem dúvida os planos iniciais. Em sentidos evidentemente contrários. Aceleraram-se os procedimentos que a mobilização geral e, em seguida, o atravancamento da estradas e das ferrovias, por seu lado, desaceleraram. Julien Cain, administrador da Biblioteca Nacional desde 1º de maio de 1930 e tornado em 9 de abril de 1940 secretário-geral da Informação, cujo ministro era Jean Giraudoux, seguiu o governo até Bordeaux e, pelo célebre Marsilia, a bordo do qual viajavam os deputados que haviam recusado plenos poderes a Pétain, alcançou Argel, de onde voltou estranhamente depressa. Foi demitido de suas funções em julho de 1940, detido em 12 de fevereiro de 1941, acusado por sua ação no Ministério da Informação e, como a maioria de políticos, responsabilizado pela derrota e deportado mais tarde para Buchenwald.

O Estado francês designou Bernard Faÿ para lhe suceder. Sua nomeação data de 19 de agosto de 1940. Durante muito tempo, para mim, não foi fácil saber mais sobre esse administrador entre 1940 e 1944, frequentemente apresentado como uma criatura de Vichy, sem grande passado antes da Biblioteca Nacional e sem futuro depois dela. Alguns curadores consultados não sabiam muito mais, a não ser que ele havia instalado na Biblioteca Nacional os arquivos do Grande Oriente, apreendidos pelos alemães. Compreende-se que não se tenha venerado sua memória. Foi detido em agosto de 1944, exonerado de seu posto, condenado a trabalhos forçados perpétuos e perdoado em 1959. Instalou-se na Suíça a partir de 1951, depois de fugir do hospital de Angers onde era tratado. Morreu em 1978. Soube um pouco mais sobre ele graças à prestável pesquisa de uma curadora que conheço desde a Exposição Universal de Sevilha, que me comunicou um artigo de Martine Poulain publicado no número de 2004 do *Gutenberg Jahrbuch*, e à consulta quase maníaca do catálogo da BNF no verbete "Bernard Faÿ".

118 JEAN MARIE GOULEMOT

Ele nascera em 1893 em Paris. Teve formação franco-americana e combinou os *campi* universitários americanos, as universidades francesas e a frequentação dos arquivos dos dois países. A secura da nota biográfica que lhe consagra o site da BNF dedicado à própria história desta surpreende. Sua presença entre Julien Cain e Étienne Dennery, sua brevidade relativamente imprecisa traduzem as tensões existentes na parte da lista referente aos administradores da Biblioteca no período da guerra. O dever de memória em ação aqui, e ao qual é preciso prestar homenagem, não é sem distorções. Ele conduz a essa prática sempre arriscada de fazer o *espacate* e provoca uma impressão de incompletude. O biógrafo acrobata dá raramente um espetáculo de qualidade. Seu retrato de Bernard Faÿ é sombrio. Suas últimas colocações, "detido em 19 de agosto de 1944; condenado a trabalhos forçados perpétuos, é perdoado em 1959", esclarecem retrospectivamente com uma luz particular sua nomeação reduzida a uma data e dispensam de perguntar o que foi de 1940 a 1944 sua direção da Biblioteca. A causa está entendida: sem entrar nos detalhes, ela foi de colaboração com o ocupante alemão, sem que se saiba nem por quê nem como. Quanto a seu percurso acadêmico –

comparatista, especialista de civilização americana, [ele] ensinou em várias universidades americanas e francesas (1923-1932), depois [foi] professor de civilização americana no Collège de France de 1932 a 1944

–, impele o leitor a se interrogar sobre a lógica desse caminhar: da civilização americana à Colaboração. Para minha geração, que tanto admirou o Collège de France (onde ensinavam, entre outros, Lévi-Strauss, Foucault, Vernant, Duby, Le Roy Ladurie, um pouco mais tarde, Barthes, Bourdieu e, antes deles, Bergson, Bataillon, Pommier, Blin), é dificilmente compreensível que um de seus membros tenha podido devotar-se à Colaboração, segundo uma continuidade lógica. Tanto menos quanto ele professava a civilização americana.

O AMOR ÀS BIBLIOTECAS **119**

Não sabendo a que porta bater, dediquei-me à leitura das publicações de Bernard Faÿ. Sua bibliografia surpreendeu-me. Primeiro, ele fora estudioso do século XVIII, redigindo uma obra sobre Benjamin Franklin, outra sobre George Washington e especialmente uma tese, defendida na Sorbonne em 1924, ou seja, quando tinha 32 anos, sobre "L'esprit révolutionnaire en France et aux États-Unis à la fin du XVIIIe siècle" [O espírito revolucionário na França e nos Estados Unidos no fim do século XVIII], assim como um livro consagrado a *La Franc-maçonnerie et la Révolution intellectuelle du XVIIIe siècle* [A Franco-maçonaria e a revolução intelectual do século XVIII]. Jamais o meio dos estudiosos do século XVIII que conheci reivindicara aquela ovelha negra. Seus trabalhos não foram citados por ocasião dos colóquios que comemoraram a Independência dos Estados Unidos. Quando comecei minha tese, nos anos 1960, os estudos do século XVIII eram dominados por um marxismo mais ou menos reivindicado e contavam com um número importante de comunistas e de companheiros de estrada e não vejo, por conseguinte, como poderia ter sido de outra forma. Muito habilmente, o Partido Comunista reivindicara sua filiação em relação às Luzes e fizera desse século XVIII exaltado um campo de experimentação do marxismo. Essa vocação século XVIII de Bernard Faÿ manteve-se depois da Biblioteca Nacional e dos trabalhos forçados, visto que publicou *Jean-Jacques Rousseau ou le rêve de la vie* [Jean-Jacques Rousseau ou o sonho da vida] em 1974, e um livro frequentemente reeditado, consagrado a *Louis XVI et la fin d'un monde* [Luís XVI e o fim de um mundo], cuja primeira edição é de 1955.

É grande a tentação de um procedimento retrospectivo que consiste naturalmente em reconstruir uma causalidade direta com engajamentos. Assim, para Bernard Faÿ, buscar nos textos publicados antes da guerra a explicação natural de seu papel como administrador da Biblioteca Nacional de 1940 a 1944. Mas, para quem presta a atenção necessária a isso, a bibliografia de Bernard Faÿ anterior a 1940 oferece algumas outras surpresas. Em 1925, Faÿ publica o *Panorama de la littérature française contemporaine*

120 JEAN MARIE GOULEMOT

[Panorama da literatura francesa contemporânea] pela Kra, editora vanguardista dos surrealistas. O interesse de Bernard Faÿ pela literatura norte-americana de então confirma seu gosto pela modernidade. Ele traduz em 1934 para as edições Gallimard a *Autobiografia de Alice Toklas* de Gertrude Stein, depois de prefaciar *Américains d'Amerique, histoire d'une famille américaine*, em colaboração com a baronesa Seillière e, numa edição posterior a 1945, com um posfácio de Daniel-Henry Kahnweiler. Abstenhamo-nos de fazer do nome da cotradutora um sinal de fidelidade política. Bernard Faÿ dá a esse texto um longo prefácio com um retrato impressionante e lúcido de Gertrude Stein. Lamentar-se-á uma negligência do editor, que não corrigiu no dito prefácio enorme erro, o qual se espera que seja gráfico ("Mathis", marca de carro da época, por "Matisse"). A casa Stock, editora da obra, tem um belo passado dreyfusista e pode-se crer que teria sido sensível a todo traço de antissemitismo. É preciso acreditar também que Daniel-Henry Kahnweiler teria recusado ver seu nome associado ao de um colaborador antissemita, do qual tudo deixa pensar que ele o conhecia do círculo de Gertrude Stein. Nos livros que Bernard Faÿ consagra aos Estados Unidos, encontra-se uma biografia de *Benjamin Franklin* cujo subtítulo da versão americana de 1929 é "apostle of modern times" [apóstolo dos tempos modernos] e, na edição francesa de 1931, "bourgeois d'Amérique" [burguês da América] –, outra de *George Washington, gentilhomme* [George Washington, gentil-homem] (1932), um ensaio, *Civilisation américaine* [Civilização americana] (1939), mas também *L'empire américaine e sa démocratie* [O Império americano e sua democracia] (1926) e *L'ésprit révolucionnaire em France et aux États-Unis à la fin du VIIIe siècle* [O Espírito revolucionário na França e nos Estados Unidos no fim do século XVIII] (publicação em 1925 da tese defendida em 1924). Nada me parece traduzir claramente nesse estágio um sentimento de "católico de tendência monárquica", como o define Martine Poulain.

É sem dúvida verdade que a Frente Popular e a guerra da Espanha – aqueles títulos são quase todos anteriores a 1936 – endureceram as posições e essa última, apesar de Mauriac e Bernanos e

Esprit, chocou as sensibilidades religiosas. A exibição dos cadáveres desenterrados de freiras em Barcelona, conventos e igrejas profanados, incendiados e saqueados, padres presos e fuzilados não podiam deixar os católicos indiferentes, mesmo que experimentassem real simpatia pela República. Politicamente, o domínio dos comunistas no campo republicano ao preço de uma depuração à custa do POUM,[1] dos anarquistas e em menor medida do PSOE[2] e a presença ativa no fronte de comissários políticos soviéticos provocaram dúvidas e por vezes simpatias novas pela Espanha franquista; eles explicam também a neutralidade descomprometida de uns e o engajamento inesperado dos outros na causa fascista. O que não impede *Les forces de l'Espagne* [As forças da Espanha] (1937) de ser um livro abertamente adepto da causa do franquismo. Bernard Faÿ experimenta uma fascinação evidente por uma Espanha viril, desprezando a morte, cultivando, num campo como no outro, o sentido viril da honra. Pode-se imaginar enfim que esse livro reteve a atenção do marechal Pétain, que o governo francês vai enviar como embaixador ao general Franco em Burgos.

E para terminar esse apanhado cansativo, mas necessário, resta interrogar sobre publicações que se podem suspeitar de racistas assim como sobre a obra, ainda hoje consultada, que Bernard Faÿ consagrou ao papel da franco-maçonaria na ascensão da filosofia das Luzes e cuja primeira edição data de 1935. Em primeiro lugar, um opúsculo, escrito em homenagem a Ferdinand Baldensperger, um dos mestres da literatura comparada, é consagrado a Gobineau ante a Grécia, onde este foi diplomata. Esse texto bem informado, graças aos arquivos do Ministério das Relações Internacionais, não trata do racismo gobinista. Encontra-se mesmo aí a constatação bastante reconfortante de que os gregos ativos e operantes com os quais Gobineau simpatiza contradizem as hierarquias que ele estabeleceu em seu *Ensaio sobre a desigualdade das raças huma-*

---

1 "Partido Obrero de Unificación Marxista" (Partido Operário de Unificação Marxista; trotskista).
2 "Partido Socialista Obrero Español" (Partido Socialista Operário Espanhol).

122 JEAN MARIE GOULEMOT

nas. O prefácio que Bernard Faÿ dá em 1940 à obra de Gueydan de Roussel, do qual nesse momento da minha leitura eu ignorava tudo, *À l'aube du racisme* [Na aurora do racismo]. *L'homme spectateur de l'homme* [O homem espectador do homem] não é fácil de interpretar nem de compreender. O prefácio conta apenas três páginas curtas. A erudição desenfreada e superficial do ensaio não pode impedir que nos interroguemos sobre a tese defendida. Não se trata em si de uma apologia do racismo, mas de uma tentativa de compreender como nasceu o conceito de raça, vinculado aqui à elaboração de uma ciência do homem. Gueydan de Roussel nota que, nesse movimento,

> tornando-se o instrumento do dualismo religioso (cristãos/judeus), moral (bem/mal), estético (belo/feio) e, sobretudo, político (amigo/inimigo), o conceito de raça adquiriu, no curso da primeira metade do século XIX, uma expansão universal.

Acrescenta que Bonald é um dos primeiros a distinguir "boas e más raças" e que Virey assimila o belo ao branco e o negro à feiura.

Essas teses não são nem condenadas nem aprovadas. O procedimento parece ser de compreensão e de exposição, e o prefácio de Bernard Faÿ é somente uma apresentação rápida que vincula o conceito de raça à ciência do homem e mostra como toda uma série de movimentos de pensamento, da maçonaria ao nacional-socialismo, passando pelo comunismo, traduziram em termos novos a presença do divino. A maçonaria uniu-o à humanidade, o comunismo inscreveu-o na história e, para concluir, "no nacional-socialismo a mesma transformação se opera em benefício das forças fisiológicas do país". Bernard Faÿ evoca a esse respeito "um panteísmo nacional". Se nada se parece com uma aprovação das teses racistas, não se pode, entretanto, deixar de se interrogar sobre essa publicação de objetivo histórico-filosófico no contexto dos anos 1940, sobre as interpretações que ela devia suscitar e as suspeitas que ela podia fazer nascer. Tanto mais que o livro sai no outono de 1940. Sem o mínimo sucesso, aliás. Parece que nenhum exemplar foi vendido.

O AMOR ÀS BIBLIOTECAS **123**

Preparava-me para continuar minhas leituras quando um historiador da Colaboração, ao qual eu falava de minhas pesquisas, me lançou ao nome de Faÿ: "Ah, sim! O obcecado pela franco-maçonaria...", que interpretei como "obcecado pela denúncia da maçonaria". Ler *La Franc-maçonnerie et la révolution intellectuelle du XVIIIe siècle* (primeira edição de 1935, reeditado em 1961) me pareceu então urgente. A obra utiliza importante documentação. Sua tese é simples. Ela se distingue das análises sobre o papel revolucionário da maçonaria na linhagem antifilosófica inaugurada por Augustin Barruel em 1797-1798 em suas *Mémoires pour servir à l'histoire du jacobinisme* [Memórias para servir à história do jacobinismo], segundo a qual a Revolução seria obra de um complô urdido pelos filósofos e os membros das lojas maçônicas. Em sua conclusão, Bernard Faÿ distancia-se nitidamente dos defensores da tese do complô repetindo que "a maçonaria não faz as revoluções; ela as prepara e as continua". Ele acrescenta, citando a Société de Amis des Noirs [Sociedade dos Amigos dos Negros], que "o trabalho político das lojas se faz por sociedades conexas". Nota em seguida que ela se preocupa "com noções de valor coletivo" e ideias simples como a igualdade, a liberdade. Sublinha enfim que ela cria uma "nova aristocracia" e oferece "uma obra de arte de organização". A hipótese de um projeto subversivo, cara a Barruel e seus seguidores, não é aqui evocada.

Se eu confiar nas minhas lembranças de especialista do século XVIII, a análise proposta por Bernard Faÿ, quando ela insiste sobre as sociabilidades e as transferências do sagrado, permanece bastante próxima daquelas dos historiadores contemporâneos. Esse papel da maçonaria na difusão das ideias das Luzes foi admitido muito cedo, sem preocupação polêmica e sem vontade de denunciar. A participação das lojas na comemoração do primeiro centenário da morte de Voltaire em 1878 e nas celebrações de 1889 ilustram, confirmado por provas, esse reconhecimento. Meus contemporâneos especialistas do século XVIII se lembram das declarações líricas de nosso colega Daniel Ligou, historiador da franco-maçonaria e maçom declarado, que reivindicava como uma honra o papel revolucionário das lojas nas últimas décadas do século XVIII.

124 JEAN MARIE GOULEMOT

Se eu for seguido nesta investigação, lançar-me-ão a suspeita de masoquismo e sem dúvida alguma acusar-me-ão de ser culpado de complacência com um autor cujo papel na Biblioteca Nacional permanece condenável. Sobre esse ponto, as análises mais críticas de Martine Poulain obtêm adesão. Voltarei a isso. Meu propósito não é inocentar Bernard Faÿ – não aceito esses procedimentos –, mas mostrar que sua colaboração não é, como é tentador acreditar, a consequência mecânica de erros ideológicos anteriores que a tornariam, no fim, banal e evidente. Nascer-se-ia fascista e assim se permaneceria. Há exemplos que ilustram essa tese, mas ela não é generalizável. Sabe-se hoje que inúmeros ex-dreyfusistas tiveram simpatias pela Colaboração e que a esquerda lhe forneceu alguns de seus quadros. As obras de Bernard Faÿ anteriores à guerra, mesmo levando em conta seu entusiasmo pela Espanha nova, não anunciam verdadeiramente seus atos de colaboração e nem fazem dele um pró-nazista. Nada, em suas análises, desse antissemitismo que a época pratica, nem caricatura conspiradora da franco-maçonaria. Trata-se de um homem verossimilmente católico, conservador, sem dúvida nenhuma, homem de ordem mesmo, obcecado, sem ter totalmente consciência disso, pelas ameaças de uma decadência das elites francesas, homem também de grande cultura, mais aberto ao mundo estrangeiro do que a maioria de seus contemporâneos. A sequência de novelas que publica pela Grasset (*Faites vos jeux* [Façam suas apostas], 1927) mostra-o muito a par das técnicas de escrita então em voga.

Como indica Martine Poulain, a gestão de Bernard Faÿ à frente da Biblioteca Nacional comporta faltas "benignas" (lugares reservados aos oficiais alemães, aquisição forçada de obras alemãs) e outras mais graves (apreensão das bibliotecas dos franceses judeus ou comunistas despojados da nacionalidade, organização da espoliação dos arquivos dos franco-maçons, estabelecimento dos fichários sobre pessoas julgadas suspeitas, recusa dos leitores judeus, suspensão dos empregados judeus...). Essas categorias permanecem discutíveis, e pode-se perguntar que responsabilidade pôde ser a do administrador nas orientações dessa política, senão a de ter aceitado

O AMOR ÀS BIBLIOTECAS **125**

ser administrador e ter aplicado essa última. Mas, uma vez aceito o posto, podia ser de outro modo? O administrador do Collège de France – não sei quem ocupava então o cargo – aplicou sem poder se opor a isso as leis antissemitas, como foi o caso em toda a função pública. Fico perplexo pensando que o mundo docente, entretanto vigorosamente politizado e sindicalizado, aceitou sem fazer cara feia que colegas judeus fossem destituídos e condenados à morte, os programas censurados, autores inscritos na lista Otto (do nome do embaixador nazista em Paris, Otto Abetz). O que fez ele contra todas essas medidas? A mesma pergunta poderia ser dirigida à Ordem dos médicos, à dos advogados ou à dos arquitetos, aos editores, à Société des Gens de Lettres [Sociedade dos Homens de Letras], aos organizadores dos salões nacionais de pintura (e mais amplamente à França inteira). Os acusados responderiam que obedeceram às ordens, que eram impotentes. É exatamente o que Bernard Faÿ declarou a seus juízes, dos quais, a acreditar nele, alguns haviam participado de tribunais de exceção durante a Ocupação.

Pretender-se-á que essa ideia de pôr a França inteira no banco dos réus constitui uma maneira de diluir ao infinito as responsabilidades. Há algo de justo nessa objeção. Existem graus diversos de responsabilidade. Mas mesmo assim. É verdade que Bernard Faÿ ajudou a instrumentalizar a Biblioteca Nacional. Chegou a vangloriar-se disso. Por vaidade e por orgulho muito certamente de ter levado a cabo a tarefa que lhe fora fixada e na qual ele via um meio de regenerar o país. Em "Le fonctionnement et la réorganisation de la réunion de las bibliothèques nationales de Paris: 15 de juin 1940-31 décembre 1942, rapport présenté à M. le maréchal de France, chef de l'État" [O funcionamento e a reorganização da reunião das Bibliotecas Nacionais de Paris: 15 de junho de 1940 – 31 de dezembro de 1942, relatório apresentado ao Senhor Marechal da França, chefe do Estado] (1943), Bernard Faÿ oferece um quadro completo do papel desempenhado pela Biblioteca no dispositivo do "reerguimento nacional". A causa é mais uma vez entendida. Eu tenderia, entretanto, a crer que Bernard Faÿ aceitou pagar o

126 JEAN MARIE GOULEMOT

preço de sua nomeação, e, mais por essa razão do que por ideologia, foi assim obrigado a servir seus senhores. De resto, ele o fez com dificuldade, como demonstra Martine Poulain em seu artigo do *Gutenberg Jahrbuch*. Bernard Faÿ continuou a afirmar durante seu processo que o jogo valia a pena: não criou ele cinco novos departamentos, mesmo se alguns eram ex-serviços setor dos impressos? Não tentou, para maior glória da BN, fazer desta o organismo gestor e diretor encarregado de coordenar e desenvolver todas as bibliotecas francesas? Não empreendeu restaurar, renovar e ampliar seus prédios? Lamente-se ou não, a Biblioteca ganhou novos locais e pessoal – contrataram-se mesmo "desempregados intelectuais" durante seu mandato. As coleções foram protegidas e às vezes enriquecidas. Não houve, parece, retiradas, restituições ou mesmo requisições em benefício dos ocupantes. A Biblioteca continuou a funcionar. Foi preservada. Mas a que preço? Ao mesmo preço, seguramente, que aquele pago pela máquina administrativa francesa para se manter e sair enxovalhada, mas quase intacta, da Ocupação. O que não desculpa em nada um comportamento repreensível.

Opor-se-á a essa explicação resignada o relatório apresentado ao marechal por Bernard Faÿ. Ele lhe foi duramente censurado e pesou muito em sua condenação. Tenho certeza de que a Biblioteca Nacional não foi a única administração a fazer tal balanço. O que fizeram o Louvre e os grandes museus? Recusaram-se a excluir de seu pessoal os franceses de confissão judaica? Sem dúvida lutaram para preservar suas coleções, mas sabemos também que se aproveitaram dos sequestros dos bens judeus para enriquecê-las. A culpa da alta administração não torna por isso mais inocente a gestão de Bernard Faÿ. Ela permite inscrevê-la num contexto que a tornava inevitável e não dependia, senão muito parcialmente, de uma ideologia adquirida muito tempo antes. Eu me sentiria tentado a crer que Bernard Faÿ se tornou fascista somente uma vez internado, quando se definiu como injustamente vítima da justiça. A esse respeito, a leitura de *De la prison de ce monde* [Da prisão deste mundo], diário que ele manteve de 1944 a 1952, é esclarecedora. Fica-se sabendo que ele foi detido em seu escritório da Biblioteca, enquanto

O AMOR ÀS BIBLIOTECAS **127**

os combates estavam no auge em Paris. Não se sabe exatamente por quem. Foi em seguida encarcerado em Drancy e em Fresnes, depois julgado no curso de um processo que durou de 30 de novembro a 6 de dezembro de 1946 e condenado a trabalhos forçados perpétuos, transferido para Saint-Martin-de-Ré, Fontevrault e Angers, de onde se evadiu em 30 de setembro de 1951 "enquanto seu estado de saúde era desesperador" (?). Em Drancy, passou quase um ano, de agosto de 1944 a julho de 1945, inconsciente de sua situação e do que representava então, com o retorno dos deportados sobreviventes, o campo de Drancy. "Neste início de ano", escreve ele,

Drancy é um caos violento de tempos e de esperanças. Vinte mil pessoas passaram aqui em cinco meses. Dir-se-ia uma estação ferroviária num dia de partida de férias, mas essas férias são o horror, a infâmia e a morte.

Fica-se desconcertado diante de tal esquecimento das tragédias recentes. O tom é de lamento sobre seu destino e sobre uma França que ele considera vencida e "ausente". Essas reflexões sobre Drancy indignam e com razão. De acordo com ele, só tem a se censurar sua imprudência. "A grande imprudência foi ficar na França de 40 a 44, sonhar com seu reerguimento, consagrar a isso todas as minhas forças, arriscar minha vida, acreditar nela." Ante seus juízes, ele argumenta:

1º Nunca me envolvi com nada policial, 2º consegui salvaguardar todo o pessoal e todos os arquivos da Biblioteca Nacional durante esses quatro anos, 3º nem direta nem indiretamente ninguém devera sua detenção a um ato vindo de mim...

Talvez seja verdade. Mas Faÿ esquecia que tinha permitido que a polícia e a Gestapo fizessem seu trabalho.

Sua defesa é próxima daquela de todos os acusados de colaboração, até a de Maurice Papon. Ele obedeceu, salvou o essencial. Reconhece-se irmão em inocência dos detidos que o rodeiam: vo-

128 JEAN MARIE GOULEMOT

luntários da LVF,[3] Henri Béraud, Claude Jeantet e muitos outros citados em seu diário. Bernard Faÿ me parece então ter-se tornado mais fascista do que durante seu mandato de administrador da Biblioteca. Com um delírio de perseguição próximo do de Céline, mas que vem moderar outra forma de escrita e uma inquietude religiosa muito real. Prova disso, uma "Prière du temps de Pentecôte pour les juifs" [Oração do tempo de Pentecostes para os judeus] ambígua para uma sensibilidade de hoje, mas marcada pela humildade. Suas "Trois prières pour mes ennemis" [Três orações pelos meus inimigos], além da obsessão da perseguição, da denúncia de um domínio comunista sobre as prisões, constituem um apelo à reconciliação e ao perdão. Enfim, a "Prière pour les prisonniers politiques" [Oração pelos prisioneiros políticos] estabelece um paralelo entre o sacrifício de Cristo e o encarceramento dos colaboradores – o que, mesmo relembrando que as vias da Providência são impenetráveis, permanece dificilmente aceitável. Bernard Faÿ opor-se-á, aliás, com vigor às evoluções da Igreja Católica. Compõe em 1970 um panfleto denunciador, *L'église de Judas?* [A Igreja de Judas?], que defende posições anticonciliares. Seus escritos políticos da mesma época cedem a estranhas assimilações e a uma leitura inesperada da guerra, como prova o título de um ensaio publicado em 1969, *La guerre des trois fous, Hitler, Staline, Roosevelt* [A guerra dos três loucos, Hitler, Stálin, Roosevelt], que deixará céticos até os partidários de uma interpretação patológica dos totalitarismos, os quais se perguntarão o que vem fazer o presidente Roosevelt nesse hospício.

Mas nunca se acaba verdadeiramente de compreender. Se minha investigação tivesse parado por aí, eu teria caído na armadilha dos livros, mais uma vez. Livros, quantas verdadeiras fruições lhes devemos e quantos erros também! Pois a colaboração de Bernard Faÿ foi bem real, apesar das denegações perante o tribunal e dos protestos de inocência no seu diário. Ela se relaciona mais amplamente a suas atividades paralelas no âmbito do Serviço das Sociedades Secretas (*Bibliotheksschutz*) do que de sua gestão da Biblioteca Na-

---

3 Legião dos voluntários franceses contra o bolchevismo.

O AMOR ÀS BIBLIOTECAS 129

cional, mesmo se esta depende em última instância, como todas as administrações da França ocupada, das autoridades alemãs. Os serviços que administram as bibliotecas são colocados sob o controle do Alto Comando das Forças Armadas alemãs, que criou um Serviço de Proteção das Bibliotecas, do qual Bernard Faÿ é o interlocutor para todas as questões referentes ao funcionamento das bibliotecas francesas em suas relações com as autoridades alemãs. Não é de espantar que, nas medidas tomadas pelo administrador da Biblioteca Nacional a propósito da leitura nos exércitos, do envio de livros aos prisioneiros, da constituição de bibliotecas para os Chantiers de la Jeunesse Française [Canteiros da Juventude Francesa], da reforma das listas de livros recomendados nas fábricas, nas bibliotecas populares, rurais ou escolares, ele tenha imposto leituras suscetíveis de modelar os espíritos segundo a ordem nova. Faÿ reteve de seus trabalhos sobre a difusão das ideias filosóficas na segunda metade do século XVIII o papel fundamental do impresso na formação das ideologias. Ele aceita, portanto, esse papel e transpõe o que aprendeu em sua pesquisa à mutação ideológica que o Estado francês empreende. Igualmente, é verossímil que a derrota lhe revelasse o papel, verdadeiro ou fantasiado, que desempenhou nessa derrocada a subversão, pensada de fato à imagem do trabalho de sapar a sociedade do Regime Antigo no qual obrou a maçonaria. Tem-se a impressão de que a cronologia, escrupulosamente respeitada até então pelo historiador, se confunde, que as profissões de objetividade presentes nos estudos históricos são sistematicamente renegadas.

VII
A MEMÓRIA RECONSTRUÍDA DOS ANOS SOMBRIOS (II)

No concerto das interpretações da derrocada, Bernard Faÿ tocou então sua partitura. Criou, quando uma lei de 13 de agosto de 1940 decretou a dissolução das sociedades secretas, o Serviço das Sociedades Secretas que ia trabalhar com o Centro de História Contemporânea, fundado em 1941 e dependente direto da Biblioteca Nacional. Ativo em locais requisitados, aquele órgão empregou cerca de quarenta pessoas na Rua Copernic, em Paris, para classificar os documentos apreendidos nas lojas maçônicas, que se conservaram na Biblioteca Nacional (lei de 11 de março de 1941). Esse Serviço das Sociedades Secretas foi colocado sob a autoridade de Bernard Faÿ, que usufruiu de um escritório em um espaço no antigo Grande Oriente. Controlado pelo Serviço de Segurança alemão, ele trabalhava em ligação com o Centro, o qual dispunha de uma biblioteca de história da França contemporânea, de uma seção dos arquivos, de uma seção dos impressos e de um museu permanente das sociedades secretas dependendo da Biblioteca Nacional. O Centro empregava pesquisadores externos, uma espécie de substitutos. Como se pode imaginar sem dificuldade, uma das tarefas essenciais do Centro será estabelecer uma lista dos dignitários maçônicos, utilizada para excluí-los da função pública. Essa lista foi submetida a inúmeras correções e retificações publicadas no *Journal Officiel*. Além

132   JEAN MARIE GOULEMOT

disso, Bernard Faÿ dirigiu os *Documents Maçonniques*, cujo primeiro número saiu em outubro de 1941. Ele tomou parte ativa na exposição "A franco-maçonaria" organizada no Petit Palais, em Paris, em outubro e novembro de 1941. Existe uma fotografia em que ele é visto pronunciando o discurso de abertura de um ciclo de conferências realizado na sala das reuniões do Grande Oriente perante uma assistência composta pela fina flor da Colaboração, que conta com Fernand de Brinon, embaixador da França na Alemanha, um oficial alemão de alta patente, um membro do clero e auditores de austera elegância.

Isso revela o entusiasmo colaboracionista de Bernard Faÿ quando se trata da franco-maçonaria. Nos *Documents* que ele dirige, dá sua medida: em cada número, publica um artigo que oscila entre o estudo histórico, a denúncia e o editorial de apresentação. Quem dá o tom é ele e, dotado de uma inteligência e cultura reconhecidas pelos próprios historiadores da franco-maçonaria, é ele quem organiza a busca maníaca dos arquivos e fundamenta historicamente a ideia do complô à qual, contrariamente ao que deixam entender seus trabalhos anteriores, adere totalmente com a derrota. Parece que seus colaboradores desejavam mais firmeza ainda em seus posicionamentos, e não hesitavam em introduzir nos *Documents* artigos que amalgamavam franco-maçons e judeus. Bernard Faÿ queixar-se-á disso por ocasião de seu processo e desenvolverá sua argumentação em *La Guerre des trois fous*. Mesmo se William Gueydan de Roussel, de nacionalidade suíça, mas agente alemão, certamente tenha sido seu gênio malvado e o tenha levado a radicalizar suas posições, seus comparsas não são na maioria senão esbirros, encarregados dos serviços sujos sob sua direção aparente e sob aquela, mais real, dos meios de Vichy entregues à colaboração ativa com as autoridades nazistas. Eles estabelecem fichários e listas, organizam os sequestros dos bens das lojas. Os trabalhos de Bernard Faÿ anteriores à guerra e consagrados à franco-maçonaria estão ideologicamente muito aquém dessa obsessão interpretativa que se tornou doravante a sua. Ele está convencido de ter encontrado a explicação da derrocada e a solução para deter o processo de decadência de que

O AMOR ÀS BIBLIOTECAS **133**

a França sofreria. Tem-se a impressão de que ele experimenta uma espécie de deslumbramento, um tipo de revelação, a ponto de ser atingido por cegueira e paranoia. Sua construção do papel da maçonaria na derrocada confirmava as intuições de sua pesquisa cuja utilidade e pertinência ilustrava. Ela dava à história um sentido e à sua ação uma real coerência, e lhe permitia crer que servia a pátria e não seus inimigos.

Essa hipótese permite compreender a natureza ideológica e intelectual do comprometimento de Bernard Faÿ. É preciso acrescentar-lhe um contexto mais trivial. William Gueydan de Roussel, cuja obra prefaciou, recruta no pessoal da repressão antimaçônica. Ele é ao mesmo tempo seu secretário, seu motorista, seu conselheiro e seu amante. Os documentos apreendidos no domicílio de Roussel são, a esse respeito, perfeitamente explícitos. Segundo a terminologia da época, seu "patrão" é um "invertido", o que faz dele uma presa evidente para a Gestapo. Sabe-se seu apelido, "Nadette", conhecido nos meios suspeitos da capital. Sem dúvida Bernard Faÿ adere plenamente à política de colaboração, mesmo que não se encontrem nele delírios antissemitas. Os judeus são levados em conta apenas raramente em suas análises, e somente quando aparecem vinculados à maçonaria.

Graças aos fundos dos quais dispõe, Gueydan de Roussel, que possui um número de código da Gestapo, transforma o Serviço das Sociedades Secretas num antro de informantes assalariados que organiza apreensões e perquisições nas lojas, relata os boatos circulando entre o pessoal, assinala à polícia todos aqueles que julga suspeitos ou convertidos à Resistência. Esses são serviços regulares e importantes prestados à Milícia e à Gestapo. Pois, além dos aspectos que dependem mais do amadorismo que do trabalho preciso de informação e vigilância, Roussel chegou a tecer uma rede. Um americano chamado Guillaume de Van, provavelmente também a serviço da polícia alemã, obteve um cargo de responsabilidade no departamento de música. Mesmo se Gueydan de Roussel recruta principalmente nos meios da Colaboração e do Serviço das Sociedades Secretas, nada impede de crer que esse agente recorreu também

134 JEAN MARIE GOULEMOT

a funcionários, armazenistas da própria Biblioteca. Na Liberação, processos foram abertos contra certos membros da rede. Penas de encarceramento foram pronunciadas. Gueydan de Roussel utilizou os contatos nazistas para escapar primeiro para a Suíça, em seguida para a América do Sul. Pouco mais tarde, morreu no Chile, após ter sido contatado em Genebra por agentes franceses que, com a anuência das autoridades helvéticas, puderam interrogá-lo à vontade sobre suas atividades durante a Ocupação. Guillaume de Van foi julgado e condenado por contumácia, ao que parece.

Em consequência de denúncias, alguns bibliotecários resistentes foram detidos, torturados, deportados ou fuzilados. Internaram-se no campo de Pithiviers vinte e seis funcionários e guardas suspeitos de projeto de atentado. Bernard Faÿ interveio, pensa-se, para mandá-los soltar. Houve resistentes autênticos para salvar a honra. Nem mais nem menos numerosos do que na França ocupada. Na rede de Gueydan de Roussel, encontram-se denunciantes por ideologia e aqueles que colaboram atraídos pelo ganho ou por medo. E, do lado dos resistentes, a mesma diversidade de filiação, sem dúvida, do que nas redes nacionais. Entre uns e outros, encontra-se o pântano, a massa daqueles que procuram sobreviver e não enxergam além de seu prato. Alguns dentre eles, que se chamavam então "os resistentes da última hora", viraram verossimilmente os cortadores de cabelos das mulheres suspeitas de terem tido relações amorosas com alemães. E isso, bem evidentemente, por não terem podido cortar cabeças.

A investigação sobre o quase contemporâneo nunca está verdadeiramente encerrada. Ela me parece mesmo sem limites. Como por acaso, recolhe-se um testemunho, descobre-se uma fonte ignorada, mas de grande interesse, e que vem dar nova luz ao que parecia estabelecido. Apoiado em informações inéditas, provido de uma nova hipótese, ou tomado por um último escrúpulo, relê-se um documento que se pensa ter interpretado mal. Por experiência, tenho mesmo a impressão de que o acaso desempenha aí um papel bem mais importante do que nas pesquisas consagradas a um passado longínquo. A presente investigação conheceu esses

O AMOR ÀS BIBLIOTECAS   135

questionamentos, beneficiou-se desses escrúpulos de última hora e de ressurgimentos inesperados. Numa primeira abordagem demasiado sumária, eu tomara *La guerre des trois fous* de Bernard Faÿ por uma análise da Segunda Guerra Mundial. As primeiras páginas, contando uma volta do autor pelos Estados Unidos por conta do *Figaro*, na véspera da guerra, incluindo uma entrevista com o presidente Roosevelt, pareciam confirmar meus *a priori*. Detive-me então aí, convencido de que o livro não me diria nada que eu já não soubesse. Tive um último escrúpulo e com bons resultados. Se Faÿ sublinha, além do necessário, a filiação maçônica de Roosevelt, deixando entender que esse fato confirma o papel desempenhado pela franco-maçonaria no desencadeamento da guerra, se o livro retoma o sistema de defesa empregado por ele perante a Suprema Corte, contém também sobre o funcionamento da Biblioteca Nacional durante a Ocupação informações que não são negligenciáveis.

Bernard Faÿ tenta definir aí uma especificidade do mundo das bibliotecas que não se pode descartar já de início. A constatação sobre a qual se constrói sua análise é certamente bastante banal, mas verdadeira: "Essa biblioteca, como todas as outras, compunha-se de livros, de poeira e de homens vivendo nos livros e nessa poeira". A análise do pessoal e dos leitores, por mais cruel que seja, não é, entretanto, de rejeição. Bernard Faÿ vê aí

pessoas cultas, malpagas, adstritas a um trabalho minucioso e monótono, em locais pouco limpos, pouco arejados, em contato com um público mais nervoso ainda do que elas e com guardas doentes, sempre prestes a recorrer a seus sindicatos (p.204).

A solução, a acreditar nele – mas como se assegurar? –, foi aumentar os salários, facilitar as promoções, criar novos departamentos. Esses novos departamentos foram realmente criados. "Desempregados intelectuais", dissemos, foram contratados: isso é certo.

Se a obsessão antimaçônica permanece ainda presente mais de vinte anos após a Ocupação, Faÿ se recorda enfim da presença dos judeus nesse Drancy onde foi encarcerado, e que estava então

136 JEAN MARIE GOULEMOT

"esvaziado desses infelizes judeus que os alemães reuniam aí para deportá-los". Afirma mesmo que tentou ajudar Julien Cain a fugir e que lhe teria permitido, por sua influência, ser "bibliotecário num campo" (228). Título de glória ambíguo que não pude verificar. Ele expõe sua repugnância pelas medidas antijudaicas tomadas por Vichy e chega até a afirmar ter escondido "o melhor que pôde na zona sul nosso(a)s bibliotecário(a)s judeus e judias". Quanto às medidas antimaçônicas, faz questão de distingui-las da política defendida por Otto Abetz, para quem "se invadem as lojas, saqueiam-se, depois se exerce sobre os maçons uma chantagem, que os transforma em agentes nazistas, involuntários mas zelosos" (p.207). Evoca contatos feitos com a Resistência no início de agosto de 1944, nos quais teria intervindo La Roque, e sublinha o papel nefasto que desempenhou Gueydan de Roussel, designado como "o suíço".

A credibilidade dessas afirmações permanece hipotética. Evidentemente ele deixou de ser então aquele que fora, embora utilizando ainda algumas das fontes da colaboração não arrependida. Não experimento, entretanto, muita simpatia por esse homem preso em suas contradições, seu desejo de inocência, suas certezas de ter preservado o essencial, seus medos diante da imensidão de suas cumplicidades. Uma única de suas fraquezas me comove, porque lhe dá uma parcela de humanidade à qual sou sensível: seu amor aos livros, que explicaria, unicamente, a aceitação da direção da Biblioteca Nacional.

Desde o início de minha infância, os livros foram meus melhores companheiros; durante sete anos, com exceção de minha mãe, foram os únicos. Em seguida, permaneceram os mais constantes e os mais amados, ou pelo menos o universal recurso. Não ia abandoná-los hoje quando os sabia em perigo, quando eles podiam desaparecer na tormenta. E para o resto, inimigos, dificuldades, perigos, no fundo, pouco me importava. Eu jogaria o jogo que todos deviam jogar nesse transtorno, e teria a satisfação de fazê-lo por objetos queridos, num terreno que conhecia, e de fazê-lo sem ilusão.

O AMOR ÀS BIBLIOTECAS 137

Num primeiro impulso, eu seria tentado a escrever que um homem que gosta tanto dos livros não pode ser totalmente culpado. Mas os fatos me impedem. Os livros são como a língua segundo Esopo. Defendi suficientemente a tese da historicidade de sua leitura para não aceitar uma variabilidade das influências que eles exercem. Estou certo de que Jean Prévost, morto nos combates do Vercors, os resistentes da Biblioteca Nacional, os franco-maçons perseguidos, mesmo os leitores indiferentes às desgraças do tempo e outros colaboradores gostavam deles tanto quanto Bernard Faÿ. Penso nesses resistentes das bibliotecas correndo o risco de tortura e de morte e, com a volta da paz, retomando humildemente seus hábitos como se nada tivesse ocorrido. Recordo-me de meu pai e de seus silêncios, para concluir daí que o amor aos livros não importava nada. Certamente um pouco menos do que as escolhas políticas de antes da derrocada e muito menos ainda do que certa ética e o senso de sua própria dignidade.

Numa entrevista com Jean José Marchand publicada no número 21 de *Histoires Littéraires* [Histórias literárias], a Biblioteca Nacional dos anos da Ocupação é evocada, já que ele foi um desses "desempregados intelectuais" a quem Bernard Faÿ se vangloria de ter dado trabalho. Como muitas vezes nos testemunhos sobre essa época, somos surpreendidos por um distanciamento quanto às desgraças do tempo, reduzidas um pouco depressa demais às dificuldades de sobreviver e trabalhar. Que não se tome essa observação por um julgamento. Passei fome o suficiente naqueles anos e vi minha mãe se consumir a fim de obter com o que nos alimentar para saber que energia devia necessariamente ser mobilizada a serviço da satisfação das necessidades elementares. Não é fácil encontrar sobre essa época relatos de leitores. Alguns, depois da guerra, preferiram esquecer. Outros contaram, mas raramente, as eventualidades da vida do dia a dia. A vontade política de exaltar uma França resistente, a extrema desgraça daqueles que haviam conhecido a desesperança dos campos tornavam quase vergonhosa a escrita de um cotidiano, no fim, banal, comparado às questões e aos desafios daqueles que a história convocava.

138 JEAN MARIE GOULEMOT

Reli o *Journal des années noires* [Diário dos anos sombrios] de Jean Guéhenno. Trata-se mais de um moralista que de uma testemunha da vida cotidianas, embora as referências culinárias, sinal dos tempos, sejam aí mais numerosas do que no *Journal d'un homme de quarante ans* [Diário de um homem de quarenta anos]. Sentem-se as recusas, a cólera, as frustrações, a dor, mesmo, de constatar que a Colaboração seduz por vezes os mais jovens, que é preciso se submeter na sala de aula à obrigação de calar o que se pensa porque a delação se tornou uma espécie de prática cívica. Não aparece nada nessas páginas que tenha relação com a Biblioteca Nacional ou Bernard Faÿ. O professor do curso preparatório à École Normale prepara suas aulas em casa com auxílio de seus próprios livros, frequenta em caso de necessidade a biblioteca dessa instituição. Se expõe declarações derrotistas ou mesmo francas incitações a colaborar que emanam de certos colegas seus, seu círculo de amigos permanece o de antes da guerra e professa uma real hostilidade a Vichy e às tropas de ocupação. Enfim, se Jean Guéhenno foi um homem do livro, ele não aparece aqui como um homem de biblioteca ou, se o foi, pouco escreveu sobre esse assunto.

Nada parecido com Raymond Queneau. A partir do que eu sabia dele, deduzira, com razão, um gosto pronunciado pelas bibliotecas. Sem forçar a mão, imaginei-o durante anos frequentador assíduo da sala Labrouste. Chegava mesmo a imaginar sua silhueta velada percorrendo a ala central. Sem precisar fechar os olhos, percebia do meu lugar, acima dos escaninhos, seu passo lento, sua crina cinza e, abaixo, seus óculos de míope, a cabeça inclinada de quem sonha acordado. Conhecia inúmeras fotos dele. Lera *Odile*, *Zazie* e *Les enfants du limon* [As crianças do limão], *Pierrot mon ami* [Pierrot, meu amigo]; conhecia suas canções e seus poemas, seu gosto pela deambulação parisiense, sua falsa ingenuidade. No cortejo que acompanhava os restos mortais de André Breton, o acaso fizera que eu caminhasse atrás dele e Mouloudji. Eu comentara para o *Panorama* de France Culture alguns de seus textos que os colaboradores oulipianos do programa apreciavam, e estava seguro de que minha investigação não seria vã. Assim, o diário de guerra de Raymond Queneau (*Journal, 1939-1940,* [Diário] seguido de *Philosophes et voyous,* 1986 [Filósofos e bandidos]), do qual noto hoje que a edição é devida a Jean José Marchand, que se acaba precisamente de evocar.

Esse diário de guerra de Queneau é incompleto. Detém-se em dezembro de 1940, se minha memória é boa, e recomeça somente em agosto de 1944. Fragmentos tinham saído em *Bâtons, chiffres et lettres* [Bastões, cifras e cartas] de 1950, antes da edição dos *Journaux* de 1996 estabelecida com grande cuidado filológico por Anne-Isabelle Queneau, mas da qual certas notas biográficas – penso prioritariamente na consagrada a Julien Cain – são aproximativas. Pode-se lamentar essa lacuna (1941-1944), afinal estranha, pois Queneau conservou cuidadosamente até seus cadernos de aluno secundarista. A espantosa sinceridade de que dá provas me levaria a pensar que, desejoso de apaziguamento, talvez não tenha querido entregar ao público as páginas consagradas à Ocupação. De fato, compreendem-se mal sem essas páginas extraviadas certas evoluções assombrosas como a de Georges Bataille, que Queneau julga partidário do colaboracionismo (18 de novembro de 1940) e ao qual faz dizer em 1945 (27 de julho) que é tentado pelo comunismo.

No universo de Raymond Queneau, as bibliotecas ocupam um lugar considerável. E isso desde os anos de liceu no Havre. Queneau anota muito cedo sua frequentação quase diária da biblioteca municipal, chegando às vezes a indicar suas horas de chegada, o tempo passado e o detalhe de suas leituras. Experimenta por vezes uma sensação de fastio: "Chateei-me 3 horas na Bibl... Estou começando a me encher. Há um mês passo meus dias do mesmo jeito: jogar ao bilhar com L. P., depois ir à Bibl..." (12 de outubro de 1920). Quando vem a Paris para empreender estudos superiores, a biblioteca depressa lhe aparece como um meio de lutar contra o sentimento de abandono do provincial em Paris.

[Em seguida] sei empregar meu tempo de outra maneira, esperando [indo] seja à biblioteca da Sorbonne, seja à biblioteca Sainte-Geneviève (12 de novembro de 1920).

Ao longo dos anos de estudos, mais ou menos incertos aliás, a frequentação das bibliotecas representa sua única assiduidade real. Sua presença é constante no diário. Diferentemente das aulas, jamais citadas.

A biblioteca, para Queneau, não é verdadeiramente um lugar de sociabilidade, mas de descoberta intelectual. Ele lê aí o que servirá a seus estudos e lhe assegurará sucesso nos exames finais do liceu e o que se relaciona a interesses extraescolares ou extrauniversitários. Assim, no Havre, ele lê Max Stirner, mas também Mallarmé, Barbusse, Léon Bloy, Delvau, Schuré, Ménard, Le Bon, G. de Pawlowsky... Esse uso da biblioteca se mantém em Paris, com uma tendência mais marcada pelas leituras aleatórias, ao sabor das estantes de obras de referência. Daí sua indignação quando o acesso a todos os livros passa pelo pedido escrito. Em setembro de 1928, o diário indica: "Na biblioteca Sainte-Geneviève, não há mais livros nas estantes; todos os empregados reclamam fichas. Não sei mais o que quero. Na Oxford Library, é a mesma coisa". A biblioteca permite medir a atividade intelectual.

Sem dúvida estou atualmente ocioso. As bibliotecas não têm atração para mim, pois não encontro nelas nada podendo me interessar. Por vezes um livro sobre o gnosticismo me retém – uma hora apenas.

Quando, a partir de 1927, Queneau anota e analisa seus sonhos, as bibliotecas desempenham neles um grande papel. Transformadas em hotéis de luxo (janeiro), atingidas pela desordem ou demasiado regulamentadas, elas o obcecam. É por vezes difícil determinar o que pertence a uma estada real em bibliotecas ou se refere ao sonho. A partir dos anos 1930, Queneau frequenta a Biblioteca Nacional. Aí que ele realiza seu inquérito sobre os "loucos literários", esperando, confia ele, descobrir um gênio ignorado. A Nacional parece então atrair numerosos intelectuais ou artistas. Em 23 de novembro de 1931, fica-se sabendo que "Masson [o pintor André Masson] quer ir à BN. Mas seus papéis não estão em ordem.

O AMOR ÀS BIBLIOTECAS **141**

Notadamente seu livreto militar". O que demandaria uma investigação sobre os controles exercidos então sobre as entradas. Pouco a pouco, a Biblioteca de Queneau se socializa. Visita aí Georges Bataille e encontra Audiberti. Por incitação de Georges Bataille, pensa em se empregar na Biblioteca.

Como é normal com Raymond Queneau, afastei-me do assunto inicial: os leitores durante a Ocupação. Apesar disso, não creio ter perdido meu tempo nem feito perder o do meu leitor transcrevendo este diálogo de 1921:

Expedição ao Arsenal:

Entro.

Bibliotecário: – Senhor, queira fechar essa porta, o senhor nos expõe às correntes de ar.

Vou fechar a porta.

Bibliotecário: – O senhor não faz boletim?

Eu: – Perdão, senhor, eu não sabia, é a primeira vez que venho aqui.

Bibliotecário: – Pois bem, da próxima vez lembre-se de fechar as portas e de fazer um boletim. São as únicas condições exigidas. Que obra deseja o senhor?

Eu – *Les modifications phonétiques du langage* [As modificações fonéticas da linguagem] do abade Rousselot.

Bibliotecário: – Não temos. É uma obra muito especial.

Eu: – E tem a *Jeunesse de B. Constant* [A juventude de B. Constant] de Rudler?

Bibliotecário: – Certamente. (Procura no catálogo.) – Não, não temos. Deseja outra obra?

Eu: (Pego de surpresa, respondo:) – Euh, euh, *Le procès de Cl. Lepetit de La Chèvre*? [O processo do coronel Lepetit de La Chèvre]

Bibliotecário: (Procurando nas fichas.) – Não, não temos.

Eu: – Pois bem, dê-me Des Barreaux.

Bibliotecário: – Bem. Mas eis que nos muda do abade Rousselot.

Eu: – O O O.

Bibliotecário: – Zokôstat, sîplomâ. (Eu constato, simplesmente.)

142 JEAN MARIE GOULEMOT

Extraordinário Raymond! Quem não terá reconhecido as obsessões de certos bibliotecários maníacos e friorentos, a perversidade do leitor que procura pegar o bibliotecário em falta e a irrupção do irracional sob a forma dessa transcrição fonética aqui incongruente. Entretanto, continuo a me perguntar o que acontecia com os leitores da Biblioteca Nacional durante a Ocupação. Decreto, portanto, um abandono temporário.

Chegar-se-á um dia a conhecer tudo dessa sombria história da Biblioteca Nacional, de sua administração e de seus leitores. A vontade de saber existe. Como o acaso faz bem às coisas, já se encontrou o diário de Gueydan de Roussel no apartamento que ele ocupava e que foi requisitado em benefício da Secretaria de Segurança Pública. Fora dissimulado num cano da chaminé. Foi arquivado sem ser explorado até uma data recente. As informações que contém trazem nova luz ao que foi a gestão de Bernard Faÿ. Todavia, não se deve ceder às reconstruções estritamente finalistas demais. A realidade é sempre mais complexa e mais ambígua do que o esquema explicativo que a posteridade dela propõe como que para se tranquilizar. Se o desvelamento depende do dever de memória, o investigador não tem, entretanto, de se erigir em juiz, tentar impor coerências que banalizam os comportamentos mais inqualificáveis.

O colaborador determinado por seu meio, tal como frequentemente é analisado, não é muito crível. Tal colocação em perspectiva nega o choque do acontecimento, torna inútil a investigação sobre as causas, mesmo que o entorno, as circunstâncias permitam compreender. Doriot vinha da extrema-esquerda e Claude Roy da Action française [Ação francesa]. É enfim fácil demais dar lições ao passado. Um único magistrado (um juiz, se tenho boa memória) recusou-se a assinar o juramento de fidelidade ao marechal Pétain. Não se diz o que lhe adveio. Pode-se temer o pior. O número dá vergonha. Mas me pergunto quantos docentes se recusaram a prestar juramento ao marechal ou a postular uma cátedra da qual acabava de ser expulso um colega judeu. A alta administração não foi muito rebelde à ordem nova. Se alguns jovens diplomatas, entre os quais Christian Fouché, difamado por não sei que reforma da Edu-

O AMOR ÀS BIBLIOTECAS **143**

cação Nacional, aderiram a Londres, quantos permaneceram em seu posto e serviram o regime de Vichy afirmando servir a França? Fala-se por isso de colaboração? Devem-se estabelecer distinções sutis entre a colaboração ativa e outra, passiva, porque é preciso viver e a manutenção de uma administração francesa num país ocupado não era destituída de importância para o futuro?

Houve executantes dóceis em todos os níveis. Um curador em missão em Clermond-Ferrand por ordem de Bernard Faÿ, chamado Georges Bataille, foi sondado para a gestão do Depósito Legal instalado em zona livre. Não creio que certas ambiguidades da revista *Acéphale* permitam compreender que o tenham sondado para uma tarefa que tinha a ver com a colaboração no dia a dia. O que ele dizia da Colaboração e o que Raymond Queneau relata em seus diários também não constitui uma explicação convincente. Num país ocupado, é impossível ser neutro. Marguerite Duras trabalhou num organismo gerido pelas autoridades da Ocupação e que estava encarregado de repartir o papel de imprensa entre os editores e os jornais. Quantos outros trabalharam para os alemães sem por isso se converterem ao nazismo? Pode-se esquecer, por outro lado, Simone de Beauvoir que escreveu, creio eu, crônicas para Radio Paris? "Radio Paris mente, Radio Paris é alemã", ainda tenho na cabeça esse estribilho cantado nos primeiros meses de 1944.

Com exceção daqueles que escolheram a luta armada, aqueles que dissimularam suas atividades de resistência sob aparências de marechalismo, todos foram cúmplices da Colaboração, em graus diversos. O embargo da Alemanha sobre a França, o aparelho de Estado a serviço do ocupante faziam da colaboração, desejada ou não, uma realidade cotidiana com a qual todos os franceses, sob uma forma ou outra, foram confrontados. Pergunto-me se tal alto funcionário do Ministério da Educação Nacional, cuja assinatura leio embaixo de uma circular que lembrava ao curador de uma biblioteca suas obrigações com os leitores e o pessoal judeus e a necessidade de aplicar estritamente a lista Otto, foi incomodado em 1944. Parece-me que seu nome aparecia ainda em circulares provenientes do Ministério quando eu era um jovem professor.

144   JEAN MARIE GOULEMOT

E os leitores da Biblioteca Nacional, conseguir-se-á despertar suas cinzas esquecidas? É tarde demais para encontrar testemunhas vivas prontas a contar seus dias de leitura de então. Restam as memórias, os diários mantidos por uns e outros. Mas pode-se temer que não tenham visto nem anotado nada. Aqueles frequentadores da Rua de Richelieu que estavam dispostos a olhar com visão crítica esses leitores assíduos e indiferentes aos incêndios do mundo não vinham mais à Biblioteca. Como viam esses leitores aqueles que, no interior da Biblioteca Nacional, organizavam a Resistência? Pois houve os que deram prova de tal coragem – alguns hoje octogenários, outros que pagaram com a vida. Sem risco de erro e de simplificação extrema, não se pode decidir reconstruir esses leitores de guerra, nossos irmãos, a partir do que sabemos da covardia humana cuja medida foi dada pela Ocupação. Que se relembre o saque pelos vizinhos dos apartamentos, ainda que modestíssimos, dos judeus deportados, dos milhões de cartas de denúncia enviadas à Secretaria de Segurança Pública! É grande a tentação de ceder ao pessimismo. Mas seria esquecer o que sabemos das evoluções num sentido como no outro. Como a Ocupação revelou vocações fascistas – mesmo na esquerda e nos meios do pacifismo, o que não se diz –, ela também revelou heróis. Por que não admitir, sem ter provas contábeis disso, que alguns dos homens do livro e da leitura, em pequeno número sem dúvida, viraram distribuidores de panfletos, impressores clandestinos, autores de pichações antialemães e foram às vezes ainda mais longe com risco de perder a vida? A França libertada, os sobreviventes retomaram modestamente seus hábitos de leitura. Graças lhes sejam dadas por terem salvado a honra para reencontrar a paz do livro!

Será que esses leitores da Ocupação haviam alguma vez abandonado essa doce praia da leitura? Uma ideia preconcebida quer que nesses tempos de frio, de desespero e fome se tenha lido com mais avidez. Colette notava jovens em maior número debruçados nas caixas dos alfarrabistas. A observação tem um valor? Um amigo de meu pai, resistente, contava, quando eu era criança, que uma caixa dos *Quais*, com a cumplicidade do livreiro, lhe servia de caixa de

O AMOR ÀS BIBLIOTECAS 145

correio. No diário que manteve durante a Ocupação, Guéhenno não assinala nenhuma paixão nova pela leitura. Entretanto, se as poucas estatísticas que possuímos mostram uma diminuição da frequentação da Biblioteca Nacional, apesar da criação de seções novas abertas ao público, nas bibliotecas municipais ela conheceu um vigoroso aumento.

O aumento ou a diminuição da frequentação das bibliotecas não são verdadeiramente significativos. É preciso levar em conta os prisioneiros na Alemanha, os excluídos da leitura (em julho de 1942, as leis sobre o estatuto dos judeus estipulam que as bibliotecas de estudo ou de leitura pública lhes são proibidas), medos e temores que os controles policiais acarretam. Lê-se mais, mas em casa. Sobretudo livros de evasão como *Premier de cordée* [Primeiro da cordada] de Frison-Roche (1943) ou *O passa-paredes* de Marcel Aymé (1943), *E o vento levou* de Margaret Mitchell, cuja primeira tradução para o francês data de 1937, e do qual se publica em 1939 a décima primeira edição, *Moby Dick*, cuja tradução francesa, devida à colaboração de Jean Giono, Lucien Jacques e Joan Smith, sai em 1941 pela Gallimard. Leem-se também muitos romances policiais, da Gallimard e da Hachette, pois a célebre coleção "Le Masque" [A máscara] interrompe, ao que parece, suas publicações em 1940, para retomá-las depois, temendo sem dúvida que seus romances de espionagem saídos na véspera da guerra, como as séries do "Pied bot" [Pé aleijado] ou do "Poisson chinois" [Peixe chinês], a primeira muito antinazista, lhes atraíssem problemas. Leem-se igualmente narrativas de viagem, consoladoras nessa época em que é tão difícil deslocar-se, romances do século XX e guias úteis para a vida prática, particularmente livros de culinária, por vezes adaptados às restrições. Parece que a demanda de livros hostis ou favoráveis à Alemanha era extremamente fraca, salvo o extraordinário sucesso que conhecem os panfletos de Céline (*Les beaux draps*) [Os belos lençóis] – que não atingiram, de resto, as fabulosas tiragens que indica a página de rosto. Não é fácil interpretar essa discrição ou esse desinteresse dos leitores: eles ilustram tanto a vontade de escapar

146 JEAN MARIE GOULEMOT

das duras realidades do tempo quanto a prudência necessária de não mostrar suas opiniões.

Essas informações sobre a leitura durante a Ocupação se aplicam pouco à Biblioteca Nacional. Sem dúvida era possível ler aí romances e obras de interesse geral: hoje em dia, essa prática existe, mas a BNF permanece essencialmente uma biblioteca de estudo e o foi mais ainda por suas condições draconianas de acesso. Continuou-se a frequentar a BNF para ler obras de erudição, para reunir, por exemplo, a documentação indispensável à redação de teses. Na área da literatura francesa, houve numerosas teses defendidas em 1944, e, quando se sabe os anos consagrados então à preparação de uma tese de doutorado, as que foram defendidas nos anos 1950 haviam sido muitas delas começadas antes mesmo de 1940. Congratulemo-nos de que a BNF tenha acolhido, nesse período de guerra, jovens professores que pensavam mais em suas pesquisas do que na Europa nova.

Devo crer numa variante do "acaso objetivo" ou no surgimento inesperado, mas previsível neste trabalho que tento levar a cabo? Surpreendo-me às vezes a acreditar que existe um gênio do lugar. Não dessa construção de Tolbiac, à qual me resigno penosamente, mas do que ele conserva nos documentos e livros de suas coleções e que faz ressurgir, como eco do meu trabalho, como um chamado que me é pessoalmente dirigido. Há cerca de quinze dias, eis que vitrinas modestas, perto das salas de exposição, apresentam uma homenagem a Julien Cain. Detive-me várias vezes para olhar as fotografias e os documentos, sem poder impedir-me de pensar que aquela vida tem ainda assim outra dignidade que a de Sartre, que se celebra a alguns metros com um pouco de ostentação demais. Inclinado para as vitrinas, dou enfim um rosto a Julien Cain: um homem de grande estatura, ruivo com certeza, com essa postura reservada que se encontra frequentemente nos grandes servidores do Estado. O olhar não é mascarado pelos óculos; o homem olha para a frente em todos os retratos, exceto naqueles em que lê em seu escritório ou examina uma obra numa exposição que inaugura.

O AMOR ÀS BIBLIOTECAS **147**

Por vezes, sua cabeça está acima dos que o rodeiam. Das fotografias de grupo do liceu Condorcet àquelas, amistosas, de sua casa de Louveciennes, adivinha-se sua solidez, como agarrado às coisas que o cercam. À vontade na desordem de seu escritório, que me lembra o dos retratos de Dumézil. Seu retrato por Man Ray, não muito original, revela, porém, um olhar como que ausente, que eu atribuiria de bom grado aos grandes leitores, que precisam de um longo momento de acomodação quando levantam os olhos do livro que estão lendo. Uma página de *L'Illustration* – revista que não sobreviveu a seus compromissos com as autoridades alemãs – datada de 24 de maio de 1930 anuncia sua nomeação enquanto administrador da Biblioteca Nacional, cargo em que sucede a Roland Marcel, do qual ignoro tudo. Esforço-me para decifrar cartas que lhe enviaram Henri Focillon e Lucien Febvre, perguntando-me o que representam esses dois grandes nomes da historiografia para os jovens leitores de hoje. Demoro-me em fotos que o mostram em companhia de Pablo Picasso ou Georges Braque, de Georges Mandel, de Pierre Mendès France, e que ilustram mais do que um longo discurso o fato de que a função de administrador depende ao mesmo tempo da cultura e da política. Sinto-me transportado para trás: numa foto feita em sua propriedade de Louveciennes, Julien Cain posa cercado por Maurice Druon, Elsa Triolet e Louis Aragon, o qual segura ternamente – imagem de casal unido obriga –, parece-me, a mão de sua companheira. Druon parece jovem. É um pouco espantoso vê-lo ali com dois escritores, membros do Partido Comunista Francês. Mas vive-se ainda, naqueles anos, a defesa e ilustração da França resistente reconciliada. Uma segunda foto com Madeleine Renaud e Jean-Louis Barrault, outro casal ideal, e os Aragon lembra a importância que os comunistas podiam assumir na vida cultural durante os anos do imediato pós-guerra. Talvez seja preciso admitir que a propaganda comunista de então tirava daí um imenso benefício, muito além de sua importância real. Pois em outras fotos aparecem Colette, François Mauriac, Darius Milhaud, Jules Romains, Saint-John Perse... o que ajuda a restabelecer uma geografia política mais exata.

148 JEAN MARIE GOULEMOT

Nesse conjunto, duas fotografias retêm minha atenção. Numa, Julien de soldado durante a Primeira Guerra. Está sentado em seu "abrigo" escrevendo. Na outra, ele posa, cercado de deportados: alguns semivestidos com uniforme de condenados e ele, Julien Cain, apertado numa espécie de capote militar. É situada em Buchenwald e datada de abril de 1945. Será que devo confessar que me espanto com o caráter quase escolar dessa fotografia de grupo e com o aspecto sorridente e satisfeito dos participantes, com exceção talvez de Julien Cain? Contemplando-os, quase sinto falta dos olhares alucinados das fotos feitas na ocasião da liberação dos campos. Elas pareciam mais verdadeiras e facilitavam o comentário. Os deportados haviam visto bem o além ao viver o horror. Guardavam os estigmas disso. Olhar vazio, ausente, insensível, virado para si, para seu sofrimento e sua memória. Esses sorrisos, esses rostos alegres nos afastam da tragédia. Quase sinto a falta de desgraça codificada.

Último retorno ao passado com essas vitrinas: um desenho de Julien Cain por Boris Taslitzky, feito em cativeiro (a fórmula vem da legenda da exposição ou do próprio pintor), na data de 17 de novembro de 1944. Julien Cain está vestido com o mesmo capote de gola levantada. Não é diferente da foto que eu evocava antes. Nem mais nem menos alegre, sempre igualmente grave. Quando eu trabalhava sobre o culto prestado a Stálin pelo Partido Comunista Francês, encontrei com frequência o nome desse pintor, diferente de Pignon e de Fougeron, mais tradicional, preocupado com a qualidade pictórica, o desenho e o modelado, e verossimilmente hostil a Picasso. Com grande delicadeza, mesmo certo academicismo, pintava ou desenhava a miséria, as desgraças da guerra e o sofrimento dos argelinos. São mesmo muitos comunistas em torno de Julien Cain.

Regozijo-me com essa homenagem merecida. Elogio a exposição a uns e outros. Apenas alguns curadores parecem conhecer o nome de Julien Cain. O tempo que passa apagou-o das memórias assim como o de Bernard Faÿ. O tempo não escolhe entre os bons e os outros, entre os carrascos e as vítimas. Espalha a areia uniformemente. Poderosos ou miseráveis, inocentes ou culpados, todos

O AMOR ÀS BIBLIOTECAS   **149**

são mergulhados no esquecimento. O que aprendemos da barca de Caronte e do Letes continua a me parecer igualmente belo, mas pouco convincente. Que os mortos esqueçam não têm muita importância, visto que conta somente a memória dos que lhes sucedem. Há mortos que deixam de ser vivos em nossa lembrança, e que matamos um pouco mais cessando de lhes prestar a homenagem de nossa memória. Agradeço àqueles que me permitiram dar um rosto a Julien Cain. Gostaria, entretanto, de lhes lembrar que Julien não foi destituído porque é judeu, mas por responsabilidade na derrota.

Eu sabia que o sr. Breillat sucedera a Pichard du Page como curador da biblioteca municipal de Versalhes. Encontrara seu nome várias vezes, por acaso no catálogo, trabalhando na biblioteca. Um vago boato que circulava nos meios conformistas (só Deus sabe quão numerosos eram à sombra do castelo) deixava entender que ele fora um pouco longe em 1945. Sem procurar mais e sabendo que, na Libertação, a cidade, que tinha muito a ser perdoada, dotara-se de uma delegação municipal provisória – instalada desde o verão de 1944 e presidida, creio eu, por Émile Labeyrie, homem de extrema-esquerda, possuidor de uma magnífica coleção de Delacroix e ex-presidente do Banco da França durante a Frente Popular. Supus que Pichard du Page fora membro dela e que, passado o medo, lhe haviam censurado isso. Essa assembleia de extrema-esquerda, mas de bela aparência e distinta, me pareceu combinar perfeitamente com o que eu sabia da cidade.

Em 1969, nós nos instalamos numa sobreloja do palacete dos Inspetores da Rua Hardy, situado exatamente diante da horta do rei. Uma vizinha nos contou que René Pichard Du Page acabara aí bastante tristemente sua vida, sem herdeiros ou negligenciado pela família. Haviam-se empregado grandes meios para esvaziar na sua morte o apartamento de seus incontáveis livros. Um caminhão entrara no pátio e se tinha jogado aí os livros que, a acreditar na nossa vizinha, destinavam-se ao depósito de lixo. Fiquei um pouco penalizado, mas não tive a presença de espírito de falar disso ao sr. Breillat. Anos mais tarde, num ferro-velho, perto do liceu Hoche, comprei um desenho colorido da nossa sala da Rua Hardy feito por Pichard du Page. Ele dorme a partir de então numa pasta de desenhos e me lembra, quando o olho, os anos felizes passados lendo e trabalhando na biblioteca municipal, na Rua de l'Indépendence--américaine, aonde eu ia num passeio de alguns minutos.

A investigação realizada sobre Bernard Faÿ me revelou meu erro. Pichard Du Page não convivera com a extrema-esquerda. Fora destituído em 1944 e talvez acusado de indignidade nacional ou aposentado compulsoriamente por colaboração, como membro ativo do grupo "Colaboração". Li alguns de seus artigos de então. Ele aderira totalmente à causa alemã. Por angelitude, apreço pela ordem e, como muitos desses colaboradores, por pacifismo. Ele sonhava, dormidor maldesperto, com uma Europa franco-alemã. Seu mestre espiritual era Alphonse de Châteaubriant. Uma triste banalidade. Naquilo que li, não há nele traços de antissemitismo ou mesmo de ideologia fascista do tipo de Doriot ou de Déat. Uma grande insipidez de pensamento sob a exaltação franco-alemã. Ele enviou, com uma longa dedicatória, um exemplar de um de seus livros, publicado em 1962, a Julien Cain, que o conservou e transmitiu à Biblioteca Nacional com todo um conjunto de documentos. Não sei o que me espanta mais: a inconsciência de René Hyppolite Pichard du Page ou o imenso respeito pelo livro que professava Julien Cain, a ponto de conservar aquele com sua dedicatória.

VIII
Livros queimados, mutilados ou pervertidos

Na minha vida, nunca vi fogueiras onde se consumiam livros. Adolescente, ia olhar na noite quente das férias as fogueiras de São João e, na primavera de 1945, olhei fascinado um fogo em torno do qual eu dançava com outras crianças. Queimava-se aí um manequim de palha vestido com velhos trajes, suposto representar mediante apenas sua mecha e seu bigode à escovinha Adolf Hitler; antes que o fogo pegasse, os espectadores presentes tinham sido convidados a vir lhe "mijar na risca". Nunca vi queimar um livro. Nunca tive nem mesmo coragem de jogar na caldeira do aquecimento central ou na chaminé livros comprados depressa demais e aos quais faltavam páginas ou que, colados e não costurados, perdiam as folhas. Quando o papel faltou durante a Ocupação, não tenho lembrança de que se tenha sacrificado um livro para usos íntimos: usavam-se velhos almanaques, jornais de antes do início das hostilidades, anuários fora de uso, cuidadosamente cortados em quadrados de papel que se prendia a uma espécie de mosquetão de arame nos "lugares", como se dizia ainda. Perguntei-me mais tarde a razão dessa espécie de tabu: um respeito inato, inspirado pela escola, que concedia aos livros um papel quase religioso à maneira de um segundo batismo, ou o fato de que, reconhecendo neles o poder de veicular ideias ou de fazer pensar e refletir, temia-se sem ousar dizê-lo uma espécie de vingança da parte deles. Eu hesitava entre a lenda libertadora da escola laica e obrigatória e *As sete bolas de cristal*. Com ar misterioso, uma vizinha dava a entender que os livros eram perigosos para aquele uso. De um ponto de vista dermatológico ou intelectual e moral, ainda não consegui decidir.

Entretanto esse respeito do qual fui testemunha, o ardor de colecioná-los e expô-los em móveis envidraçados, de reuni-los em bibliotecas abertas ao público não impediram os homens de queimar livros. Não porque estivessem fora de uso, como nos resignamos a matar um animal doméstico doente, mas quase sempre por ódio e por medo, porque seu conteúdo enfermo contradizia as ideias e as crenças aceitas e abria vias novas à reflexão ou aos sonhos, ou obrigava a retornos a si mesmo e a um novo olhar sobre o mundo. Ou ainda porque seus autores eram desacreditados, banidos mesmo, denunciados como cúmplices do mal. Pois não se fala aqui dos livros que o fogo devora sem operar escolhas, sem ordem e sem escrúpulos morais, por ocasião de um incêndio acidental e num crepitar alegre de chamas, quando elas mordem o papel e dançam com ele a diabólica sarabanda antes que a água empregada para apagar o incêndio remate seu trabalho destruidor. Quero falar aqui dos autos de fé, religiosos, ideológicos ou políticos, que nenhuma época e nenhuma sociedade ignoraram.

Foram queimados livros desde a noite dos tempos. Poderes religiosos, poderes políticos se entregaram a isso à saciedade. Nem tiveram a desculpa absolutamente relativa da estupidez cega dos vândalos ou do desprezo arrogante dos senhores da guerra que queimam tudo o que lhes parece desprovido de valor, inclusive livros. Alguns dizem, sem razão, creio eu, que os censores não sabem o que fazem. Pois quem poderia pretender que esses carrascos metódicos ignorassem o que seja um livro e qual seu uso? Eles não o destruíram ao acaso, fizeram uma investigação. Com cuidado e método, mantendo registros, jogando no fogo purificador a obra impressa, prestes a aceder à vida própria do livro, ou seja, à sua leitura. Organizando mesmo o espetáculo de sua cremação. Para esses portadores de ira, o livro representa uma espécie de ideia fixa.

O AMOR ÀS BIBLIOTECAS **153**

Repitamos mais uma vez, é frequentemente em nome de um Livro, colocado como detentor absoluto da Verdade, que se destruíram pelo fogo, com alegria, milhares de outros que tinham a infelicidade de não ser Ele.

Pois, não nos devemos enganar, o carrasco que manda queimar o livro, mesmo não sendo senão um simples executor, o censor que o condena a uma morte prematura enquanto ele não é ainda senão um manuscrito, único na sua espécie, todos esses não são ignorantes, sem nada saber de literatura, de moral ou de filosofia. Rendamos-lhes essa justiça de que eles atribuem à literatura, ao livro e à leitura poderes que seus defensores estão muitas vezes bem longe de lhes reconhecer. Mais do que o libertino, apreciador de literatura de segunda classe, o censor do livro erótico, obsceno, pornográfico, empresta aos livros que condena poderes desmesurados de incitação a fazer mal. A seus olhos, eles conduzem ao estupro, ao frenesi sexual. Põem em perigo a ordem das famílias, a segurança das mulheres e das garotas, a saúde física de seus leitores. Ousemos dizê-lo, a censura representa o reconhecimento mais exagerado dos poderes do livro, na qual seria tempo de se inspirar para melhor exaltá-los.

A defesa do livro censurado muitas vezes causa um pouco de piedade, pois consiste, no essencial, em negar-lhe todos esses poderes para reduzi-lo à sua estrita dimensão estética. Aprendamos com o censor a reconhecer a força de persuasão das frases que fazem que o leitor, apesar de tão ciente das coisas da vida, tome as palavras pela coisa a ponto de perder o controle de seu espírito ou de seu corpo, esquecendo as regras de prudência ou de bom-senso. No fundo, o leitor de romances libertinos é semelhante ao peixe que acaba tomando a isca por uma presa viva.

Prossigamos um instante ainda por essa via, com o risco de chocar os adversários ingênuos da censura, que pensam para começar que o piromaníaco cultural só pode ser um analfabeto apaixonado. Reconheçamos-lhe, contra a opinião corrente, uma ideologia da escrita cuja dimensão bíblica ou mallarmeana é inegável. Se há uma teoria na origem dessa prática brutal, é aquela segundo a qual

154 JEAN MARIE GOULEMOT

nomear e descrever dão existência e realidade ao que é nomeado e descrito, se se admite que existir é produzir sobre o outro os mesmos efeitos e os mesmos desejos que a realidade. Que privilégio o da escrita narrativa! Pois, à exceção de Pigmalião, não conheço ser humano que se tenha apaixonado por uma estátua a ponto de experimentar o desejo irreprimível de fazer amor com ela. As naturezas mortas holandesas da época clássica jamais deram fome a seus proprietários. Sua instalação na sala de jantar de aparato não se devia a sua virtude aperitiva, mas servia para criar uma harmonia entre o lugar, o ato de comer dos convivas e os alimentos preparados na cozinha.

Os leitores de romances eróticos conhecem bem o poder de seus livros favoritos. E não só por experiência própria. Ainda que eles confiem frequentemente quase mais nos livros que lhes contam os corpos oferecidos do que nos corpos mesmos. Eles o conhecem primeiro pelas estratégias que o relato libertino empresta a seus heróis. É bastante frequente que o herói libertino seduza sua vítima mediante livros sugestivos que põe à sua disposição no lugar em que a retém. Assim opera o pai incestuoso em *Le rideau levé ou l'éducation de Laure* [A cortina levantada ou a educação de Laura] de Mirabeau e o amante impaciente em inúmeras obras de segunda classe. Não é preciso então nenhum desses longos discursos enfadonhos que o herói de Sade inflige a suas vítimas, entretanto já suficientemente maltratadas. Um livro erótico, despertador de desejos adormecidos, age bem melhor e mais depressa. Cedendo aos encantos do sonho, imagino de bom grado o censor que testa em seu próprio corpo os efeitos manifestos dos maus livros para destiná-los mais seguramente ainda à fogueira. E concluindo sua investigação, pecador e deslumbrado, por um definitivo: "Com esse livro, o perigo é constante!"

Não me parece que se tenham queimado publicamente sob o Antigo Regime os manuscritos de obras reconhecidas culpadas de não conformismo amoroso, religioso, moral ou político. Creio mesmo que poucas obras eróticas foram condenadas às chamas. Só aos livros impressos que tratavam de política, de moral ou de religião, logo suscetíveis de difusão, era reservado o castigo pelo

O AMOR ÀS BIBLIOTECAS   155

fogo. O manuscrito censurado não era certamente devolvido ao livreiro, mas retido pelos escritórios da direção-geral da Livraria, onde gozava às vezes, após negociações, de uma permissão tácita, espécie de compromisso ao qual se submetia a regra aparentemente intangível. Prometi a mim mesmo muitas vezes procurar informações sobre essa cerimônia do fogo purificador. Onde ocorria? Era pública? O que vestia o carrasco para a ocasião? O que se fazia das cinzas? Qual era sua origem? Devia o autor assistir a esse auto de fé que, simbolicamente, era contra ele? Faltando-me o tempo necessário e pistas sérias para essa pesquisa, sonhei com essa cerimônia à qual acabei – excesso de teatralização – por emprestar aparências de teatro de fantoches. As fogueiras nazistas tal como as notícias de então ou algumas imagens fotográficas as representam, ou tais como as aventuras de Indiana Jones as restituem, parecem-se abusivamente com uma bacanal. Nada de um cerimonial, de um ato impregnado de uma feroz religiosidade sacrificial; nada verdadeiramente do anúncio de outros incêndios, de outras fumaças e de outras cremações. Os livros se empilham no meio das chamas no centro de praças que a multidão invade. Por pouco, imaginar-se-ia que em volta das fogueiras aquela multidão dançava a sarabanda.

As fogueiras alimentadas pelos livros não pertencem somente à Idade Média. A história contemporânea nos lembrou, e não só pelas brutalidades nazistas, que os livros queimam para imensa alegria dos carrascos e de seus sectários, que a alegria das chamas une-se à do público, procurando perceber aí talvez as ideias más se torcendo de dor. Guardas vermelhos durante a revolução cultural, Khmers Vermelhos, talibãs e outros loucos por Deus ou por Marx acenderam fogueiras incessantemente. Em literatura, recordar-se-ão as últimas páginas de *L'Abbé Jules* [O padre Júlio] de Octave Mirbeau: queimam-se os livros e as gravuras que conservava numa mala o padre atormentado pelo demônio da carne, e as testemunhas creem ver na fumaça que os papéis consumidos exalam corpos nus tentando escapar do fogo.

O uso do pilão no Ocidente, mais discreto que a fogueira purificadora, suprimiu toda a dimensão simbólica da destruição do livro. Permite que se acredite numa reutilização do papel moído para livros futuros. A técnica faz aqui da destruição uma quase admissível transferência. Desaparecido o fogo, pode-se invocar a necessidade de reduzir os estoques, lembrar que se deve abrir lugar, que o pilão é cego e não obedece a nenhuma ideologia. A destruição dos livros assim praticada perde toda dimensão sacrificial, não se deve a nenhuma condenação. A obsessão do atulhamento, o desejo de rentabilidade sucederam ao desejo de purificação e a máquina de moer inocenta o carrasco.

Se não vi com meus olhos livros entregues às chamas, tive frequentemente nas mãos livros mutilados. Digo precisamente mutilados, e não gastos pelas leituras demasiado frequentes ou manipulações brutais. Ainda hoje, nada me é mais insuportável do que a tola mania de sublinhar passagens com marcador fluorescente ou manter um livro aberto fazendo pressão sobre sua lombada que, assim forçada, se quebra fendendo-se, sem falar dos cantos de páginas rasgados, de objetos volumosos demais usados como marcadores de páginas, de dedos molhados para folhear mais facilmente. Lembro-me de ter visto em criança, numa casa senhorial, o que era um pouco mais do que uma casa burguesa, livros cujas encadernações haviam sofrido efeitos desastrosos das inundações e da chuva, e mais raramente volumes que não haviam sido poupados pelos bombardeios ou pelos tiros de soldados saqueadores ou que suspeitavam da existência de atiradores emboscados atrás das paredes dessas grandes e sólidas casas quadradas. A família de um de meus amigos de liceu possuía livros do século XVIII cujas capas encadernadas haviam sido recortadas na forma de uma sola de bota. Seu pai me explicara que era obra, na zona dos combates, de soldados derrotados a quem faltava o necessário.

Há pouco, adquiri os dois volumes in-quarto de um dicionário espanhol-francês do século XVIII por um preço muito bom. A encadernação de uma das capas fora recortada em forma de sola para um sólido par de botinas outrora ferradas. O livreiro explicou-me que tal livro merecia uma restauração. Não soube o que lhe

O AMOR ÀS BIBLIOTECAS   157

responder, o espírito invadido por essas imagens de soldados prisioneiros, a manta atada em volta do rosto para se protegerem do frio e as botas mantidas por barbantes os quais também seguravam talvez solas muito estranhas para tentar resistir à umidade. Criança, durante a guerra, eu mesmo usei galochas de sola de madeira mais ou menos ferrada e cuja parte de cima era de fato uma imitação de couro em que dominava uma pasta de papelão. Sua falta de flexibilidade machucava o peito do pé, e é suficiente para me permitir compreender esse gesto bárbaro do corte de uma encadernação. Se eu tivesse acreditado a troca possível, teria sem dúvida então dado todas as encadernações do mundo por um bom par de sapatos verdadeiramente impermeáveis e leves no andar. E, à falta de melhor, teria, talvez, reencontrando os gestos de um avô fabricante de botas, de trinchete na mão, cortado com uma alegria cética na pouca espessura de uma encadernação.

Ao acaso de leituras em bibliotecas ou de compras de livros antigos, encontrei livros, essencialmente do século XVIII, vítimas diretas ou indiretas do vandalismo revolucionário. Na maioria livros religiosos dos quais o ateísmo militante das Luzes ou dos "setembricidas"[1] da Revolução amputara as encadernações de representações ofensivas para espíritos independentes. Os cálices, as cruzes, as iniciais de Cristo tinham sido cuidadosamente raspados ou mais brutalmente eliminados golpeando a espessura do couro. Inúmeras encadernações foram estragadas por republicanos fanáticos que se tinham apropriado delas por ocasião de saques ou por nobres prudentes que tentavam fazer esquecer suas origens. Sabe-se que o vandalismo não se declarou só contra os lugares de culto, os lugares mais visíveis da monarquia. Jamais faltam voluntários para pôr sua imaginação a serviço da barbárie.

Há quarenta anos, num sebo espanhol em San Sebastián, lembro-me de ter visto uma Bíblia censurada em nome da Inquisição de Logroño. Palavras e às vezes passagens inteiras (por vezes um

---

1 No original, o substantivo "septembriseur", que designa os autores dos massacres de setembro de 1792 em Paris. (N. E.)

158 JEAN MARIE GOULEMOT

versículo) eram ilegíveis devido a uma pena aplicada que as recobrira de tinta preta. Eram suspeitas de erasmismo ou mais brutalmente de protestantismo? Não sei. Segundo os especialistas, o Santo Ofício procedeu assim quando seus poderes foram consideravelmente limitados pela Espanha "ilustrada" de Carlos III. Em lugar de queimar as obras, macularam-nas com emendas. A leitura da correspondência do conde de Penãflorida conservada na Biblioteca de La Diputación de Guipuzcoa em San Sebastián deixa pensar, sem que ele forneça detalhes, que essa mesma Inquisição de Logroño o autorizou a consultar artigos técnicos da *Enciclopédia* de Diderot e D'Alembert, que ele possuía, proibindo-lhe a leitura dos artigos de filosofia, de religião ou de moral. O conde, bom católico, fundador da Real Sociedade Bascongada de los Amigos del País, que queria trabalhar pelo desenvolvimento agrícola, médico e cultural das três províncias bascas, tenho certeza disso, respeitou sua promessa. Como alguns grandes proprietários da França do Antigo Regime, ele estava mais interessado nas informações referentes às culturas do que nas exposições filosóficas inspiradas pelo livre-pensamento.

Um amigo me sugeriu que os censores, menos confiantes do que eu na palavra de Peñaflorida, selaram talvez os artigos mais heterodoxos, tal como se praticava então. Como a biblioteca do conde foi amplamente saqueada pelos exércitos da República entrados na Espanha para levar na ponta da baioneta a liberdade, e amplamente abandonada em seguida aos caprichos e depredações diversos, não é possível verificar esta hipótese, de resto verossímil. Eu conhecia uma mãe de família, muito atenta à saúde moral e física de seus filhos adolescentes, que, antes de lhes permitir a leitura, grampeava as páginas da revista *Elle* contendo fotos de lingerie feminina, de decotes profundos demais, de saias curtas demais, ou com mais frequência de olhares julgados um pouco ousados demais. Os grampos que asseguravam o fechamento eram dispostos de tal forma que não se conseguia, sem rasgar uma página ou duas, perceber um fragmento de coxa ou o surgimento de um seio.

O Inferno não existe mais nem nas bibliotecas nem verdadeiramente na catequese atual, tão afastada do catecismo de minha infância em que povoavam chamas, caldeirões, corpos atormentados e sofredores dos condenados às penas eternas. Muito cedo, me perguntei como conciliar a imensa bondade de Deus e essa eternidade de sofrimento à qual Ele parecia inclinado – a acreditar em minha avó –, a condenar os pobres pecadores que nós éramos. Prefiro a definição do castigo segundo a teologia contemporânea, que faz dele uma falta, uma ausência da qual sofre a alma punida. Não há mais chamas, corpos assados, mas a privação da contemplação da divindade. Espero que esse comentário não me conduza pelas vias obscuras da heresia. Sem ser por isso um espírito independente, nunca consegui intelectualizar minha fé. Tenho a fidelidade ao credo de minha infância à maneira do carvoeiro. Ela basta para me trazer paz e me dá a sensação, tão importante a meu ver, de colocar meus passos no caminho que seguiram antes de mim meus pais e meus avós, para ficar nos seres que conheci e amei.

Sinto-me mais à vontade, efetivamente, talvez, para falar desse Inferno onde se fechavam os livros julgados perigosos para a manutenção dos bons costumes. Pois, que eu saiba, os textos politicamente subversivos nunca foram condenados ao Inferno. Seu exílio era outro. E, em vez de depositá-los num lugar sem leitores ou quase, preferia-se destruí-los. Diferentemente dos textos eróticos, por exemplo, os textos políticos são por essência efêmeros e de leitura historicamente datada. Envelhecem mal. Lê-se hoje *Le Père Duchesne* e, graças a seu discurso violento e nojento contra a rainha, acaba-se por sentir por essa desgraçada mãe uma espécie de piedade. Nada envelhece mais do que a denúncia. O discurso político, além dos grandes princípios incessantemente repetidos, pertence ao domínio do efêmero. Quem se lembra hoje das avalanches de palavras de ordem do Partido Comunista Francês, em seu apogeu, nos anos 1950? Um apelo novo expulsava o anterior. O discurso militante parece-se com o desejo de Don Juan que, com todas as suas explosões e sua força brutal, provoca incêndios, e que é preciso satisfazer imediatamente para logo o esquecer, mas que renasce por outra mulher com a mesma urgência até que um novo encontro venha solicitar por sua vez os ardores do sedutor. Assim um atrás

160 JEAN MARIE GOULEMOT

do outro e até *mille e tre*. A militância representa um mundo não hierarquizado. O que a torna quase sem memória, e sempre no diapasão.

Nada disso ocorre ao texto licencioso ou mesmo pornográfico. Porque ele é repetitivo e pouco variado em suas figuras e suas conclusões, pode se reproduzir ao infinito. Não lança mão dos mesmos procedimentos que o texto militante, com o qual possui evidentes parentescos de esquematismo e de incitação. Seu mecanismo é de ordem teatral. Mas seu teatro é mental, apesar da presença, às vezes, na epígrafe, de um apelo a seguir o exemplo de seus heróis e a se dispor a fruir. O leitor do texto militante não experimenta nenhuma perturbação em seu próprio corpo, a não ser uma exaltação da qual, de minha parte, hoje ainda mais do que ontem, eu tenderia a desconfiar.

Trabalhei, há alguns anos, sobre os comunistas franceses confrontados com o septuagésimo aniversário de Stálin e depois com sua morte, e um pouco mais tarde, com meu amigo Paul Lidsky, numa antologia dos viajantes à URSS de 1917 à era Brejnev. Esse último projeto não encontrou editor, como se se quisesse adormecer a memória pouco gloriosa das cegueiras e cumplicidades com os crimes do comunismo. O Partido Comunista Francês deu provas de uma notável habilidade para navegar em águas turvas, o que lhe permite hoje passar por um defensor das liberdades formais, que ele rejeitava, entretanto, com desprezo no tempo de seu esplendor, e aparecer como um campeão das liberdades sem reconhecer nada de sua culpa passada. Tal fato continua a me surpreender e me indignar. O Partido Comunista Francês é, creio eu, um dos raros partidos comunistas que manteve o nome de um sistema cujos crimes a história ilustrou tragicamente. É forçoso constatar que mais vale ter sido comunista e firme apoiador do imperialismo soviético e das detenções do *gulag* do que ter defendido as teses do fascismo negro. O conceito de totalitarismo mostrou, porém, equivalências. E, sem entrar nos detalhes de uma contabilidade sórdida, o *gulag* matou mais do que os campos de concentração nazistas. Quem ousará

O AMOR ÀS BIBLIOTECAS   161

dizer enfim que o regime comunista imposto pela força à metade da Europa não deu provas de antissemitismo? Quando se lamenta contrafeito esses erros, é afirmando que este não era o verdadeiro comunismo, e que não se recomeçará. Promessa solene. E mesmo, às vezes, acaba-se posando de vítima: nosso ideal teria sido desencaminhado – e deixa-se entender que é por fim culpa dos outros.

Ante tais posições, eu me pergunto se, no fundo, a posteridade não acaba perdoando ao hipócrita mentiroso muito mais facilmente que ao cínico sincero. Quem leu ou lia *Mein Kampf* [Minha luta] sabia ao que se ater. Tudo era aí exposto sem precauções. Recusava-se acreditar naquilo. O bigodudo vociferador se deixava levar. Ele não ousaria. Nada disso no discurso comunista stalinista. Ele mente e nega quando é acusado de fuzilar, de internar, de fazer o contrário daquilo que prega. E acaba por convencer, prova de que os homens têm necessidade de crer no Paraíso. A Constituição da União Soviética era, dizia-se, a mais liberal do mundo. Espíritos finos e isentos estavam prontos a fazer a demonstração disso. Os dirigentes repetiam-no, os militantes haviam aderido por crerem nisso, os companheiros de estrada que sentiam algumas dúvidas admitiam finalmente que o porvir era radioso e que as promessas do futuro apagariam as trevas do presente. Dever-se-á acabar considerando que a adesão ao comunismo foi um prêmio concedido à mentira, da qual se chegava a crer que ela constituía a verdade? O cinismo passado dos dirigentes serve talvez para explicar essa inocência virtuosa de que se revestem os comunistas atuais. Se não tivesse havido a saudável impertinência com que os surrealistas o perseguiram, Aragon teria entrado na história vestido de linho cândido. Nunca se acusaram verdadeiramente os mentirosos que negavam o *gulag*, que adulavam Stálin e Thorez, de terem mentido sobre tudo, ainda que de boa-fé. Eles conseguiram fazer esquecer suas mentiras e suas covardias e ousam ainda se exibir. Hoje, não chega a espantar saber que Sartre, ao voltar da URSS, afirmava que lá a liberdade de expressão era real e negava a existência dos campos de trabalho.

Que me perdoem esse acesso de indignação ante essa irresponsabilidade arrogante que me afastou do assunto sobre as bibliote-

162 JEAN MARIE GOULEMOT

cas. Durante a investigação evocada antes, eu me interessara pelas famosas "batalhas do livro", vendas militantes organizadas nos quatro cantos da França, no âmbito das federações comunistas, com assinaturas dos escritores do Partido, Elsa Triolet, Louis Aragon, André Still, Pierre Courtade, Pierre Daix, André Wurmser e outros, jornalistas como Dominique Desanti, dirigentes políticos: Duclos, Cachin, Guyot, Marty, segundo as exclusões do momento que devotavam ao esquecimento aqueles que ainda na véspera eram incensados. Essas vendas relatadas por *L'Humanité* eram um sucesso. Citavam-se quantidades importantíssimas de exemplares vendidos a militantes ou mesmo a simples leitores. A crer no testemunho de ex-comunistas, tudo ou quase era falso. As células e as federações eram obrigadas a comprar um número considerável de exemplares que envelheceram em porões e armários sem nunca ser lidos.

Tende-se a limitar a censura nas bibliotecas públicas ao Inferno. Essa instituição, que data da III República, foi cuidadosamente estudada. Se ela indigna, e com razão, convém não esquecer que ela representou um progresso: os livros julgados perigosos para os bons costumes não eram destruídos, mas dificultava-se seu acesso. Até uma data relativamente recente, era preciso, para lê-los, saber a senha e justificar o pedido de consulta. O Inferno, hoje, não existe mais, a não ser como acervo, do qual se sabe de antemão que é consagrado às obras pornográficas e eróticas, mas que é de consulta comum. A denominação religiosa de tal acervo, referência explícita aos valores morais herdados da tradição católica, o fascínio que ele exerceu sobre espíritos curiosos como Louis Perceau, Fernand Fleuret, Pascal Pia, Jean-Jacques Pauvert ou Guillaume Apollinaire, que utilizaram seus recursos e estabeleceram seu catálogo para a Biblioteca Nacional, todos esses elementos oneraram amplamente a análise de outros fatos de censura em ação nas bibliotecas públicas. A observação vale também para o Índex; sua existência permitiu ainda aqui que não se interrogasse sobre outras proibições, menos visíveis. Sem que se tivesse sabido, existiram na própria França índices não tornados públicos, comunistas ou fascistas, antes e depois da sinistra e nazista lista Otto.

O AMOR ÀS BIBLIOTECAS   163

Encontra-se na Biblioteca Nacional da França uma edição em russo das obras de Diderot. A dita edição, obtida pelos intercâmbios internacionais entre grandes bibliotecas, data de 1934. Chegou um pouco mais tarde à Biblioteca Nacional. Era devida a um pesquisador russo de renome, I. K. Luppol, que publicara na França, em 1936, uma obra consagrada a esse mesmo Diderot, numa série "Socialismo e cultura" dirigida por Georges Friedmann nas Edições Socialistas Internacionais, controladas segundo toda verossimilhança pelos partidos comunistas russo e francês. A leitura do catálogo dessas Edições Socialistas é reveladora da ortodoxia então imposta. Nenhuma dúvida de que, no momento em que Luppol publica seu *Diderot*, ele estava alinhado. Não ensina ele então filosofia na Universidade de Moscou e no Instituto do Professorado Vermelho (*sic*)? Se ele publica muito sobre a filosofia materialista do século XVIII, escreveu também um *Lênin e a filosofia* e colabora regularmente na revista *Sous la Bannière du Marxisme*. É certo que esse *Diderot* é marxista, dando provas ainda de grande flexibilidade, de um sentido real da nuança e sem recorrer a um sociologismo mecanicista. Ficar-se-ia tentado a crer que servirá de modelo ao *Diderot* do sutil Henri Lefebvre, que não foi muito apreciado em seu tempo pelos ideólogos do Partido Comunista Francês. É evidente que Luppol é então na URSS um especialista reconhecido de Diderot. Não lhe vão permitir publicar essa edição das obras do filósofo? Depois, é o silêncio. Luppol não publica mais. Seu nome desaparece das revistas. Estamos em pleno período dos expurgos e das deportações. A hipótese de seu desaparecimento não é gratuita. No segundo exemplar das obras de Diderot da Biblioteca Nacional, o nome de Luppol foi cuidadosamente raspado pelos próprios soviéticos, na página de título. Eles procederam ao recorte selvagem das oitenta páginas de prefácio devidas a Luppol. Pode-se imaginar forma mais elíptica e mais precisa de significação de uma morte real ou simbólica – quando um pesquisador é condenado ao silêncio e destinado ao esquecimento?

Seria errado reduzir a censura a essas formas explícitas. Existiram, e existem ainda sem dúvida, outros modos de censura, implícitos, raramente codificados, que se devem às próprias bibliotecas,

164 JEAN MARIE GOULEMOT

à relação delas com municipalidades politizadas, ou, mais curiosamente, a certa ideia que bibliotecários fazem da cultura e do saber. A leitura da obra *Censure et bibliothèques au XXe siècle* [Censura e bibliotecas no século XX], sob a direção de Marie Kuhlmann (1989), revela muitos segredos sobre essas censuras latentes e julgadas sem dúvida por seus autores totalmente inocentes e legítimas. Anastasie, como se batizou a censura durante a guerra de 1914-1918, não tem uma única máscara, e existem diversas maneiras de manejar a tesoura.

Relembremos que essa leitura ofertada a todos, pública, como se diz, permitida mesmo às crianças para as quais se criaram bibliotecas especializadas, é de aceitação recente. No século XVI, os livros que se começam a conservar em lugares apropriados como o *studiolo* não circulam. Nos séculos XVII e XVIII existem, sem que a coisa seja estritamente regulamentada, três níveis de leitores: os leitores autorizados, chamados pelos historiadores do livro "irmãos em leitura", os leitores "tolerados", ou seja, que não preenchem todas as condições requeridas – condições, aliás, não ditas –, enfim os leitores ocasionais, "que devem ganhar por longas explicações o direito ao empréstimo". Essas categorias fazem sorrir, mas é certo que desapareceram? Existem hoje bibliotecas que não emprestam. A Biblioteca Real, no século XVIII, era para os leitores autorizados uma biblioteca de empréstimo. Imagina-se equivocadamente em nossos dias que longínquos herdeiros praticarão o empréstimo. Há, além disso, bibliotecas reservadas àqueles que podem provar que são titulares de certos diplomas, alunos ou ex-alunos da instituição à qual pertence tal ou qual biblioteca, ou que exercem uma função que os torna dignos de serem admitidos a ler aí.

Entendamo-nos, a existência de tais restrições não me incomoda e me alegro e considero como perfeitamente natural que haja por exemplo um setor da Biblioteca Nacional da França reservado aos pesquisadores. Para ser totalmente sincero, acho mesmo demagógico que haja uma parte que não o seja. Essa parte "grande público" serve de sala de estudo a estudantes e mesmo alunos secundaristas que vêm aí ler suas aulas, sem verdadeiramente utilizar os volu-

O AMOR ÀS BIBLIOTECAS **165**

mes de circulação livre postos à sua disposição. Como a biblioteca Sainte-Geneviève, a do Centro Pompidou ou em menor medida a biblioteca da Sorbonne, essa biblioteca de estudo quer, no fundo, nos fazer esquecer a ausência de salas de estudo de que sofrem as universidades e os liceus. Na universidade de província na qual ensinei, os magros créditos atribuídos à biblioteca universitária, as destruições que a biblioteca municipal sofrera tornavam inevitável, em minha área, a utilização da Biblioteca Nacional para se iniciar na pesquisa. Não creio que a abertura de uma metade das salas de leitura da Biblioteca Nacional da França tenha modificado tal estado de fato. Pode-se mesmo perguntar se os créditos absorvidos por esse projeto faraônico e seu funcionamento não reduziram ainda um pouco mais as somas concedidas às bibliotecas universitárias. Denunciar-se-á a segregação, o elitismo. Por que não reconhecer, como se faz naturalmente para as disciplinas científicas, que são específicas as necessidades dos pesquisadores de ciências humanas, sua relação com os livros e os documentos?

A ideologia atual quer que não haja praticamente limite ao acesso do público às grandes bibliotecas. É um direito que felizmente só uma minoria exerce, mas que me parece pouco legítimo. Não sofro pessoalmente por não ser admitido num laboratório de física, num centro de pesquisa informática, mas peço o direito de ter acesso aos lugares dos quais a minha competência reconhecida me permite tirar proveito. Nossa época sofre de não crer no aprendizado e nas competências. Ela sente a exigência de um saber como uma forma de exclusão. Sem ter consciência disso, ela voltou às ideias inatas de Descartes. São elas que fundamentam uma parte desse igualitarismo estreito e revanchista de que sofremos. O direito de todos a tudo conduz pouco a pouco à ausência de tudo para todos.

A obra dirigida por Marie Kuhlmann nos lembra que, no sistema francês, a maioria das bibliotecas públicas está submetida a quatro autoridades: o ou os ministérios responsáveis, os representantes municipais, os bibliotecários e os leitores, que, segundo modalidades diferentes, intervêm na escolha dos livros. E não é raro que as intervenções dessas autoridades "visem impedir ou limitar

166 JEAN MARIE GOULEMOT

voluntariamente a difusão de livros, de periódicos ou de jornais por razões de ordem moral, religiosa, filosófica, política, ideológica ou cultural". Baseados numa experiência do passado rico em exemplos de censuras, tende-se a enfatizar o papel dos políticos. São eles que atribuem os orçamentos, que facilitam ou impedem as compras. Há por vezes pressões mais diretas. No período turvo da guerra, apenas consumada a derrota, as autoridades alemãs, que a transportavam em seus furgões, pediram a aplicação de uma lista de livros proibidos, a lista Bernhard. Assim, 700 mil livros foram apreendidos nas editoras, livrarias e bibliotecas. Eles serão rapidamente moídos, de 27 a 31 de agosto de 1940. Em troca de sua passividade, para não dizer de sua pressa em alimentar o pilão, os editores ganharão o direito de publicar de novo. Depois é, durante o último trimestre de 1940, a aplicação da lista Otto, do nome, como se disse, do sedutor embaixador da Alemanha nazista na França. Meu pai era jurado em seu processo no pós-guerra e eu me lembro de sua elegante silhueta, de seu cabelo prateado e de seu sorriso carniceiro. Aos livros já proibidos pela lista Bernhard (livros germanófobos e antinazistas, livros de autores judeus ou hostis ao Duce, mas também a Stálin, aliado da Alemanha depois da assinatura do pacto germano-soviético), acrescentou-se uma quantidade de autores judeus. Nessa área, a atualização nunca esperava. As bibliotecas tiveram a sorte de que não se controlasse aí a aplicação da lista. Contentaram-se em não comunicar os livros proibidos, muitas vezes retirá-los dos catálogos e estocá-los sem os destruir.

A censura não será suprimida com a Libertação. Ela trocará de campo. Inúmeros escritores são então banidos, encarcerados, julgados e condenados por suas posições ou colocações durante a Ocupação. Será o caso de Céline, Chardonne, Drieu La Rochelle, Maurras, Pourrat, Alphonse de Châteaubriant e Rebatet. Acrescentar-se-ão Giono, Morand, Montherland, Pierre Benoît, Jouhandeau, Salmon... Alguns resistentes opor-se-ão a essas medidas e acabarão por deixar o CNE.[2] Os autores banidos esperarão um

---

2 Comitê Nacional dos Escritores.

O AMOR ÀS BIBLIOTECAS   **167**

pouco mais de dez anos para retomar seu lugar no mundo das letras. Se a censura governamental não se pratica mais há pelo menos três décadas, esta conheceu, entretanto, um ímpeto febril durante a guerra da Argélia. O governo socialista mandou então proibir *A questão* de Henri Alleg, as obras de Frantz Fanon, as de Francis Jeanson e os cadernos redigidos pelo comitê Maurice-Audin. Um pouco mais tarde, e desta vez por razões morais, proibir-se-á *Éden, éden* de Pierre Guyotat e *Le château de cène* [O castelo da comunhão] de Bernard Noël. Mais tarde ainda, a publicação mensal homossexual *Gai-Pied*, depois, *Penthouse, Suicide, mode d'emploi* [Suicídio, manual de instruções] e *Prince et Léonardours* [Prince e Léonardours] de Mathieu Lindon. Para todos esses volumes, as bibliotecas, em geral, não consideraram as proibições. Mesmo se o Partido Comunista se colocou já de início como caução da moral a ponto de impelir Jacques Duclos a proclamar "Não, não, a pornografia nunca foi e nunca será revolucionária", parece que os responsáveis pelas bibliotecas fizeram resistência passiva. O que não impediu as bibliotecas que dependiam das municipalidades comunistas de praticar bastante abertamente uma censura por abstenção, favorecendo as editoras controladas pelo Partido Comunista como as Éditions Sociales, os Éditeurs Français Réunis e La Farandole, e eliminando os jornais gaullistas ou de direita sob o pretexto de que eles não interessavam a seus leitores. Proibiu-se sistematicamente a compra de histórias em quadrinhos que se julgavam ser produtos de uma arte decadente vinda dos Estados Unidos. À medida que certos intelectuais eram excluídos do Partido Comunista, suas obras eram retiradas das prateleiras. Foi o caso para as de Pierre Daix ou de Edgar Morin. Praticamente nenhuma das bibliotecas que dependiam de municipalidades comunistas procedeu à compra das obras de Soljenitsyne e houve uma censura reivindicada quando saiu em 1978 a *Dois comunistas na URSS* de Jean e Nina Kéhayan.

Quando a maioria municipal mudava, procedia-se a severas depurações, às quais se opuseram bibliotecários reconhecendo a necessidade de uma abertura. Pois as municipalidades controladas pela direita, talvez com menos rigor, praticavam uma política inversamente simétrica à das municipalidades comunistas. Notemos, para terminar e para ilustrar a complexidade de certos fatos de censura, que a Unesco, defendendo a liberdade de publicar e condenando toda censura, recomendava que se afastassem os livros que incitam ao ódio racial, exaltando a violência ou fazendo a apologia do fascismo, sem dizer por outro lado uma única palavra das obras que defendiam os regimes comunistas.

Quando a rede das bibliotecas públicas se estende na França, no último quartel do século XIX, a leitura em bibliotecas, no imaginário de bibliotecários e leitores, deve ser unida ao saber. Entram nas bibliotecas municipais, depois de passarem por um comitê de "escolha, de inspeção e de compra", livros que tratam da história local, das Ciências Religiosas (quase 40% do acervo da biblioteca de Amiens), do Direito (3%), das belas-letras, "unicamente grandes textos" (na razão de 9%). Para evitar leituras de entretenimento, tentar-se-á mesmo impor uma autorização prévia para os leitores que não fazem pesquisas. Um bibliotecário de Tours, Georges Collon, opor-se-á com vigor a essa medida preconizada pelo que se chamará "partido erudito". Quando as bibliotecas populares (escolares, pertencendo a associações ou a paróquias) se desenvolvem, concede-se um grande lugar aos romances, que se usam como iscas para atrair os leitores para textos mais sérios. Mas a leitura de entretenimento, de prazer ou de evasão não será verdadeiramente reconhecida a não ser nos anos 1930. De fato, em nome do que deveria ser a cultura das pessoas honestas, uma censura por omissão ou recusa de comprar se exerceu. As bibliotecas de leitura pública, por essência generalistas, deram assim tão pouco lugar às ciências julgadas ou abstratas demais ou técnicas demais quanto às leituras de entretenimento, como às obras julgadas políticas demais ou que chocavam as convicções religiosas, morais ou os bons costumes. Essa limitação estendeu-se, aliás, parcialmente até a Biblioteca Nacional cuja transferência da Rua de Richelieu para Tolbiac revelou os limites de seu acervo científico.

Pode-se imaginar que o Depósito Legal na Biblioteca Nacional evitou que se acumulassem faltas gritantes demais. Se a Biblioteca

O AMOR ÀS BIBLIOTECAS **169**

Nacional é rica em literatura de entretenimento (romances populares, romances de aventura, romances sentimentais, literatura para a juventude, histórias em quadrinhos...), é menos a uma curiosidade sem limites dos curadores do que à mecânica de captação do Depósito Legal que isso se deve. Numa projeção do documentário de Alain Resnais sobre a Biblioteca Nacional, eu me maravilhara de ver que figuravam nos acervos da BN, na mesma qualidade dos livros raros ou dos incunábulos de "Toda a memória do mundo", histórias em quadrinhos que eu lera alguns meses depois do fim da guerra, e dos quais ficaria sabendo muito mais tarde que os textos e as intrigas eram por vezes devidos a autores como Dashiell Hammett. Experimentara então uma estima nova por essa biblioteca que permitia a gibis sumariamente impressos, às vezes com tintas azuis, num formato à italiana, brincarem no pátio de recreação dos grandes e das obras de arte, e perdera um pouco de meu sentimento de culpa quando lia com um pouco de paixão demais as histórias em quadrinhos de Tintin ou *Les Aventures de Buck Danny* [As aventuras de Buck Danny].

Sabe-se que houve bibliotecas em certos campos de concentração nazistas? Jorge Semprún já os evocava em *Um belo domingo!* Lendo *La mort qu'il faut* [A morte que se precisa] (2001), sempre de Semprún, encontro numerosas páginas consagradas à biblioteca de Buchenwald. Semprún conta de cartas de leitores recebidas na publicação desse relato que manifestavam sua surpresa pela evocação dessa biblioteca num campo de deportados, para deduzirem daí que não era tão terrível quanto se pretendera, ou que duvidavam da veracidade do testemunho de Semprún, considerando-o como "uma fábula". De minha parte, acreditara nele. Basta que me falem de biblioteca, seja qual for o lugar, para que a dúvida não me aflore. Como podia eu imaginar que Jorge Semprún, de quem conhecia bem a obra, a arte e o gosto pela citação, tivesse podido viver sem livros? Havia evidentemente o recurso à memória dos livros lidos; era preciso, porém, não só mantê-la, mas dar-lhe regularmente seu alimento.

170 JEAN MARIE GOULEMOT

Eu não estava indignado, no máximo moderadamente surpreso. A microssociedade dos campos, os vínculos complexos que uniam os carrascos e suas vítimas, o papel desempenhado pelos comunistas na gestão e administração do campo tornavam essa biblioteca, que existia desde a origem do campo em 1937, totalmente necessária. Houve também bibliotecas nos campos soviéticos: em Yerchevo, por exemplo. Em Buchenwald, campo reservado na origem só aos alemães, existia mesmo, como em outros campos, um bordel, cujos registros foram encontrados. Sobre a biblioteca de Buchenwald, o livro do historiador Eugen Kogon trouxe precisões. Os 3 mil primeiros volumes foram fornecidos pelos próprios detentos, autorizados a receber livros enviados pela família. Houve obras oferecidas pelas autoridades: sessenta exemplares de *Mein Kampf* e sessenta exemplares do *Mito do século XX* de Alfred Rosenberg. Jorge Semprún leu aí Hegel, Platão, Faulkner – o que ilustra a variedade inesperada dos livros (houve até quase 14 mil) e o controle muito relativo que as autoridades exerciam, apesar de um catálogo mimeografado. A criação da biblioteca nesse campo, que não era de exterminação sistemática, correspondeu na origem a um projeto de reeducação. Projeto abandonado quando Buchenwald se tornou um campo de trabalho forçado e de "exterminação indireta" a serviço das fábricas de armas. Pode-se imaginar que, nos campos de reeducação do Vietminh, havia também livros. Como se esses prisioneiros franceses, após Dien Bien Phu, submetidos em certos casos a instrutores comunistas franceses, minados pela subalimentação, vítimas de maus-tratos, de lavagem cerebral, tivessem ainda a coragem ou a faculdade de ler.

Segundo o livro de Torsten Seela, *Bücher und Bibliotheken in nationalsozialistischen Konzentrationslagern* [Livros e bibliotecas nos campos de concentração nazistas], publicado em 1992, existiu também uma biblioteca em Dachau. Numa fotografia de época, detentos de calça listrada desempenham aí a função de bibliotecários. Os livros estão impecavelmente arrumados em estantes. Seu catálogo fora estabelecido. A biblioteca abria uma hora por dia. Haviam-se instaurado carteirinhas de leitor, que, se não fossem o número da

O AMOR ÀS BIBLIOTECAS 171

barraca de detenção (no lugar do endereço) e a assinatura de seu responsável, teriam sido tão normais quanto todas as outras carteirinhas de leitor: sobrenome, nome, número da carteirinha, data de nascimento. Para os carrascos, os livros revestiam-se da mesma importância que para os deportados, que procuravam aí evasão ou saberes práticos como o aprendizado de línguas e fragmentos de um ofício útil para sobreviver. Em Buchenwald, existia um regulamento de uma estrita severidade. Os livros deviam ser respeitados: devolvidos a tempo, nem sujos, nem anotados, nem rasgados, e todo livro extraviado devia ser substituído. O leitor era advertido: "você será punido se não respeitar este regulamento". Além de sua função de doutrinação já evocada, a biblioteca permitia aqui também manter as aparências e constituía um perfeito golpe de vista humanitário, de acordo com a expressão de Torsten Seela. Acabei acreditando que, para os carrascos, ela representa igualmente no Inferno normalizado dos campos uma evidente necessidade, reconhecida sem cálculo hipócrita. Sua presença não era mais aberrante do que a de uma orquestra, visto que homens reunidos cantam, amam, leem, mesmo que trabalhem além de suas forças e morram de desnutrição. A lógica nazista tendo feito da exploração do trabalho humano até à morte e da exterminação de grupos étnicos ou de desviantes uma norma, a presença dos livros, a ordem das bibliotecas não deviam chocar senão aqueles que a recusavam. Para os próprios nazistas, esses livros eram a prova de sua humanidade. Deixar ler aqueles que iam morrer, pedir o respeito escrupuloso dos livros àqueles cujo corpo e cuja vida não se respeitavam, que viviam vitimados por disenteria num mundo de excrementos, que lógica irrisória!

O sistema totalitário encarna por si só o ódio destruidor do livro, motivado por uma visão infantil do homem, cujo espírito se pretende proteger, contra ele mesmo se necessário. O respeito pelo livro alia-se aí a um desprezo absoluto por seu leitor, torturado e humilhado. Se não houvesse outras, seria uma razão suficiente para recusá-lo e combatê-lo. Mas a história do livro nos campos nazistas, tanto quanto se possa e queira reconstituí-la, mostra que, mesmo naquelas condições, para a vítima o livro permanece uma arma. Nos campos de extermínio, homens e mulheres liam ou sonhavam ler às portas da morte. Quero crer que este era seu último meio de resistir. Tenho mesmo certeza disso. Houve em numerosos campos "bibliotecas virtuais" construídas a partir de roubos de livros, de traduções, de cópias em papéis recuperados, de desvios diversos, de esforços desmesurados da memória. Como se as bibliotecas insensatas dos carrascos servissem também para relembrar aos vivos, contemporâneos e por vir, a miséria e a grandeza do homem.

IX
CAMPUS

Fico feliz de passar quase dois meses cada ano num *campus* universitário nos Estados Unidos. Considero essas estadas como privilégios e momentos de completa felicidade. Mas levei muito tempo para me habituar. Como prata da casa, eu recusava quando era mais jovem que se separasse a universidade da cidade, que se fizesse dela um mundo cerrado, preservado e, mantidas as devidas proporções, uma espécie de claustro para filhos estudiosos e favorecidos, que será preciso, um pouco mais tarde, mergulhar, com os riscos que se imaginam, na selva das cidades, no mundo do trabalho e nas duras realidades do cotidiano. Precisei de anos para compreender o porquê desse vaso não comunicante, desses belos gramados, desses canteiros de flores, desses buquês de árvores sabiamente em desordem, desses batalhões de esquilos indiscretos, ousados e ativos que invadem o menor canto de grama, desses imóveis de tijolos que dão à mais modesta faculdade norte-americana um parentesco evidente com seus gloriosos irmãos mais velhos ingleses.

Eu sabia, como todo europeu que tem direito à gratuidade quase total do ensino, que a universidade norte-americana custa caro e representa um sacrifício, sobretudo para os filhos da classe média que não gozam de bolsa de estudos, que devem fazer empréstimo e trabalhar duro durante as férias de verão e às vezes durante o ano escolar enquanto seus pais se sacrificam por eles. Explica-se assim que estão no direito de exigir esse cenário sempre um pouco semelhante, que simboliza o acesso a um mundo outro e que ilustra já, por suas aparências, seu modo de funcionamento, o acerto do investimento. Como, em geral, os estudantes norte-americanos vão se formar muito longe da cidade onde mora sua família, precisam desse cenário imutável que faz das universidades um não lugar geográfico pelo qual se abolem as distâncias e se dissimula o afastamento. É uma grande diferença em relação aos estudantes europeus e sobretudo aos franceses, que se afastam raramente da família para seus estudos superiores e que se apropriaram, há muito tempo, desse *slogan* que se lia na estrada das férias no Languedoc: "Nós queremos viver no campo". Alegro-me de que alguns de meus antepassados tenham decidido não viver no campo, romper as amarras e abandonar aquela dura Charente onde eram camponeses presos à gleba há alguns séculos. Obrigado a vocês, homens de minha linhagem, por terem um dia levantado os olhos para lançar o olhar um pouco mais além das cercas vivas e os sulcos penosamente traçados. Devo tudo a vocês e uma grande parte de minha liberdade, vocês que se tornaram, um militar, outro empregado da PLM[1] ou da Paris-Orléans, outro ainda professor de liceu ou, mais simplesmente, para outros vindos por espírito de aventura de sua fecunda Normandia, pobre sapateiro trabalhando em casa, em Paris. Que não me venham dizer que vocês eram mais felizes presos à terra, preocupados com as colheitas, tornados a grande custo pequenos proprietários, mas sempre submetidos aos caprichos do clima e aos acasos do mercado.

Pertenço a uma geração que sonhava com viagens na falta de poder empreendê-las. Elas encarnavam a liberdade. Sem sentir saudades demais devido ao afastamento e mesmo ao corte que elas deviam necessariamente acarretar, e com os quais se sonhava sem nem mesmo precisar fechar os olhos. Imaginava-se que se percorriam

---

1 Sigla para a Compagnie des Chemins de fer de Paris à Lyon et à la Méditerranée [Companhia Ferroviária de Paris à Lion e ao Mediterrâneo]. (N. E.)

O AMOR ÀS BIBLIOTECAS 175

essas cidades e essas paisagens que ilustravam os livros de geografia. Suas fotografias eram cinza, totalmente imprecisas. Mais uma razão para, folheando as páginas, imaginar encontros inesperados e deambulações intermináveis. Certa literatura de antes da guerra nos impressionava menos por seu estilo do que por sua varredura ávida e possessiva do espaço. Li com paixão Joseph Kessel, Pierre Mac Orlan, Henry de Monfreid, sobretudo. Não eram então chamados "escritores viajantes". Eles expressavam um estado do imaginário e uma forma de liberdade que se admiravam. Traziam uma espécie de libertação após os anos de encerramento devidos à guerra, e durante os quais a geografia se reduzira aos campos de batalha e aos territórios devastados e submetidos aos barulhos de botas. A guerra fizera perder o gosto pelas viagens, o qual levou uma década para renascer. O avião fazia medo. Estava ligado demais, na memória coletiva, aos bombardeios, e, apesar da epopeia da Aéropostale, muito pouco à comunicação entre os homens. Ainda me lembro do impacto que teve o acidente de avião ocorrido nos Açores em 1949 e no qual desapareceram, entre outros, o boxeador Marcel Cerdan, o violinista Jacques Thibault e o pintor e gravador Bernard Boutet de Monvel. Minha avó, leitora atenta do jornal, tirou daí uma filosofia e, destinando-me a um brilhante futuro, prontificou-se a me fazer prometer nunca viajar de avião. De seus conselhos e seus avisos, mantive um temor, ainda hoje sentido na decolagem, e uma incredulidade quanto à capacidade de voar desses pesados transportadores. Sem ousar confessá-lo, para mim o transporte aéreo parece milagre. Apesar de meus esforços racionais, permaneço um aerocético.

Logicamente, eu fizera então minha primeira viagem de avião bastante tarde. Tinha quase trinta anos. Não tenho nem orgulho nem vergonha disso. Para ir à Espanha, ou à Alemanha, o trem nos bastava. Minha primeira estada nos Estados Unidos data de 1969. A partir daí o caminho estava aberto. E então, atravessei dezenas de vezes o Atlântico para ir ao Brasil, Canadá ou aos Estados Unidos. Apesar dos temores nunca desaparecidos que evocava, gostei. Cheguei até a viajar pelas linhas interiores americanas em aparelhos de

176 JEAN MARIE GOULEMOT

hélice pouco tranquilizadores dos quais minha avó me teria obrigado, ameaçadora e pressentindo uma grande desgraça, a descer na hora. Foi sempre para ir a uma universidade onde devia dar uma conferência ou ensinar. Nos Estados Unidos, não pratico turismo. Gosto de estar em outro lugar para trabalhar, viver observando os autóctones, e não para passar aí alguns dias, eventualmente, com uma máquina fotográfica a tiracolo.

Portanto, descobri os *campi* e sua biblioteca em 1969 em Wesleyan, Connecticut. A biblioteca ocupa aí um edifício antigo que combina tijolos, estruturas metálicas e pedra de cantaria, mas também grandes espaços monumentais de acesso e salas de leitura espaçosas, bem iluminadas. Acede-se diretamente aos depósitos, onde é preciso aprender a se dirigir, a assimilar as classificações. Numa palavra, a não se perder em lugares que diferem uns dos outros somente pelos livros que contêm. Se a madeira e o ferro triunfam nas salas de leitura, é o ferro que domina nos depósitos: corrimãos de metal de tipo eiffeliano, escadas metálicas de degraus recortados, estantes guarnecidas de livros, e poucas mesas, se comparado a outras bibliotecas de *campus*, para fazer uma pausa e percorrer um livro que se acaba de tirar de sua fila, atraído por um título, uma cor ou um nome de autor. Eu não tivera muito tempo livre para trabalhar aí então. Estava tudo por descobrir: a hospitalidade dos colegas, os estudantes curiosos e preparados a fazer perguntas, a prática dos seminários com um número de ouvintes reduzido.

O controle na entrada era quase inexistente. Reinava a confiança. Não se podia imaginar que um estudante roubasse um livro. A partir de então, as coisas mudaram. Menos aqui talvez, nesse interior do Connecticut, perto de Yale, do que em universidades maiores. A entrada continua livre, mas faz-se um controle mais estrito na saída quando se emprestaram livros. À imagem da própria universidade, que dispensa uma educação "liberal" no College of Letters e, em outro lugar, uma educação mais coercitiva e mais sensível à demanda do mercado de trabalho, e que parece, pela força das coisas, hesitar entre duas vias – uma poética e a outra realista, comentava na minha primeira visita um dos professores. Acrescen-

O AMOR ÀS BIBLIOTECAS   **177**

tava aos termos de sua comparação o jardim à francesa impecavelmente traçado e o jardim à inglesa com sua desordem calculada. Assim, a biblioteca é de acesso livre há alguns anos, mas submetida a controles que os roubos de livros tornaram necessários.

Há quase trinta anos, quando eu ensinava em Rutgers, a universidade do Estado de New Jersey, visitara com Robert Darnton a biblioteca de Princeton, nossa prestigiosa vizinha. Ficara fascinado pelas riquezas que ali estavam disponíveis para circulação livre. Porque na época trabalhava sobre as utopias, lembro-me de ter ficado surpreso de encontrar, ao alcance de todas as mãos, exemplares raros da *Histoire des sévarambes* [História dos severambos] de Vairasse d'Alais, das *Femmes militaires* [*Mulheres militares*] de Rustaing de Saint-Jory e outras viagens imaginárias igualmente procuradas. Eu comunicara minha admiração por essas riquezas a meu guia e amigo, assim como os temores de vê-las ameaçadas pelos depredadores, como já existiam muitos na Europa. Ele me respondera que o orgulho de pertencer a uma universidade tão prestigiosa, o respeito que ela inspirava, tornavam o fato improvável. Fiquei assombrado, mas permaneci cético. As bibliotecas universitárias na França, ao menos a da universidade em que eu ensinava, já estavam submetidas ao saque. Não de livros raros, que não possuía, ou em pequeníssimo número, mas de textos do programa, muitas vezes em edição de bolso, relativamente baratos. Ao mesmo tempo aparecera o detestável hábito de recortar nas revistas, com auxílio de um estilete, os artigos cuja leitura fora recomendada por um professor, o que impunha aos infelizes exemplares da *Revue de l'Histoire Littéraire de la France,* da *Revue des Sciences Humaines,* de *Littérature* ou de *Studi Francesi* um severo regime de emagrecimento que revelavam um desmoronamento da lombada do volume e seu enrugamento semelhante ao de uma pele gasta demais. O que confirma, parece-me, essa ideia que sempre me seduziu de uma humanidade dos livros ou de um caráter livresco dos humanos. Soube alguns anos mais tarde que, em consequência de inúmeros roubos na biblioteca de Princeton, acabara-se por desconfiar dos profissionais do livro, ajudados por estudantes pouco

178 JEAN MARIE GOULEMOT

escrupulosos que se faziam de batedores, de se entregarem a esse saque seletivo. Para salvaguardar o que podia sê-lo, transportaram--se os livros raros, logo caros, para um andar ou talvez mesmo um edifício reservados às *special collections*. Naquele ano de 1977, a única desordem que eu notara na biblioteca de Rutgers, que espero não confundir neste momento com a biblioteca de Queen's University (Ontário) frequentada alguns anos mais tarde, vinha do pedido de ajuda que os bibliotecários enviavam por meio de cartazes. Um leitor perverso trocava entre estantes bastante afastadas umas das outras prateleiras inteiras de livros, o que introduzia uma completa e irremediável confusão e tornava o acesso aos livros a partir do código localizador totalmente impossível. Sonhei surpreender esse estudante (ou por que não esse bibliotecário ou esse colega?) em pleno trabalho, braços carregados de livros ou empurrando um carrinho guarnecido de volumes para realizar sua perversidade representando hipocritamente arrumadores atentos e cuidadosos. Essa atenção aos barulhos, aos deslocamentos que eu julgava suspeitos me distraía demais de minhas leituras e abandonei bem depressa minha investigação.

Quanto mais pensava, mais essa ação de sabotagem me enchia tolamente de alegria. O fato de ter encontrado o ponto fraco da couraça e de me tornar o Davi de um gigante de pés de barro me dava uma espécie de euforia que teria bastante dificuldade para explicar. Será que é o triunfo da inteligência sobre a lei de bronze do sistema? Ou uma perversão que me é própria, espero, e me impele a me regozijar com a desorganização do que foi pensado como um modelo de ordem, de eficácia lógica, ao mesmo tempo que ela me indigna quando me vejo confrontado com uma disfunção numa biblioteca? Devo reconhecer em mim uma real pulsão anarquista ou admitir minha incoerência? Essa desordem introduzida por um leitor malicioso – não posso crer que ele fosse pior do que isso e animado unicamente pela vontade de prejudicar – servia para me revelar os desafios presentes em toda biblioteca. Não se trata apenas de acumular para conservar, mas de facilitar o acesso (e logo a consulta) dos livros reunidos. Parece-me que em cada bibliotecário

O AMOR ÀS BIBLIOTECAS **179**

existe uma contradição: o desejo de acumular com o desejo secreto, inconfessável e inconfessado, de que os livros permaneçam afastados do público, portanto *ad vitam aeternam* arrumados como no primeiro dia, ao passo que a classificação imposta implica muito evidentemente que se aceite o empréstimo, a consulta, a circulação dos livros, que essa classificação possibilita. Até aí, nada que não seja banal. O ofício de bibliotecário não é o único percorrido por uma contradição longe de estar resolvida. Enfim, nunca cheguei a saber se o agitador fora identificado nem que medidas foram tomadas para impedir suas perversidades ou puni-las.

Quando penso na Universidade de Rutgers, lembro-me tanto de seu museu quanto de sua biblioteca. Descobri aí o japonismo europeu e particularmente as xilogravuras e as litografias de Henri Rivière, as gravuras de Buhot, as xilografias de Chadel. Um curador inventivo, Dennis Cate, fizera delas o objeto principal das coleções do museu. Que saber e que inteligência! Eu passava longas tardes a ler os catálogos das exposições que o museu organizara e a passear, incansavelmente, pelas salas. Acabei adquirindo um saber muito limitado, mas ainda pouco difundido na Europa além do círculo de especialistas. Achava-me, porém, em terreno já um pouco conhecido, tendo feito minha aprendizagem pictórica no museu do Petit Palais junto às obras de Bonnard e de Vuillard, ambos "nabis japonizantes", e tendo adquirido um dia, numa caixa nos *Quais*, uma obra – uma das primeiras sobre esse assunto – de Agnès Humbert, publicada em Genebra e consagrada a esses mesmos nabis. Chegava um pouco tarde para colecionar seriamente os colaboradores de *La Revue Blanche*. Tive de contentar-me em percorrer os museus para contemplar suas obras. Dessa experiência, guardei a lembrança refrescante de uma estreita colaboração em Rutgers entre a biblioteca e o museu. Inútil precisar que tenho saudades desse tempo que deu novo vigor à minha paixão de colecionador.

Para voltar aos roubos numerosos de livros comuníssimos, custando, no sebo, pouco mais do que uma carteira de cigarros, e os quais, então decano de minha faculdade, eu tentara combater, eles continuam a ser para mim um fenômeno totalmente incompreensí-

180 JEAN MARIE GOULEMOT

vel, maior fonte de indignação ainda do que o roubo de livros raros, pouco frequentes, ao que me parecia até revelações recentes, nas grandes bibliotecas francesas. Entretanto, há alguns anos, na Rua de Richelieu, constatou-se o roubo de uma gravura, por recorte numa obra do século XVI, se minha memória é fiel, cometido por um colega de uma universidade parisiense, que pretendia assim completar um exemplar defeituoso dessa mesma obra que ele possuía em sua própria biblioteca. Não sei se foi pego de estilete na mão. Creio recordar-me de que Emmanuel Le Roy Ladurie era então administrador, mas talvez fosse Jean Favier. O nome do culpado excluído da Biblioteca, sua filiação universitária e a natureza de seu delito foram expostos. Alguns se ofenderam. Eu não. E espero que a administração da Biblioteca Nacional não tenha ficado nisso. O recorte das revistas, os roubos dos livros de bolso que evoquei me chocaram e obrigaram a uma reflexão que ultrapassa sua importância material muito relativa. Tentando explicar a estudantes céticos que esses livros eram um bem comum e que os ladrões roubavam a si mesmos, compreendi que essa noção não significava grande coisa para meus interlocutores, prontos a pensar que aquilo que é de todos não é no fundo de ninguém. Pouco se roubavam livros quando eu era estudante. A moda de roubar – a livraria Joie de lire de Maspero pagou o preço disso a ponto de mergulhar numa situação financeira embaraçosa – data dos anos 1968. A Joie de lire precisou apelar para vigilantes politizados e alguns afirmam que a extrema-esquerda forneceu um número importante deles. Com não pouca perversidade, os ladrões empregaram então imigrados em situação irregular, que não se podiam, por fidelidade aos princípios, nem agredir nem entregar à polícia. É preciso, contudo, reconhecer que, antes mesmo do saque das livrarias do Quartier Latin, os estudantes da minha geração mantinham com os livros relações muito estranhas. Não era raro que desaparecessem das estantes das bibliotecas do Instituto de Francês da Sorbonne as obras sobre os autores no programa. Como por encanto, reapareciam após os exames. A operação era clássica na biblioteca geral da Sorbonne e se exercia prioritariamente à custa dos professores encarregados

O AMOR ÀS BIBLIOTECAS   **181**

dos cursos. Alguns de seus pares, rápidos como o relâmpago, antes mesmo que o programa fosse oficialmente publicado, haviam esvaziado as prateleiras apropriadas. Para alguns, a bulimia de livros era tal que não cessavam de emprestar volumes com a vã ambição de transformar seu quarto num anexo da biblioteca. Um de meus condiscípulos, filósofo, emprestara num ano várias centenas de obras que, chegadas as férias, recusou-se a devolver e que mantinha fechadas em malas metálicas com cadeados. O assunto o conduziu à clínica psiquiátrica.

Meus estudantes saqueadores e saqueados, que exigiam mais solidariedade, revelavam-se incapazes de praticar esse mesmo valor em seu entorno mais imediato. Eu me espantava tanto mais que a esquerda socialista fizera disso uma palavra de ordem e que eles mesmos não paravam de denunciar o egoísmo dos partidos conservadores e do mundo capitalista ou, como se começava a chamá-lo, do liberalismo selvagem. Tais denúncias pareciam não ter muito efeito quando se confrontava a realidade. O respeito pelo outro, o senso do compartilhamento eram da ordem do discurso e só dela. Meus estudantes eram plenamente filhos de nosso tempo e sob muitos aspectos nossos herdeiros.

Para voltar às bibliotecas universitárias norte-americanas, elas diferem em muitos aspectos de suas homólogas europeias. E não só em razão da ausência de *campi* na Europa. Isso é sem dúvida uma especificidade norte-americana: as universidades, em consequência de dons, de compras e de trocas, possuem, em sua grande maioria, um museu muitas vezes rico e uma seção de sua biblioteca consagrada aos livros raros sob a rubrica *special collections*. Os franceses, tão exageradamente minuciosos sobre a distinção entre público e privado, manifestam em geral na área da educação uma recusa acentuada do privado. Considerando com razão que os anglo-saxões inventaram o conceito moral, social e mesmo político de *privacy*, pensam que a possessão de um museu ou de obras raras constitui um privilégio reservado às universidades privadas. O exemplo de Rutgers, universidade pública, dependendo dos subsídios do Estado de New Jersey, está aí para demonstrar o contrário.

182   JEAN MARIE GOULEMOT

A riqueza dessas instituições universitárias deve-se a um imaginário da universidade, ao apego dos estudantes aos estudos, à generosidade dos doadores. É também uma particularidade das bibliotecas norte-americanas serem ao mesmo tempo de conservação, no âmbito das *special collections*, e plenamente a serviço dos estudantes iniciantes e dos doutorandos. Com casos limite em que a biblioteca das coleções especiais acaba formando por si só uma biblioteca, em breve mais importante do que a biblioteca estritamente universitária. É o caso em Yale e em Harvard e, sem dúvida, em muitas outras grandes universidades. Essas bibliotecas de prestígio onde se acumulam arquivos de escritores, manuscritos, documentos fotográficos, edições raras, gravuras, tudo o que está ligado ao suporte papel, devem o essencial de sua riqueza à generosidade dos ex-alunos, que legam suas bibliotecas à universidade, quando elas valem a pena, ou fazem doações em dinheiro para proceder a compras cuja natureza muitas vezes eles especificam – poesia espanhola, caso Dreyfus, *beat generation* ou romance francês. O livro é aqui respeitado, os desejos dos doadores também, mas, como nos museus, esse respeito não impede que se proceda às vezes a vendas (de duplos, de quadros duvidosos, ou por necessidade de fundos e a fim de financiar compras de novas peças raras ou de coleções necessárias a tal ou qual pesquisa). Possuo uma edição do século XVIII do *Dictionnaire* de Pierre Bayle, a qual me foi ofertada por um amigo norte-americano que a adquirira por ocasião de uma venda organizada pela biblioteca de sua universidade. Cada ano, nessa biblioteca de tamanho modesto e que precisava, prioritariamente, para fazer face ao aumento de seus efetivos, de locais mais que de livros, procedia-se, em virtude de critérios que ignoro, a vendas. Dirigiam-se elas primeiro a profissionais – livreiros? Outras bibliotecas? Não sei, mas ocorriam e publicava-se o montante das somas recolhidas. Os professores, os estudantes e seus pais eram seus clientes assíduos. Nada disso na biblioteca de Johns Hopkins, que aproveita as menores ocasiões para comprar e solicita doações com insistência.

Imagino com dificuldade nossas bibliotecas seguindo tais práticas. Há nas bibliotecas europeias, muito marcadas por uma ideo-

O AMOR ÀS BIBLIOTECAS 183

logia do Estado proprietário e pela prática da conservação, alguma coisa que as torna próximas do túmulo. Acumula-se e não se é vendedor de livros, nem mesmo de bom grado emprestador. Se se começa a devolver a seus legítimos proprietários as obras de arte das quais os judeus deportados foram espoliados, duvido que se tenha pensado em realizar a mesma operação com os livros maçônicos, ou com aqueles pertencentes a militantes comunistas detidos ou a judeus deportados, e dos quais se sabe que foram depositados nos acervos da Biblioteca Nacional. Se a pergunta fosse feita, a resposta seria provavelmente que aquelas apreensões não foram registradas (o que me deixa perplexo), que as bibliotecas foram frequentemente saqueadas por vizinhos ávidos (é infelizmente verdade) ou vendidas em leilão (o que é tristemente exato para certas bibliotecas maçônicas). Um curador com quem eu comentava esses fatos me fazia observar que a busca de quadros é bem mais fácil. Existiam fotos dos apartamentos espoliados e os herdeiros têm deles lembranças visuais. Ao passo que, no caso dos livros, seria espantoso que se tivesse estabelecido um catálogo, e os herdeiros eram então jovens demais para se lembrarem das obras com suficiente precisão. Portanto foi com surpresa que um dia, tendo adquirido um desenho do gravador Eugène Béjot, achei no verso um carimbo indicando que ele provinha do acervo Béjot da Biblioteca Nacional. Após informação, não se tratava de um roubo, como eu temera, mas de uma venda efetuada pelo Gabinete das Estampas e que uma cláusula da doação Béjot permitia. O caso é mais frequente do que se pensa. Isso se deve sem dúvida ao hábito que têm os artistas de vender regularmente suas obras a fim de tirar daí subsídios.

Para voltar às bibliotecas de *campus*, frequento com um prazer sempre renovado, por ocasião de minhas estadas norte-americanas, as bibliotecas que formam a da universidade Johns Hopkins de Baltimore. Na realidade, a biblioteca é uma espécie de central onde se podem ler obras das quais algumas estão conservadas em outros lugares da cidade ou do campus e pertencem a diferentes bibliotecas dessa nebulosa que se chama Johns Hopkins Libraries. Algumas dessas bibliotecas contêm autênticos tesouros. Penso na Garrett

184   JEAN MARIE GOULEMOT

Library, proveniente da doação de um suntuoso palacete-museu com extraordinárias coleções orientais, um teatro privado decorado por Léon Bakst, amigo da família, e uma importante coleção de quadros: de Bonnard, Zuloaga, Picasso, Lurçat, Utrillo, Vuillard, Matisse... A biblioteca ocupa uma peça enorme, porém, acolhedora com suas estantes de madeira, seus móveis, suas poltronas, seus tapetes, conta com obras inestimáveis, alemãs, inglesas, francesas, italianas, americanas – dos incunábulos raríssimos às célebres pranchas de Audubon. No verão, há estudantes estagiários a fim de ajudar na catalogação e guiar os visitantes do palacete. Pesquisadores vêm sob certas condições trabalhar aí. O palacete, que tem aspectos italianos, está envolto no silêncio do entorno. Esse palacete é um museu, por certo, mas também uma casa na qual permanecem os traços dos que aí viveram. A célebre escola de medicina de Johns Hopkins possui, por seu lado, sua própria biblioteca, da qual um setor importante é consagrado à história da disciplina.

O que me agrada aqui, e chega a comover-me cada vez que ensino em Johns Hopkins, não é a riqueza do acervo. Existe nos Estados Unidos um bom número de bibliotecas universitárias bem mais ricas que esta, e é possível, pegando um ônibus que faz regularmente a ida e volta a partir do *campus*, ir trabalhar na biblioteca do Congresso em Washington. Da biblioteca da universidade Johns Hopkins, gosto antes de tudo de sua facilidade de acesso, sua abertura ao público universitário cujo trabalho ela se impõe o dever de ajudar. Não conheço bibliotecas na Europa nas quais tudo seja assim pensado e organizado para os leitores e cuja existência só tem sentido em relação ao trabalho dos universitários – estudantes e docentes – que aí leem lado a lado ou, mais realisticamente, em boxes contíguos. Os docentes têm aqui como único privilégio possuir, alguns deles, gabinetes fechados onde podem ler em paz e guardar as obras necessárias a seus cursos ou pesquisas. Pode-se pedir que os livros recomendados para um curso sejam separados a fim de que os estudantes que o seguem tenham facilmente acesso a eles. Podem-se solicitar compras com urgência, utilizar facilmente o empréstimo interuniversitário, consultar os catálogos que estão em rede,

O AMOR ÀS BIBLIOTECAS   185

saber rapidamente onde se encontra o livro de acesso difícil e pedir a comunicação dele. Não existem limites reais às exigências dos leitores. Gosto também que certos serviços sejam assegurados por estudantes remunerados, o que lhes permite pagar parte dos custos universitários elevados. A lei não só o autoriza, mas o encoraja, e isso explica o forte sentimento de pertencimento dos estudantes ou ex-estudantes à sua universidade. Eles se ocupam da reclassificação dos livros, do banco de empréstimo ao lado de profissionais mais aguerridos. A Europa e a França em particular têm muito a aprender dos *campi* norte-americanos nessa área. Na França, dificuldades sem número aparecem quando se propõe recrutar estudantes para empregos temporários. Os sindicatos se opõem e o governo com eles, usando o argumento surrado segundo o qual esses empregos temporários impediriam a criação de empregos fixos e favoreceriam o desemprego. Esses bloqueios não levam, entretanto, à criação de empregos e desencorajam o trabalho estudantil.

Na Biblioteca Nacional da França, a presença dos assentos ergonômicos, a utilização de madeiras raras para a praça, como também o uso, experimental em excesso, da informática não me parecem constituir um imenso progresso. Mais novo e mais importante a meu ver é o emprego de temporários, frequentemente estudantes, para o vestiário, a recepção das exposições e, imagino eu, muitas outras tarefas. Desejo a extensão de tal sistema. Franceses, mais um esforço... Objetar-me-ão os argumentos de sempre: o desemprego, o tempo a dedicar aos estudos. Não se diminuiu, porém, o desemprego afastando centenas de estudantes desses trabalhos temporários, e os estudantes norte-americanos que trabalham não são evidentemente os mais medíocres.

O edifício da biblioteca, no *home campus* de Johns Hopkins, diante do edifício central, que data sem dúvida da criação mais que centenária da própria universidade, ocupa a extremidade de um imenso gramado onde estudantes de origem chinesa, sentados em círculo, recebem um ensinamento ligado à meditação e onde estudantes paquistaneses treinam críquete com paixão domingo à tarde e, mais fresco, à noite – melhor do que fariam, sem dúvida, ingleses pura lã. O que leva a refletir sobre o que se chama, conforme se queira, a aculturação ou a alienação cultural. O edifício, que se destaca do conjunto arquitetônico do *campus* pelo uso limitado do tijolo, não tem muito boa cara: em forma de paralelepípedo, sua curiosidade principal é a parte posterior, que dá para um segundo gramado, o qual conduz por sua vez a uma das ruas da cidade que representa o limite exterior do *campus* e se situa em desnível em relação ao acesso à biblioteca situado no interior do *campus*. Existem, portanto, três níveis: no plano do gramado do *campus*, um primeiro nível ocupado pela cafeteria; um segundo constituído por um patamar que dá acesso à saída para a Rua North Charles; um terceiro, enfim, que pertence à própria biblioteca. Penetra-se graças a um cartão magnético dado ao pessoal, aos docentes e aos estudantes. Somente a saída é livre. Esse térreo comporta escritórios, estantes de obras de referência, uma sala para os periódicos norte-americanos e estrangeiros, vitrinas de exposição, o banco de empréstimo, lugares informatizados e numerosas mesas onde os estudantes se instalam para conversar. Essa sala não é feita para ler nem trabalhar. É de encontros e reencontros. Fala-se alto, os estudantes de origem asiática perdendo aqui, ainda mais do que os outros, toda reserva; também se dorme. Pois o estudante norte-americano tem o sono mais fácil do que leve. Não é raro vê-lo adormecer numa das *fauteuil club* que decoram a entrada da biblioteca ou, com o boné de basebol enterrado na cabeça para se proteger da luz, dormir em cima dos livros e cadernos colocados sobre a mesa. Enquanto eu consultava um artigo da *Enciclopédia*, aconteceu-me assistir à sonolência e ao despertar de meu *vis-à-vis*, que minha professoral presença não parecia surpreender nem incomodar. Notei que os raros dorminhocos da Biblioteca Nacional da França são, salvo os leitores muito idosos, estudantes norte-americanos. Reconheço-os, aliás, pela facilidade com que cedem às solicitações do sono.

A biblioteca possui quatro níveis, instalados embaixo da terra e privados da luz do dia: o primeiro contém as *special collections*, salas de projeção, salas de trabalho e de reunião, diversos serviços de administração; os três outros níveis contêm livros, boxes, ga-

O AMOR ÀS BIBLIOTECAS   187

binetes, mesas onde estão reunidos dicionários. A literatura (de todas as línguas, exceto a inglesa) e a história da arte ocupam o último andar, ou seja, o mais subterrâneo. Os espíritos rabugentos verão aí um sinal do desprezo tido por essas matérias. Confesso não compartilhar essa dedução um tanto apressada. Graças aos pedidos dos docentes, aos dos estudantes, à atenção da bibliotecária encarregada desse setor, acompanha-se de perto a atualidade editorial. Aproveitei uma estada recente em Johns Hopkins para ler Houellebecq, Catherine Millet e alguns outros, sem poder me impedir de me interrogar sobre o valor dessa atualidade literária que ocupa estantes de espera. A pedido de tal ou qual docente, de tal ou qual estudante de doutorado, completam-se períodos, como o de entre-guerras, que têm lacunas. Recentemente, compraram-se obras de Cendrars, por exemplo. Por um momento tive a intenção de estabelecer um quadro da literatura francesa do século XX tal como a biblioteca de Johns Hopkins permite construí-lo, a fim de compará-lo em seguida com as obras de referência para o mesmo período da Biblioteca Nacional da França. Abandonei depressa esse projeto, pois a comparação seria difícil. Nas escolhas de livros, os usuários de uma biblioteca norte-americana intervêm muito mais direta e facilmente do que seus homólogos franceses. Não há papéis oficiais a preencher: envia-se um correio eletrônico à pessoa responsável da área e o assunto está concluído. Mais do que uma ideia daquilo que conta atualmente na literatura do século XX aos olhos de um conservador, existe aqui uma relação imediata e sem dúvida difícil de definir com a atualidade, visto que têm aí um papel ao mesmo tempo o distanciamento, um interesse específico pela cultura francesa na *intelligentsia* norte-americana, a presença de tal ou qual professor francês ou de literatura francesa que depois se tornou célebre, como Jean Starobinski, René Girard ou Robert Poulet...

O interesse manifestado por um professor consegue igualmente explicar a presença inesperada de um acervo. Encontra-se na Johns Hopkins um importante acervo Charles Fourier que contém várias dezenas de volumes, na maioria antigos, compreendendo textos fourieristas em francês e em inglês e opúsculos, raríssimos,

188 JEAN MARIE GOULEMOT

denunciando as ideias – julgadas subversivas ou perigosas –, do utopista. Esse acervo é tão surpreendente que mereceria que nos interrogássemos sobre sua presença na biblioteca. Tendo trabalhado com meus estudantes sobre a utopia, procurei saber um pouco mais dele. Provinha do legado de um professor de Direito que exercera na Johns Hopkins, até por volta dos anos 1920, se me lembro bem. Mas não soube se esses livros provinham de sua família ou se ele mesmo os colecionara. A primeira hipótese parece a mais verossímil, pois nenhuma obra sobre Fourier dessa coleção foi anotada por ele; nenhuma exibe seu ex-libris. Sabe-se que prosperou nos Estados Unidos toda uma corrente fourierista, mas chegou-se a criar comunidades, falanstérios perto de Baltimore, na Maryland católica? Só os historiadores, que não interroguei, poderiam responder. Lamento não ter tido tempo de ler com toda a atenção necessária um pequeno opúsculo denunciando Charles Fourier, *L'immoralisme de la doctrine de Charles Fourier* [O imoralismo da doutrina de Charles Fourier], texto anônimo, Paris, publicado em Paris pelos Marchands de nouveautés, em 1846. O título era prometedor. E que nome de livreiro faria sonhar tanto quanto esses Marchands de nouveautés [Comerciantes de novidades]? Os bibliotecários, apesar de tão cuidadosos com detalhes, deveriam demonstrar um pouco mais de interesse pelo modo como se constituíram os acervos que enriqueceram sua biblioteca. Tal procedimento permitiria preencher certas lacunas das quais sofre a história cultural da leitura. Exploraram-se como seria preciso os catálogos das apreensões das bibliotecas de emigrados que se encontram na biblioteca municipal de Versalhes? Trabalhou-se, a montante, sobre os catálogos das bibliotecas privadas encontrados ao acaso dos inventários após falecimento, mas negligenciaram-se as aluviões depositadas a jusante, esses livros entrados nas bibliotecas ao sabor de apreensões, de doações e de legados diversos. Acaba-se por esquecer, quando eles encalharam no oceano das bibliotecas, a existência dos acervos privados, que se tornaram às vezes, com o passar dos anos, totalmente anônimos. Talvez tenha chegado o tempo de reconhecer sua especificidade, de considerá-los para reencontrar os gostos livrescos de uma época, as

O AMOR ÀS BIBLIOTECAS   **189**

leituras que serviram à formação de um grupo ou de uma geração e que constituem uma das fontes de seus imaginários, a geometria enfim de seus jardins secretos.

Gosto de que as bibliotecas de *campus* mostrem a seus usuários as riquezas que conservam. Dentro de três ou quatro vitrinas, vi em Johns Hopkins alguns belos exemplares dos livros de poesia da *beat generation*. Nada de ostensivo, mas uma evocação pedagogicamente clara de um momento importante da poesia norte-americana. Outra exposição consistia numa coleção de fotos devidas a um repórter, ex-estudante da universidade ou não, que fotografara a Baltimore dos anos 1920: o porto, a cidade, a universidade, menos extensa do que hoje, quase familiar. Lembro-me enfim de vitrinas consagradas às revistas de vanguarda do fim do século XIX e dos anos 1920.

Aprecio igualmente a colaboração real que existe entre as faculdades, os departamentos e a biblioteca. Os professores são mantidos a par das aquisições, das modificações no catálogo, consultados sobre as compras, solicitados para as proporem. Os correios eletrônicos da biblioteca são frequentes e insistem sobre as colaborações desejadas e necessárias. Quando um ex-aluno faz uma doação que permite, respeitando suas cláusulas, enriquecer tal ou qual acervo, professores tomam parte na comissão que decide as compras. A biblioteca oferece formações, asseguradas por bibliotecários qualificados, sobre a história do livro que são ilustradas por obras emprestadas da biblioteca. Se se formular o pedido, é possível dar aula na biblioteca utilizando livros de acesso restrito. De minha parte, com um fac-símile de qualidade dos projetos e das plantas de Nicolas Ledoux, fotocópias de desenhos e de projetos de Boullée, pude explicar a meus estudantes o que eram os arquitetos visionários do século XVIII, comentar a importância do espaço urbano nas propostas deles e a função política e social de que se revestia a multiplicação dos cenotáfios. Os documentos pertencentes à biblioteca foram completados pelos que fornecia uma página da internet da Biblioteca Nacional da França sobre Boullée cujo endereço me fora fornecido por uma das bibliotecárias.

190 JEAN MARIE GOULEMOT

Mas minha mais bela lembrança de colaboração com a biblioteca permanece a apresentação de uma edição antiga de *La découverte australe par un homme volant* [A descoberta austral por um homem voador] de Restif de la Bretonne, da qual eu acabava de saber pela *Gazette de l'hôtel Drouot* que um exemplar bastante próximo do que Johns Hopkins possui atingira uma oferta muito elevada. Marcamos encontro, visitamos o local e, reunidos com os estudantes, instalamo-nos na grande sala da Garrett Library, que já evoquei. Os quatro volumes de *La découverte* estão em estojo. Conheço sua descrição pelo catálogo: "*La découverte australe par un homme volant* publicado em Leipzig e se acha em Paris, [s. n.], 1781, 4 volumes comportando 24 gravuras", com o título genérico de *Oeuvres posthumes de Nicolas-Edme Restif de la Bretonne* [Obras póstumas de Nicolas-Edme Restif de la Bretonne] (estranho falso título ou antes verdadeiro falso título, visto que Rétif morreu em 1806 e que *La découverte australe* foi publicada em 1781). Os volumes são encadernados em pele de vitela, com as armas de Anne-Léon, duque de Montmorency. Ilustre origem, portanto. Não tenho tempo nem meios de elucidar a errância que conduziu esses volumes até os Estados Unidos e enfim à coleção Garrett. Pode-se imaginar que um Montmorency fugindo da Revolução tenha vindo se refugiar nesse país em companhia de seus livros favoritos?

Os livros viajam tanto e com frequência mais do que os próprios homens. Tive a prova disso muitas vezes no Brasil, nos Estados Unidos, na Espanha, na Inglaterra, em Portugal, na Itália e na Alemanha. Os objetos, inclusive os livros, são infatigáveis *globe-trotters*. Expliquei assim a meus estudantes, apesar de tudo impressionados pelo duque, que não se podia descartar nenhuma hipótese sobre o périplo desses quatro volumes de Restif. Alguns contaram que haviam comprado em Genebra ou em Paris livros cujo ex-libris indicava Baltimore. Não sei se essa errância ducal os tranquilizava sobre suas compras dando-lhes uma espécie de verniz aristocrático. Acreditando-me por um instante na presença de meus estudantes franceses, aproveitei para lhes indicar que esse texto reformista e razoavelmente rebelde à *doxa* da separação das espécies pertencia

O AMOR ÀS BIBLIOTECAS   191

à biblioteca de um grande aristocrata; o que dava a refletir quanto ao público pretensamente burguês das Luzes. Veio-se em seguida à materialidade mesma do livro. À sua encadernação primeiro, modesta para uma origem tão ilustre, da qual se podia deduzir que a dita biblioteca era mais de uso do que de aparato. O estado de desgaste da encadernação – couro obscurecido, articulações e bordas da lombada frágeis – provava que o livro fora lido e relido na totalidade. Nada indicava que essa leitura intensiva e repetitiva fora a de seus primeiros proprietários, apesar da conjectura deduzida da simplicidade da encadernação. Comentamos em seguida a página de título, examinamos os cadernos e as assinaturas dos revisores tipográficos e olhamos uma a uma as gravuras sem identificar, como acontece às vezes com as obras de Restif de la Bretonne, erros flagrantes de paginação do encadernador. Quando me recordo dessa sessão de trabalho, ainda me emociono por ter podido pôr um dos tesouros daquele lugar a serviço da pedagogia, o que jamais me ocorreu durante meus inúmeros anos de ensino na França, e por ter mostrado que os livros falam de seus proprietários e de seus leitores antes mesmo de serem lidos.

Existe enfim na biblioteca de Johns Hopkins um acervo importante de filmes e de DVD. Aproveitei-me disso duas vezes: a primeira para ver *Le manuscrit trouvé à Saragosse* [O manuscrito encontrado em Saragoça] segundo o romance de Potocki e a segunda consagrada a duas versões de *1984* segundo Orwell. Esses filmes deviam ilustrar dois seminários: um intitulado "Demônios e maravilhas no romance e no pensamento do século XVIII", sendo o outro uma reflexão sobre a contrautopia; ambos com a ajuda da assistente encarregada de um curso sobre cinema, que obteve rapidamente os DVD e requisitou uma sala de projeção. Avisei os estudantes da projeção numa grande tela de televisão num dos estúdios da biblioteca. Eu conhecia *Le manuscrit trouvé à Saragosse* e a versão de *1984* com Richard Burton. Ignorava que existia uma versão filmada logo após a publicação do romance de Orwell em 1955. Nós a vimos em silêncio. O filme é em preto e branco com imagens pouco nítidas, referências ao expressionismo alemão, inúmeros planos fixos. A meu ver mais duro, mais eficaz do que a versão em cores com Richard Burton para ilustrar o desespero do herói, a opressão ambiente, a impossibilidade de escapar à chapa de chumbo, à novilíngua. Mas os estudantes, que preferiam a versão mais moderna, me impediram de me sentir apegado demais a um cinema que eles conhecem mal e que eu aprendi a amar, há quase cinquenta anos, por ocasião das sessões por um franco e um centavo da cinemateca da Rua d'Ulm.

Quando decidir efetuar minha última viagem aos Estados Unidos, será em primeiro lugar para ler uma última vez nos *campi*, a fim de saborear um antegosto do Paraíso que espero.

X
SONHOS DE BIBLIOTECA

Peregrinações

Em 1947, meus pais decidiram fazer uma peregrinação às cidades com guarnições militares onde haviam vivido antes da guerra. Primeiro foi Sarrebourg, onde meus irmãos nasceram e que era, creio eu, a primeira verdadeira guarnição que eles conheceram. Lembro-me, sobretudo, da chegada da Tour de France na praça Kleber em Estrasburgo. Robic, parece-me, estava na frente. Eu colecionava um monte de propagandas que a caravana publicitária distribuía aos espectadores. O entusiasmo estava no auge. No país recém-libertado, o aspecto festivo da corrida revestia-se de uma real importância. O traçado do Tour que percorria o país desenhava simbolicamente como uma reconquista e uma volta à normalidade. As multidões se precipitavam para cumprimentar os ciclistas, escutar acordeão, *slogans* lançados a todo o volume pelos alto-falantes dos caminhões. Isso as distraía dos ajuntamentos para aplaudir o marechal, depois, a partir do mês de agosto de 1944, o general de Gaulle. A guerra acabara mesmo. Conservei durante meses os presentes publicitários recolhidos com paixão. Eles acabaram amarelando e minha mãe jogou-os fora. Após alguns dias de turismo no monte Sainte-Odile, nas Trois-Épis, em Gérardmer, fomos a Sar-

194 JEAN MARIE GOULEMOT

rebourg. Os amigos de meus pais tinham desaparecido quase todos. Uns, judeus, tinham sido deportados sem esperança de retorno, militares como meu pai tinham sido dispersados pela guerra, outros haviam sido mortos em combate, de alguns não se tinham notícias. Visitamos uma família, proprietária de uma loja de móveis, da qual, creio eu, meus pais tinham comprado sua primeira sala de jantar. Os filhos, que haviam escapado da deportação, receberam-nos muito comovidos. Compreendi no fim dessa peregrinação que é bem raro reencontrar seu passado. E as peregrinações, em vez de fazerem reviver a imagem de uma felicidade perdida, são quase sempre fonte de novas tristezas.

Os anos passaram, a lembrança da guerra se afastava e meus pais se habituavam à paz reencontrada: fomos a Granville, de onde meu pai partira para a guerra, mas para aproveitar a praia, e não procurar fantasmas do passado. Meus pais evitaram até procurar a casa em que moravam então. Meu pai me mostrou de longe o quartel do Roc onde fora instrutor, e onde a declaração de guerra o surpreendera com a ordem de se juntar a seu regimento. Eu contemplava o mar pela primeira vez. Experimentei uma grande emoção. A maré baixa me impressionou. A maré alta quase me deu medo. Comprei uma rede para pescar camarões. Tomei banho. Fomos ao Mont--Saint-Michel, que os turistas ainda não ameaçavam. Comemos aí uma célebre omelete que achei gordurosa demais e malpassada demais. A guerra não me habituara a todas essas abundâncias. Passeamos em Donville-les-Bains, em Saint-Pair-sur-Mer e noutras praias dos arredores. Foram minhas primeiras verdadeiras férias. Se não fosse a ferida de meu pai, em pleno rosto dissimulada por uma faixa preta, poderíamos ter passado por veranistas comuns. Precisei habituar-me numa mistura de orgulho e cólera a esses olhares que o encaravam quando entrávamos na sala de jantar do hotel e aos murmúrios que acompanhavam nossa passagem. Nada que me encorajasse verdadeiramente à prática dessas peregrinações. Logo senti saudades de nossa vida habitual, voltada para nós mesmos.

As outras peregrinações que fizemos em família foram estritamente religiosas. Fomos várias vezes a Lourdes. Conservo uma

O AMOR ÀS BIBLIOTECAS **195**

lembrança muito particular: uma cidade de comércio, uma multidão realmente habitada pela fé e, entre os doentes vindos procurar cura, toda a miséria do mundo. Mantive a fé de minha infância, mas sem o gosto pelas peregrinações. E foi preciso uma estada como professor convidado na universidade de Santiago de Compostela em 1989 para que eu retomasse contato com essa prática. Não cometerei a ofensa à catedral de Santiago, à beleza reluzente e cinza da cidade de compará-las a Lourdes, tão exemplar de uma arquitetura próxima do bolo de noiva.

Embora tenha voltado inúmeras vezes a Madri para visitas de família ou colóquios, faz pouco tempo que tive a ocasião de revisitar a Biblioteca Nacional e o Ateneo. A ideia deste livro, a releitura das notas tomadas por ocasião de minha primeira estada na Espanha, incitaram-me a isso sem dúvida nenhuma. A idade também, com a consciência necessariamente mais aguda do tempo que passa. A Espanha redemocratizada, país hoje tão europeu: estava curioso de ver o que se tinham tornado as bibliotecas de meu ano de bolsista em Madri. Há cinco ou seis anos, eu avançara até a Biblioteca Nacional para ver uma exposição consagrada aos monstros. Conhecia as mudanças ocorridas. Lera na imprensa que o historiador Fussi fora nomeado administrador e começara a modernizar a Biblioteca. Eu perguntara até quais eram as formalidades para obter uma carteirinha de leitor, e fiquei sabendo então que a dita carteirinha continuava gratuita. Perdoem-me se chamo a atenção para isto pela segunda vez: um boato de aumento da taxa a pagar pela carteirinha de leitor-pesquisador da Biblioteca Nacional da França tornou-se insistente faz algum tempo.

Por amigos espanhóis cujos filhos continuavam a estudar, eu sabia que a Biblioteca Nacional da Castellana era frequentada pelos pesquisadores e estudantes avançados e as salas de leitura do Ateneo essencialmente pelos *opositores*, numerosos na Espanha. São estudantes titulares de uma licença que preparam os concursos de acesso aos grandes e aos mais modestos cargos do Estado; o concurso de ingresso é ainda na Espanha um momento essencial da integração e às vezes da promoção social. De onde dois públicos e

196 JEAN MARIE GOULEMOT

dois modos de sociabilidade assaz diferentes, ainda que, a acreditar nos interessados, os dois mundos não sejam totalmente heterogêneos: uma maneira própria de ser e de viver junto lhes é comum. As pessoas se abraçam para manifestar simpatia e mesmo afeição. Fala-se alto de futebol. Olham-se os outros com essa intensidade que não existe na Europa senão na Espanha e que faz se perguntar sobre esses olhares insistentes, sem remorsos. Indignação, provocação, convite ou recusa? Não sei. Sem dúvida um pouco de tudo isso, num jogo em que se mantém a ilusão de que se existe.

Nada diferenciava verdadeiramente nos anos 1960 a *cafetería* da Biblioteca Nacional e a do Ateneo: mesmos barulhos de copos, mesmos risos estrondosos, mesma troca de palavras um pouco viva que fazia crer ao estrangeiro que não se tardaria a brigar, mesma fumaça espessa e áspera dos cigarros baratos – os *Celtas* nos anos 1960 –, mesmo consumo de vinho e café, paixão semelhante na discussão esportiva ou política. Nada as diferencia hoje, apesar das transformações, do uso difundido do tabaco leve, das modernizações e da introdução na Biblioteca Nacional do *design* contemporâneo. No Ateneo, a presença mais imediatamente visível da madeira, da cerâmica, da fórmica e do alumínio confere ao lugar um aspecto velhote que o aproxima ainda mais de minhas lembranças. Com pé-direito baixo, a *cafetería* do Ateneo conserva um ar de taverna (*tasca*) bem-comportada. Sua implantação não mudou, parece-me. Única reforma importante, os banheiros foram recentemente ladrilhados e os aparelhos sanitários brilham como um tostão novo.

Explico o objetivo de minha visita no escritório de entrada do Ateneo, logo após uma escada que acho um pouco estreita para uma biblioteca pública e que era mais larga na minha lembrança. A acolhida é afável. Autorizam-me imediatamente a entrar, e me entregam um folheto explicando-me que a biblioteca está em obras. Andaimes e lonas mascaram a fachada do velho edifício. Passeio assaz livremente até o *salón de actas*, do qual os leitores comuns de minha estada em Madri zombavam abertamente porque era reservado aos membros do Ateneo que aí dormiam conscienciosamente, não sem razão, insinuava-se, por ocasião das conferências públicas.

O AMOR ÀS BIBLIOTECAS **197**

E com esse talento, compartilhado pelos contumazes deste gênero de desempenho aqui e em outros lugares, também o de acordar bem a tempo para aplaudir e fazer muitas vezes uma pergunta não desprovida de pertinência nem de presença de espírito.

Durante minha visita, reencontrei as passagens escuras, os revestimentos de madeira escura, a sinistra galeria dos retratos dos diretores, dos quais alguns estavam colocados tão alto que escapavam, felizmente sem dúvida, ao olhar do visitante. Teria, porém, procurado aí com deleite melancólico esse diretor que minhas leituras de Pío Baroja indignavam, na primavera de 1960, perguntando a mim mesmo se os diretores da época franquista ainda tinham direito à existência. A vontade de reconciliação – o fechamento do parêntese franquista, que durara a bagatela de 36 anos – triunfara aqui também? Reencontrei com prazer as salas de leitura e suas compridas mesas de madeiras inclinadas como carteiras escolares, o fichário, as estantes de livros encostadas às paredes, a fraca luz proveniente de uma espécie de claraboia, as lampadazinhas verdes que se deviam acender logo de manhã. Um aviso da curadora (estava longe o machismo dos anos 1960) afixado num dos painéis regozijou-me profundamente. Não sem humor, ela lembrava aos leitores que não se devia tentar substituir as lâmpadas de potência considerada insuficiente por outras trazidas do exterior: a instalação elétrica velha não suportaria isso. Pedia-se também para não subtrair essas lâmpadas para uso doméstico. Reconheci nisso a forma hispânica do sistema quebra-galho, que se qualifica às vezes de picaresca. A resposta a isso pelo humor, e não pela ameaça ou advertência regulamentar, não me pareceu tão frequente. Um leitor meio sério meio gracejador, vendo-me atento os avisos de serviço, veio me explicar que a caducidade do sistema elétrico tornava difícil, ou mesmo perigoso, o uso dos computadores.

A sala de leitura estava quase vazia àquela hora de almoço. Deviam ser 15h30. Desci à cafeteria, muito imprecisa em minha lembrança, mas sem dúvida pouco mudada. Três ou quatro mesas barulhentas, como é obrigatório; um balcão atravancado em que bebi um café, com os pés no meio dos palitos, dos papéis e embalagens

198 JEAN MARIE GOULEMOT

diversos, símbolos aqui da modernidade chegada à Espanha com a concorrência comercial internacional, dos caroços de azeitona que cobriam o chão, como é habitual nos bares espanhóis, e que me lembram a serragem de minha infância nos cafés parisienses. A garçonete era jovem, oriunda da América Latina, e não poderia ter respondido às minhas perguntas sobre a *cafetería* de minha memória. Um pouco de futebol, uma diatribe contra os norte-americanos, fofocas e risos, e, num canto, sinal de que o tempo passara realmente, um casal livre e ternamente abraçado.

Estendi a peregrinação até o banheiro. Reformado, mas mantendo não sei porquê uma impressão de umidade ou talvez mais simplesmente de frescor subterrâneo. Sem pichações, sem *Mundo Obrero*, o qual não creio que ainda se publique. La Pasionaria, stalinista convicta, morreu há muito tempo, vítima de demência senil. O jornal na televisão mostra de vez em quando Santiago Carillo, ex-secretário do Partido Comunista Espanhol, ainda em forma. Às vezes cumprimentando o rei e cumprimentado por ele. *"¡Ola, Santiago! ¿Como te va la vida?"*[1] e Don Santiago, o íntimo de Ceausescu, responde, com um olhar malicioso, mas respeitoso das formas: *"Peor que a Vd., Señor..."*[2] Cada vez que vejo Santiago Carillo aparecer no jornal televisivo espanhol, digo a mim mesmo que uma parte essencial da transição democrática na Espanha deve-se a stalinistas pragmáticos que – se tinham idade para funções militares durante a guerra civil e para executar os trabalhos sujos nas *checas* –,[3] segundo toda verossimilhança, tinham alguns assassinatos na consciência e a jovens e a não tão jovens falangistas dos quais, alguns meses antes, quando, de uniforme branco e camisa azul prestavam juramento perante o Caudillo, ninguém teria suspeitado que aspiravam à democracia. A Espanha passou a esponja mesmo sobre o sangue. Ela se desejou sem memória do passado para se construir um futuro. E me pergunto se, daqui a uma geração, como

---

1 "Olá, Santiago! Como vai a vida?"
2 "Pior que para vós, Majestade..."
3 Prisões secretas controladas pelos comunistas.

O AMOR ÀS BIBLIOTECAS   199

ocorreu na França e em outros países europeus, graças a historiadores frequentemente jovens, aparentemente libertados do passado, mas ligados a ele por uma história familiar, não se verá ressurgir esse passado enterrado e doravante sem testemunhas vivas. Está a Espanha a ponto de conhecer esse tempo, um pouco paradoxal e frequentemente insuportável, dos juízes arrogantes, reguladores da memória, prontos a soar o toque final, a brandir a tesoura, a exigir acusações agressivas, promulgando por editos lições de coragem e de dignidade que, dadas hoje, não fazem correr nenhum risco verdadeiro?

Podem os povos viver com uma parte de seu passado esquecida? Na Espanha, vê-se aceder à vida pública uma geração que não conheceu a guerra civil e às vezes nem mesmo Franco. Seus membros têm trinta ou quarenta anos e se perguntam algumas vezes sobre seu passado familiar. Papai, de que lado você estava? Seu pai, meu avô, participou da guerra civil? De que lado? E ei-los dispostos a julgar, em nome dos princípios atuais, os comportamentos do passado, desprezando as condições particulares, as incertezas, que pesavam tanto, os incêndios, os tiroteios, as execuções sumárias, que fizeram mais de um trocar um campo pelo outro. E isso apesar de toda a admiração que sinto pelas escolhas de meu pai, hostil a Pétain, resistente, engajado no exército embora ferido, aceitando por fidelidade ao governo provisório da República a tarefa não tão fácil de exercer a autoridade na subprefeitura onde estávamos refugiados, e onde ele nascera, para se opor a uma eventual operação insurrecional e assegurar o bom funcionamento da administração. Quando me lembro dessa vida como que traçada de antemão, tudo parece simples. Mas desejo que ele tenha duvidado. Espero às vezes que essas dúvidas lhe fossem inspiradas também pela consciência dos riscos que ele nos fazia correr, a minha mãe, a meu irmão e a mim.

O ferimento de meu pai, a presença muito próxima dos maquis locais ou descidos do Limousin, as represálias executadas pelas tropas alemãs, os relatos heroicos que li em seguida em *Coq Hardi* e as histórias em quadrinhos *Bernard Chamblet* (que Le Rallic desenhava com uma precisão que me encantava) haviam feito que eu construísse um mundo em preto e branco. O cinema me ajudava. Eu vira no salão de festas de nossa cidadezinha *A queda de Berlim*, que dava o melhor papel a Stálin e exaltava o avanço das tropas soviéticas. Levei anos para acabar por compreender que, por trás dessa vitória para uma metade da Europa, não tão longínqua, havia a realidade da opressão, a liberdade perdida, o Estado policial, o terror stalinista e a desgraça. No momento, estava-se na euforia. O resto viria em seguida. Via-se no cinema *A batalha dos trilhos* e, inspirado por fatos que tinham ocorrido em nossa região, *Le père tranquille* [O pai tranquilo]. Havia os bons que ganhavam, os malvados que perdiam; os traidores eram punidos. Cada coisa estava em seu lugar e, no fundo, essa visão binária correspondia ao que eu vivera: os soldados alemães ameaçadores que patrulhavam nas ruas depois de terem sido vítimas de uma emboscada e que eram observados por trás das venezianas fechadas, os resistentes mortos, um grupo que fora deportado em consequência de tagarelices imprudentes e de denúncias, a presença noturna dos homens do maquis, a mansão nas alturas onde morava o chefe da Milícia, que não tardou a fugir para a Espanha quando o vento virou.

Precisei sair das lembranças de infância e das imagens familiares para perceber que esse mundo em preto e branco não refletia senão uma parte muitíssimo minoritária da realidade. Não consigo reconstruir com exatidão a maneira pela qual as imagens se confundiram. Como a inúmeros homens de minha geração, *Le chagrin et la pitié* [A mágoa e a piedade] ensinou-me muito. Mas, por outras vias, eu já chegara a me interrogar. Lembro muito especialmente do choque experimentado com a leitura de *Viagem ao fim da noite*, descoberto graças à coleção Le Livre de Poche. Eu o lera de uma assentada, sentado num banco da Praça Hoche em Versalhes, olhando de tempos em tempos a estátua do general republicano e a igreja da paróquia. A força do romance e de sua escrita me impressionaram para sempre, mas menos sem dúvida do que o silêncio que pesava sobre ele e sobre o próprio Céline. Recorri à biblioteca municipal para conduzir minha investigação. Descobri os panfletos antisse-

O AMOR ÀS BIBLIOTECAS **201**

mitas, *Morte a crédito,* o sombrio mundo da Colaboração. Precisaria verificar as datas, mas não creio que Céline já tivesse voltado à cena literária com *De castelo em castelo.* Não estou superpondo episódios para dar uma lógica ao que, então, tinha evidentemente muito menos? Como todo mundo, tenho a memória esquecida, mas animada por uma vontade de coerência fundamentada na cronologia, nas linhas de força. Meu irmão acaba de me lembrar disso demonstrando-me que minha recordação da biblioteca municipal de nossa infância é totalmente reconstruída. Ela não existia naquela época. Devida à iniciativa de um inspetor do ensino primário alguns anos mais tarde, instalada em outro andar que não o que eu lhe atribuo, não pude, portanto, visitá-la no imediato pós-guerra. Trata-se sem dúvida de uma lembrança bem mais tardia, da qual meu irmão não participou, que eu misturei a outras para dar sentido a meu destino de leitor. Escutando meu irmão falar, evocar lembranças de nossa infância, conscientizo-me do fato de que as memórias não são semelhantes. A dele é mais precisa que a minha. Quando ele se lembra, preocupa-se antes de tudo com a verdade de suas recordações. De minha parte, distingo dificilmente entre a lembrança e a ficção, e sou mais sensível à sua dimensão romanesca do que à sua exatidão. Será que li demais para chegar aí? Custa-me recusar essa explicação segundo a qual a leitura dos romances poderia ter influenciado a construção e a interpretação de minhas lembranças. Meu irmão é também um grande leitor, mas penso que seu interesse pelos livros de história não é indiferente à sua preocupação com a verdade, mesmo que os relatos de guerra, recheados de datas e de fatos, permitem que ele construa vidas imaginárias.

Não volto há vários anos à biblioteca municipal de Versalhes. Sei, entretanto, que não se parece mais com aquela que frequentei. Aumentou e acolhe um número considerável de leitores. Os curadores se sucederam. Assim avança a vida. Acontece-me retornar à Rua de Richelieu. A antiga sala dos periódicos foi posta à disposição dos leitores da biblioteca Jacques-Doucet. Quem não se alegraria com isso? Contudo, a nostalgia permanece e, para muitos leitores da minha geração, apesar do ganho de espaço no sítio Tolbiac, a multiplicação benéfica das obras de referência, a verdadeira Biblioteca Nacional ficará inscrita para sempre nos locais vetustos, insuficientes, da Rua de Richelieu. Não posso impedir-me, do *hall* de entrada, de olhar a sala Labrouste, desesperadamente vazia de leitores, apesar das luzes verdes acesas para fazer de conta que tudo está no lugar. Olho para cima e vejo as estantes despidas de seus volumes, a sala reduzida a uma triste e aflitiva carcaça.

Para terminar, um último paradoxo. Mal chego da Espanha ou dos Estados Unidos, retomo meus hábitos de leitor. Reencontro a linha 14, a praça de madeira rara e escorregadia nos dias de chuva da Biblioteca Nacional da França, depois a lenta descida que me conduz ao piso jardim, reservado aos pesquisadores. É forçoso constatar o lento desgaste do edifício. Sem pena e sem alegria revanchista. As portas de acesso fecham mal, faltam parafusos nas junções das ripas de madeira, os forros falsos que tinham acabado caindo no chão não foram substituídos, os urinóis da ala leste, consertados depois de terem ficado embrulhados à maneira de Javacheff Christo durante meses, não puderam impedir que os da ala oeste entupissem, alguns dos telefones públicos parecem ter desaparecido, prova de que os telefones celulares ganham terreno, as advertências quanto ao regulamento, sempre tão nervosas e tão pouco eficazes, se multiplicam, com uma obstinação que acaba fazendo sorrir. Isso dá a ilusão de uma pátina, de uma maturidade conquistada. Mas não consigo me habituar. No que se refere ao entorno, o bairro envelhece mal antes mesmo de ter sido acabado. Os escritórios sucedem aos escritórios. Os nomes de rua, "tendências" como se diz hoje, não mudam nada. Nem mesmo os piqueniques entre vizinhos cujas fotos em cores quase de tamanho natural se expõem nas grades que dão para a trincheira da ferrovia. Acabo gostando dos prédios invadidos perto da estação de metrô Quai-de-la-Gare, dos quais um foi tragicamente destruído por um incêndio este verão, e da capela, chamada muito exata e infelizmente sem ironia Notre-Dame de la Sagesse [Nossa Senhora da Sabedoria], que está lá, silenciosa e recolhida, nesse conjunto vaidoso, espremida entre uma pracinha magrela, batizada James-Joyce, cujo verde nada tem porém de irlandês, e um prédio muito *design*, preso no cruzamento das ruas Fernand-Braudel, Jean-Giono, Valéry-Larbaud, Balanchine e Abel-Gance os quais, a julgar por seu imaginário das bibliotecas, não devem ter inspirado o élan criador e a gesta arquitetônica de Dominique Perrault.

Por ocasião de meu último retorno da Espanha, prova de que não há mais verdadeiramente Pireneus, encontrei nos banheiros, no piso jardim oeste, uma pichação dialogada que me indignou e encheu de esperança. Um primeiro escritor escrevera às pressas: "Defendamo-nos dos invasores"; o segundo, convencido de que não se tratava de uma alusão a um seriado americano já antigo, anotara um pouco mais abaixo: "Cretino! Sim, como em 1940, quando os únicos a se defender foram os senegaleses enviados ao massacre!" Pensei com tristeza no meu pai e em seus soldados normandos enfiados em seus buracos para tentar desesperadamente deter o avanço dos tanques alemães. Como consolo, disse a mim mesmo que o contestador do presumido racista dava provas de uma integração vitoriosa. Aprendera com nossos hábitos que a injúria tem valor de argumento, e reagia como um ex-combatente. O metido a francês surgia enfim sob o imigrado. Acabo me dizendo que esses retornos regulares têm ares de peregrinação. Cada vez, vejo-me obrigado a me submeter a um novo programa para consultar os catálogos, reservar meu lugar ou obter uma saída provisória. Na falta de estar no *Guinness* pelo número de volumes conservados, a Biblioteca Nacional tenta figurar aí por seu consumo frenético de programas, batendo sem dúvida alguma por pouco a SNCF[4] e seu sistema Socrate de bem triste memória.

Bibliotecas representadas, bibliotecas imaginárias

O fato é patente. Pintam-se pouco as bibliotecas e menos ainda seus leitores. E isso me espanta quando contemplo o acetinado das

---

4 Sigla de Société Nationale des Chemins de fer Français [Companhia Nacional de Ferrovias Francesas]. (N. E.).

madeiras das estantes, as manchas de cor das peças de títulos, o calor dos couros, o ouro das ornamentações infinitamente variadas. As encadernações do século XVIII, menos enegrecidas que as do XVII, refletem a luz e fazem brilhar os veios do marmorizado das capas. Mas por que se obstinar a elogiar o espaço criado por uma biblioteca, sua geometria rigorosamente imperfeita, essa mistura das verticais e das horizontais em cascatas? É preciso cessar de pregar no deserto. A leitora, ao contrário, é um tema frequente da pintura dos séculos XVIII e XIX, sem que se possa verdadeiramente saber se o ato de ler é aqui valorizado ou julgado como um assunto de visionárias e devaneadoras. Que eu saiba, nem Picasso nem Matisse pintaram bibliotecas. Dessa época, gloriosa, conheço somente uma tela de Félix Valloton: uma biblioteca de sala guarnecida de livros. O que não falta, inversamente, são os livros isolados (frequentemente, aliás, de capa amarela da editora Charpentier) nas naturezas mortas de uns e outros. Em Vuillard, que pinta e repinta o interior dos Natanson (Missia ao piano, seu marido Thadée de pé perto de uma janela ou no enquadramento de uma porta), não há biblioteca nitidamente desenhada, quando os pintores de então parecem ceder ao fascínio das encadernações ou das lombadas multicoloridas das brochuras: amarelo, azul-acinzentado, bege... Será sinal de uma burguesia que, apesar de intelectual, recusa exibir-se? Não sei. O fato está aí, patente. Toca-se piano (Bonnard é testemunha), há inúmeros quadros nas paredes. Será que mentiram? Os fundadores de *La Revue Blanche* teriam sido alérgicos à leitura? Seja qual for a hipótese retida, o fato permanece.

O gravador de grande talento Érik Desmazières realizou uma sequência de bibliotecas. Ignoro se se trata de bibliotecas privadas ou de estantes de depósitos se perdendo no infinito da linha do horizonte. Os livros, frequentemente mal-arrumados, evocam aí mais o caos do que a presença de leitores impacientes por ler. Esses depósitos, essas estantes ignoram a vida humana. Eles inquietam tanto mais quanto são como habitados pela morte. O gravador parece querer dizer que os livros acabaram por substituir os leitores, repelidos para o limbo, vencidos pela geometria incerta das encadernações, das

O AMOR ÀS BIBLIOTECAS   205

estantes e dos volumes mal-alinhados. Porém, existe uma pintora de grande talento que se fascinou pela pintura de bibliotecas. Na obra de Vieira da Silva, artista portuguesa de reputação internacional, são abundantes as bibliotecas. Elas aparecem, desde 1948, com *A Biblioteca na árvore*, que entrelaça o vegetal e a geometria das estantes e dos volumes. A partir desse primeiro ensaio, o tema é recorrente na obra de Vieira da Silva, submetido a inúmeras variações. As "bibliotecas humorísticas", segundo uma taxonomia empregada pela pintora, são numerosas e jogam com o inesperado geométrico e cromático. Há bibliotecas de bolso ou de sótão. Os materiais utilizados são também diversos: guache, óleo, tecelagem para as tapeçarias. Imagem da ordem e do rigor, as bibliotecas de Vieira da Silva são ameaçadas por um cataclismo (1956) que se sente próximo. Em 1974, a pintora propõe mesmo uma *Biblioteca em fogo* inspirada pelo poema de René Char. Um exame atento de sua obra revela surpreendentes metamorfoses: a biblioteca se faz cidade (1969) quando Roma é pintada como uma biblioteca. O que ela é também bem evidentemente em nossa cultura. Ela se faz vitral igualmente, e, é claro, labirinto (1959). Isto é, a pintura é aqui mais expansão, revelação dos segredos e das analogias do que representação, gosto pelas formas e cores. Se é verdade que a biblioteca contém os mesmos volumes alinhados que a cidade, seus prédios, seus andares e suas construções cúbicas, numa percepção a distância, a pintora não sugere uma analogia mais profunda entre a biblioteca e o mundo urbano? Evocando o fogo, o cataclismo não projeta na sua tela as angústias de nossa história através dessas bibliotecas incendiadas e cidades destruídas?

À imagem da relativa pobreza do tema pictórico da biblioteca, também não existe história acessível da construção das bibliotecas, e as bibliotecas de que mais se fala, que se glosam e comentam, ou estão destruídas há milênios, ou permaneceram no estado de construções sonhadas por esses arquitetos que iam raramente a campo e acumulavam, no silêncio de seu gabinete e de seus sonhos, projetos cuja realização, mesmo parcial, permanecia hipotética.

É preciso primeiro falar de um desses sonhadores despertos, Étienne Louis Boullée. Ele faz parte daqueles arquitetos visionários, numerosos na segunda metade do século XVIII. Não façamos deles depressa demais, a partir do modelo dos literatos boêmios do século XIX, arquitetos malditos. Eles construíram muito, frequentemente, mas numa perspectiva mais convencional, como Ledoux e Lequeu. Jamais estiveram verdadeiramente em conflito com os poderes políticos, as elites sociais, nem mesmo com seus confrades. Tiveram por vezes discípulos. Brongniart, o arquiteto da Bolsa, foi aluno de Boullée. O mestre rematou a igreja da Madeleine à maneira de um templo grego e o discípulo copiou-a para edificar a Bolsa. Em Versalhes, sede de guarnição militar, existiam duas ou três casernas construídas pelo mais célebre deles, Claude Nicolas Ledoux. Lembro-me de dois desses "quartéis", "Limoges" e "de Croy". Possuíam pórticos de entrada suntuosos como arcos de triunfo, em bela pedra de cantaria, ornados de troféus que impressionavam meu olhar de criança. Esses arquitetos estavam impregnados das ideias filosóficas de seu tempo, ou melhor, tinham emprestado da filosofia o que podia ajudá-los a pensar, a definir e a decorar seus trabalhos de arquitetos. Se Boullée imagina a construção de cenotáfios, dos quais o mais célebre é dedicado a Isaac Newton, é que a época inventa o culto dos grandes homens, santos sem auréola de uma sociedade que se descristianiza e propõe um imaginário laico da posteridade duvidando do além. Se esses construtores de sonhos querem fazer da arquitetura uma atividade eminentemente social, é preciso, entretanto, evitar aplicar a seus projetos nosso vocabulário, nossos *a priori* e nossos preconceitos. Sem recusarem por isso as encomendas privadas, eles têm a ambição de construir edifícios de uso público. Por seus ornamentos arquitetônicos e o discurso da pedra, desejam sem dúvida nenhuma trabalhar na educação (palavra mestra daquele tempo) do público.

Portanto muito naturalmente Boullée, que já trabalhou num projeto de reconstrução da Ópera, no âmbito da encomenda pública, responde a um pedido de ampliação da Biblioteca Real, situada na Rua de Richelieu. Desde 1724, a Biblioteca do Rei ocupa o palacete de Nevers, antiga parte do palácio Mazarino, desmembrado pela morte do cardeal. Pouco a pouco, a Biblioteca Real ganha ter-

O AMOR ÀS BIBLIOTECAS **207**

reno. No século XIX, ela ocupará um perímetro delimitado pelas ruas Colbert, Vivienne, Richelieu e Petits-Champs. Esse palacete de Nevers não foi concebido como biblioteca. Envolto demais pelos imóveis que o cercam, apresenta uma proteção deficiente contra os incêndios. Além disso, falta-lhe cruelmente uma grande sala de leitura. Ela se tornou necessária visto que, desde 1692, os leitores são admitidos. Em meados do século, pensou-se por um momento em transferir para o Louvre a Biblioteca, mas o projeto não vingou. As dimensões do palácio tornavam o serviço lento demais e a diversidade das galerias complicava a vigilância.

Boullée teve a ideia, que se achou "grande, nova e engenhosa", de cobrir o pátio, que era imenso, e de

> dispor a decoração interna de maneira que apresente um soberbo anfiteatro de livros e de reservar os prédios atuais como depósito dos manuscritos, das estampas, das medalhas, da geografia e outros [...].

Esse projeto, que não se realizou, teve defensores até o século XIX. Teria sido a maior sala de leitura da Europa: teria medido 300 pés de comprimento e 90 de largura. Teria ultrapassado em muito as salas da biblioteca vaticana e da biblioteca do Escorial.

> Era iluminada por cima: o que constituía uma iluminação favorável ao estudo e permitia instalar sem interrupção armários para alojar os volumes. O acesso aos livros ficaria facilitado, logo rápido e sem usar escadas.

No desenho conservado na Biblioteca Nacional da França, representando a perspectiva interna, veem-se leitores, paradoxalmente vestidos à antiga (mas é um paradoxo tão grande?), e imitados, conforme declaração do próprio Boullée, da *Escola de Atenas* por Rafael.

Naquela época, que crê, entretanto, no progresso, as referências ao mundo grego traduzem a força do modelo antigo, utilizado aqui

208 JEAN MARIE GOULEMOT

para ilustrar a modernidade. O teto em semicilindro evoca a abóbada celeste. Simbolicamente, a Biblioteca está situada no centro do universo. Ela remete a um passado em que o saber começava a tornar os homens senhores do universo. Um exame atento do desenho mostra uma quase ausência de lugares para se sentar: uma espécie de escrivaninha, com poltronas, e à direita porta-livros. Os leitores de toga estão em pé, conversando mais do que lendo. Parecem se interpelar do chão em direção às arquibancadas. Ainda não se adotou a lâmpada ou a vela que teriam sido perigosos: a luz direta pelo teto abobadado responde às necessidades da construção e reveste-se de vigorosa significação simbólica. Pelo livro, os homens comunicam-se com os deuses. De Alexandria, a Biblioteca conserva os traços de um lugar de ensino mais que de simples leitura. Talvez daí a ausência de lugares bem delimitados que isolariam os leitores uns dos outros. Diversos imaginários da biblioteca estão aqui presentes: Alexandria e seus sábios utilizadores dos livros, mas também, pelos livros expostos à vista e dissimulando as paredes da sala de leitura, a muralha de *A cidade do sol* do utopista Campanella onde, nas paredes da cidade, estavam transcritos todos os saberes do mundo. Mundo fechado ao mundo exterior, e, entretanto, aberto para a comunicação entre os leitores e o infinito do saber. Mundo da palavra, como se a leitura silenciosa, a relação individualizada entre o leitor e o livro, ainda não constituísse um modelo definitivamente aceito.

Outro desenho de Boullée da elevação externa da Biblioteca representa a entrada. Uma grande parede lisa, um acesso relativamente pequeno e estreito, mas com duas cariátides e Atlas sustentando um globo, sem dúvida o mundo conhecido. O simbolismo está na forma e no tema. A relativa estreiteza do acesso significa que a leitura permanece reservada a uma elite. A cultura e o saber são destinados aos eleitos de uma espécie de religião nova. A entrada é sublinhada de preto para indicar, por uma simbólica próxima daquela da maçonaria, o caminho para a Luz que, vinda do céu, inunda a sala de leitura. A escolha de Atlas sustentando o universo mostra que, no imaginário coletivo, o saber substituiu as armas como fundamento da ordem do mundo. Os cientistas melhorarão, contudo, a produção do salitre que os combatentes utilizam, e a Revolução celebrará com fervor o culto dos grandes homens.

Antes desse projeto, a pedido da administração das Construções e por instigação de Calonne, Boullée fora solicitado para instalar em outro lugar a Biblioteca do Rei. Ele propusera a construção de uma biblioteca no local do convento dos Capuchinhos. A despesa grande demais levara a descartar o projeto. As plantas permanecem. Um dos desenhos propõe um edifício sem janelas para o exterior, o que insiste no corte entre a vida social geral e a leitura, até mesmo no caráter iniciático do acesso ao saber. O edifício é dividido em cruz por amplas galerias onde seriam erguidas "as estátuas dos grandes homens". Na entrada, uma praça semicircular onde devia ser erguido um templo de Apolo. Permanece ainda presente a referência ao Liceu e a Alexandria assim como ao culto dos grandes homens. A pedido de Angeviller, devia-se proceder à instalação dos grandes homens na grande galeria do Louvre. Foram esculpidos 27, que foram apresentados no Salão de 1776 a 1786. É sem dúvida significativo que, dos projetos de Boullée, seja a única parte efetivamente realizada.

Tive, por saudade dos edifícios da Rua de Richelieu, desejo de saber um pouco mais sobre Henri Labrouste, embora ele não tenha sido em nada um utopista, mas ao contrário um arquiteto vigorosamente apegado a seu tempo, a suas técnicas de construção e seus materiais. A ele é devida a sala de leitura, célebre a ponto de ele encarnar por si só certo espírito da antiga Biblioteca Nacional. Procurei em vão uma obra que lhe seja consagrada. Precisei recorrer ao *Répertoire des architectes diocésains du XIXe siècle* [Repertório dos arquitetos diocesanos do século XIX] devido a Pierre, François, Léon Labrouste, seu filho para alguns, seu sobrinho mais seguramente, ele mesmo arquiteto e filho de François Marie Theodore Labrouste, também arquiteto. O que dá uma bela linhagem na arquitetura. Mas mostra também o pouco interesse da própria Biblioteca Nacional por essa figura simbólica, cara à minha memória. Ingratidão talvez, longa demora também para descobrir a surpreen-

210   JEAN MARIE GOULEMOT

dente beleza da arquitetura metálica e das cúpulas de cerâmica da sala Labrouste, no momento preciso em que se muda para o sítio Mitterrand e onde a modernidade se situa na informatização, na digitalização e não mais na própria arquitetura dos edifícios.

Não lamento, porém, o tempo passado a ler no *Répertoire des architectes diocésains* as páginas consagradas à Biblioteca Nacional e a Henri Labrouste. Encontram-se aí as críticas tradicionais dirigidas às bibliotecas. Assim, nota Léon Labrouste:

> O desejo, a paixão talvez de colecionar tudo, o temor de deixar lacunas lamentáveis impeliu a excessos de acumulação, que longe de facilitar um encadeamento natural, levaram à confusão;

e fala de amontoamento. Apreciar-se-á a descrição da vetustez dos locais: maus lugares ("frequentemente o quinhão do público"), dos calorímetros, dos fenômenos de condensação perigosos para os livros, aos quais vai remediar a instalação de uma grande sala de leitura, ocupando o espaço "onde existiam, há dez anos, os pátios internos dos antigos palacetes onde foi colocada a Biblioteca Imperial". Ela contará com 344 lugares sentados para os leitores e 70 de pé na frente das escrivaninhas. O que não deixa de evocar aquelas inscrições que se liam outrora nos vagões de mercadorias e que distinguiam os homens e os cavalos.

Da sala de leitura, passa-se em seguida aos depósitos, capazes de abrigar 900 mil volumes em cinco andares de 2,30 metros de altura cada um. Faz-se o balanço das demolições necessárias das partes demasiado degradadas da antiga Biblioteca. Aplicaram-se para as partes exteriores processos de construção à antiga com a preocupação de preservar a unidade arquitetônica do conjunto. Para o resto do edifício,

> todas as paredes são de pedra ou de tijolos; todo o vigamento dos assoalhos e dos telhados é de ferro. As abóbadas são de alvenaria, as da grande sala de leitura são de ferro forjado revestido de faianças pintadas e esmaltadas.

O AMOR ÀS BIBLIOTECAS **211**

A propósito das pinturas (seis grandes quadros representando paisagens confiados ao sr. Desgoffe),

o arquiteto pensou que essas pinturas calmas e frescas convinham melhor parra decorar uma sala destinada ao estudo do que assuntos históricos que teriam tido talvez o inconveniente de distrair os leitores vindos aqui para estudar.

Não conheço outros trabalhos devidos ao sr. Desgoffe. Apreciei seus painéis verdejantes da sala Labrouste, que me parecem corresponder perfeitamente ao desejo expresso pelo próprio arquiteto. Divirto-me imaginando a aflição que esse último experimentaria contemplando os "afrescos" que decoram as extremidades das salas do piso jardim do sítio Mitterrand. Sua ausência de relação com a função dos lugares leva a se perguntar às vezes se eles não constituem simplesmente uma tentativa desesperada para dissimular a rugosidade severa do concreto ou para escapar às tecelagens metálicas da longa descida para o nível do jardim. Objetar-me-ão, para responder ao meu espírito rabugento, que a natureza está aqui presente, não pintada, como na sala Labrouste, mas vigorosa, graças ao parque que se instalou no pátio do centro da Biblioteca. Devo repeti-lo mais uma vez, o livro é um mundo da representação, quer seja científico, histórico quer seja filosófico, e a única realidade a levar em conta numa biblioteca é a de seu funcionamento. Ele não requer nem simbolismo ingênuo – por exemplo, as torres em forma de livros abertos – nem efeitos de realidade brutais e despropositados.

A parte do sonho não pertence só aos arquitetos. A biblioteca, não mais como lugar, mas pelo seu conteúdo, constituiu um objeto das Luzes. A perspectiva dos filósofos é, já o notamos, amplamente paradoxal. Certamente, as Luzes exprimem com força uma demanda patrimonial, a da constituição de uma memória. A obsessão do desaparecimento, do aniquilamento, na origem da própria empresa enciclopédica, obriga a nuançar o otimismo frequentemente mostrado pela filosofia. Mas, ao mesmo tempo, a posição crítica das Luzes os constrange a condenar os erros e as superstições que

212   JEAN MARIE GOULEMOT

veiculam inúmeros livros de um passado distante ou mesmo de publicação recente. Devem-se conservar esses livros apesar de tudo ou deve-se destruí-los? O debate será por um momento o mesmo com os símbolos (estatuária, pintura, divisas, medalhas) do Antigo Regime na ocasião do debate sobre o vandalismo. O que faz da obra de arte uma noção problemática e reduz consideravelmente o alcance da reflexão das Luzes sobre a posteridade. Está-se mais perto de Falconet, cético quanto à sobrevivência de sua obra, do que de Diderot apostando na posteridade em *Le Pour et le Contre* [Os prós e os contras]. Enquanto cresce o impresso, se desenvolve a pedagogia, começa-se a pensar, com os projetos de La Chalotais, uma vez obtida a expulsão dos jesuítas, na necessidade de um sistema educativo nacional, esse questionamento das bibliotecas, elas mesmas em pleno crescimento, parece no mínimo contraditório. Pode-se vinculá-lo diretamente à existência de uma boêmia literária sem emprego e sem futuro? É difícil ser categórico, sobretudo na medida em que a Revolução vai modificar o jogo: o vandalismo une-se, às cegas, com o pedido de depuração dos filósofos, aproximação que contradiz a colocação quase imediata dos depósitos de livros apreendidos, sua conservação e classificação. A boêmia literária encontra por sua vez emprego na imprensa nova, no aparelho político e nos clubes revolucionários.

Nesse discurso das Luzes, o leitor está pouco presente. A leitura, os leitores são relegados ao segundo plano. Essa perspectiva permanece amplamente a do século XIX. Não há fisiologia dos leitores, que estão ausentes dos grandes romances do século, e poucas crônicas lhes são consagradas na imprensa. Nem mesmo caricaturas importantes de ratos de biblioteca, como se começa a designá-los. Não é certo que o século XX assinale um progresso nessa área. Ele conserva as obsessões e as mitologias do passado. O amor às bibliotecas, tal como o definia de maneira tão bonita Gaston Bachelard, que desejava uma chuva cotidiana de livros acrescentando "o Paraíso não é uma imensa biblioteca?", não consegue afastar a angústia nascida da acumulação e da vaidade desses livros escritos sobre livros. As imagens empregadas para representar a biblioteca

O AMOR ÀS BIBLIOTECAS   213

se diversificam: há o labirinto em *O nome da rosa* de Umberto Eco ou em Jorge Luis Borges, o crânio para Musil em *O homem sem qualidades*, um cemitério para Sartre em *O que é a literatura?*, um espaço vaginal para Lodge em *The British Museum is Falling Down* [O Museu Britânico está caindo], que chega mesmo a falar de útero para a sala de leitura e dos ovários da erudição. Medir-se-á o caminho percorrido na audácia comparativa lembrando que Anatole France, em *La chemise* [A camisa], evocava a biblioteca como um barulhento concerto ensurdecedor de vozes vindo dos livros mesmos, para concluir:

> Eles [os livros] discutem tudo: Deus, a natureza, o homem, o tempo, o número e o espaço, o cognoscível e o incognoscível, o bem, o mal, examinam tudo, contestam tudo, afirmam e negam tudo.

Os atrevimentos de Victor Hugo em "O Asno" –

> [...] No Olimpo feroz e sinistro dos livros/ No imenso sótão do alfarrabismo humano/ [...] como uma úlcera cresce/ Como aumenta o cancro/ A horrível aluvião do dilúvio de tinta

– parecem hoje bem inocentes.

A biblioteca, isso é conhecido, é um dos lugares onde se inscrevem talvez melhor os sonhos dos leitores e daqueles que os observam. Eles não são redutíveis às imagens que acabam de ser evocadas, visto que articulam num mesmo espaço imaginário representações contraditórias. Assim vão unidos no tema do labirinto, na falta de serem reconciliados, o infinito da leitura como um horizonte impossível de atingir, a acumulação desumana tanto quanto o dever de memória que ela cumpre, a alienação do leitor e seu papel prometeico, enfim, a crença num segredo que toda biblioteca dissimula, segredo que não cessa de se esquivar, como em *O nome da rosa*. Encontrar-se-á aí, além dos ouropéis medievais, e implicada na afirmação desiludida da acumulação inútil, de que Sartre

214 JEAN MARIE GOULEMOT

zomba em *A náusea*, a ideia de um livro único sempre retomado e reescrito, agindo como um saber perdido, e do qual cada escritor tem saudade. A hipótese se fortaleceu de Mallarmé a Derrida (*Le livre à venir* [O livro por vir], *Papel-máquina*). Jean Roudaut (*Les Dents de Bérénice* [Os dentes de Berenice]) expressou perfeitamente suas dimensões complementares.

A biblioteca seria a reconstituição do que poderia ter sido "o livro primitivo": a literatura seria devida ao esforço da humanidade para rememorar fragmentos por fragmentos uma visão anterior e absoluta [...]. Sonolentos e ansiosos, suspeitaríamos da existência de um livro fundador que procuraríamos reconstituir.

Outros, como Ítalo Calvino (*Se um viajante numa noite de inverno*), fazem da biblioteca um mundo kafkiano com seus procedimentos coercitivos e absurdos e sua vontade de tornar a leitura impossível ("por uma razão ou por outra, nenhum dos livros que você pede pode ser posto à sua disposição"). O que exprimia mais brutalmente ainda Charles Monselet (num artigo do *Figaro* que data dos anos 1860): "Todo bibliotecário é inimigo do leitor".

Como muitos outros lugares fechados, a biblioteca, para alguns, se povoa dos sonhos amorosos dos leitores. No silêncio da leitura elaborar-se-iam desejos, esboçar-se-iam flertes, praticar-se-iam roçamentos ambíguos e abraços fugazes. Há leitores inexauríveis sobre esses amores favorecidos pelos lugares. Eles lhe impingem histórias de encontros, de convites calorosos, de abraços surpresa ao acaso das estantes. Fazem dos depósitos voluptuosos antros. Confesso que nunca fui testemunha desses folguedos e desses encontros prometedores. E não sei se, no fundo, devo lamentá-lo. O erotismo real das salas de leitura relaciona-se ao sonho, ao exercício mental. Aqueles que pretendem que a realidade ultrapassa em certos lugares a ficção me parecem tomar seus desejos por realidades. Não há muito tempo, um amigo leitor assíduo me afirmava, de olhos brilhantes e gesto impetuoso, que não sei mais qual sala era o terreno de caça preferido dos doutorandos da École Normale. Que

O AMOR ÀS BIBLIOTECAS 215

façam bom proveito! Seu aspecto estudioso e sua energia discutindo cargos universitários diante das comidas espartanas da cafeteria me impeliriam a lhes desejar que assim fosse. Nessa área, a ausência de pichações eróticas, tanto quanto minha investigação for totalmente confiável, me deixa dubitativo. Deve-se fazer disso o sinal de uma sexualidade desabrochada que tornaria essa atividade maníaca completamente inútil ou o sintoma de um total desinteresse pelas coisas do sexo? Que os sociólogos nos ajudem a escolher.

Mantive durante meses meu diário de leitor da Biblioteca Nacional da França. Um curtíssimo (excessivamente) extrato foi publicado em *Le Débat*. Gostaria que não se tivesse suprimido o cotidiano, julgado sem dúvida prosaico demais por aqueles que não têm mais tempo, sobrecarregados como estão de altas responsabilidades, para frequentar as bibliotecas e a Biblioteca Nacional em particular. Para mim, a estada nas bibliotecas, feita de leituras, de reflexão, de escrita e de sociabilidades diversas, é como uma espécie de oxigênio necessário à minha pesquisa e ao meu equilíbrio. Penso com resignação no momento em que precisarei admitir que a idade me terá dificultado os deslocamentos, impossibilitado o manejo dos catálogos. Restará o recurso, pelo menos assim o espero, de sonhar ainda com as bibliotecas que acompanharam minha vida.

Assim seja

Ao começar a escrever este ensaio, não sabia muito bem aonde ele devia me conduzir. Uma história das bibliotecas segundo ângulos diversos, uma história de minhas bibliotecas, talvez uma espécie de diário da Biblioteca Nacional, depois da Biblioteca Nacional da França, ou um estudo comparado, do ponto de vista do leitor, das bibliotecas europeias e americanas que frequentei ao sabor de minhas viagens ou de minhas estadas no estrangeiro. Hesitava. Não tinha vontade de confiar fragmentos de autobiografia. Porém, este livro que termina adquiriu ao longo dos meses e das páginas sua dinâmica própria: ele é tudo isso, o aceito e o recusado, e mesmo mais do que isso. Não é, entretanto, nem um balanço nem um testamento de leitor, mesmo se o habitam às vezes nostalgias e constatações, críticas ou não. Ele oferece da minha vida, de meus sonhos e de meus saberes a diversidade da caça proibida em bibliotecas tal como não cessei de praticá-la, combinando leituras necessárias e leituras de acaso ou de interesse imediato. Queixar-se-ão de seu caráter descosido e do que alguns chamarão sua frivolidade. Tanto pior. Ninguém é obrigado a entrar numa biblioteca ou a ler aí as obras que lhe seriam impostas. Dentro do limite dos acervos de que a biblioteca dispõe, a leitura é livre. E é permitido ao leitor abandonar sua leitura. Devo confessar que ao fim do percurso de

218   JEAN MARIE GOULEMOT

escrita me alegro de que este ensaio se pareça em muitos aspectos com uma biblioteca generalista? Constato-o no fim da corrida, sem ter tido esse projeto. Lamento que ele não seja também um percurso labiríntico como é toda biblioteca. Que ele se contente então de ser descosido como um passeio pelas estantes com paradas para ler algumas páginas de uma obra escolhida por acaso e sonhar, livro ainda aberto à sua frente.

Sempre o disse abertamente: não sou daqueles que se regozijam quando se profetiza, trabalhando freneticamente para tal, o desaparecimento da leitura nas bibliotecas. Já tenho bastante dificuldade em me convencer a consultar a distância, como se diz, um catálogo informatizado a fim de preparar minha encomenda de livros que lerei uma vez no local, confortavelmente ou não, mas instalado então no meu lugar de leitor. Não aceito submeter-me a essa consulta mais técnica do que inspirada pelo passeio sem destino ou pela intuição a não ser porque ela constitui o prelúdio hoje em dia necessário a uma sessão de leitura na biblioteca. Sinto-a não como uma facilidade, mas muito mais como um dízimo a pagar para reencontrar o direito de ler no meio de outros leitores. Que me acusem de conservadorismo ou de incapacidade de aceitar o mundo como ele vai, no fundo pouco me importa e reservo-me o direito de pensar que ele vai às vezes muito mal. Utilizo há dez anos um computador, no qual estou neste momento escrevendo, computador que acho de grande utilidade sem tirar de seu uso um orgulho particular. Ele me permite correções rápidas, faz-me beneficiar de um correio mais imediato e evita a multiplicação de pastas incômodas e de acesso sempre difícil no meu escritório. Não tive a impressão de uma dessocialização quando decidi substituir minha velha máquina de escrever elétrica por um computador. Meu escritório não mudou de aspecto, nem, no fundo, meu trabalho mudou de natureza. A tecnologia serviu para melhorá-los sem me obrigar a romper com meus hábitos. Perdi nisso algumas manias para adquirir outras novas e ganhei tempo. Posso considerar, mesmo se não é muito ortodoxo aos olhos dos puristas, o computador como uma máquina de escrever de melhor desempenho e tirar daí grandes vantagens.

O AMOR ÀS BIBLIOTECAS 219

Quem se queixaria? Adaptei o computador às minhas necessidades: ele não me criou outras verdadeiramente novas e não me impôs sua lei e sua série "vantajosa" de possibilidades. Ainda me acontece com frequência escrever a caneta cartas a meus correspondentes, tomar notas numa folha de papel e estimular uma inspiração enfraquecida rabiscando num velho caderno, como se o emprego da caneta e da rasura conseguisse produzir um milagre.

Meus temores de uma utilização ameaçadora do todo digital não se devem a uma recusa tecnológica, mas a algumas de suas consequências previsíveis quanto ao modo de leitura, à natureza e ao uso das bibliotecas, à relação que o leitor na biblioteca mantém com o livro mesmo. Se há debate, que ele se situe nesse estrito perímetro e não em outra parte. Os temores que expresso fazem de mim uma espécie de dinossauro que se vai aproximar daqueles que, no século XIX, denunciaram o desenvolvimento do maquinismo. Estou convencido de que, além das semelhanças aparentes e de outras muito reais, existem, de uma mutação a outra, notáveis diferenças.

O advento do maquinismo e das fábricas ao longo do século XIX modificou a própria natureza do trabalho, a relação do operário para com o material. É verdade que ele acarretou, por exemplo, o trabalho em linha de montagem sob formas particularmente alienantes. Mas não provocou aquele desemprego que profetizavam seus detratores. Estou mesmo certo de que o emprego aumentou graças a ele, se se quiser lembrar que os artesãos, no século XVIII, não pararam de denunciar o número exagerado de dias parados e que os manobreiros (trabalhadores agrícolas e sazonais) não conseguiam assegurar sua subsistência. Foram eles que formaram as tropas do êxodo rural do século XIX e abandonaram primeiro o campo. E compreendemo-los. É verdade também que o maquinismo, o desenvolvimento das fábricas não destruíram por isso o artesanato, que permanece ainda, acreditando em campanhas de informação recentes, o maior empregador dos países industrializados. Não sei se essa estatística foi estabelecida, mas penso que se poderia apostar sem muito medo que os hipermercados destruíram tantos pequenos comércios quanto a fábrica e suas máquinas oficinas de artesãos.

Pois é preciso diferenciar a leitura na tela (ou mesmo numa tiragem em papel em domicílio) de um texto digitalizado e a leitura de um livro impresso. Um livro se pega na mão e, com um dedo mais ou menos ágil, o leitor vira suas páginas, examina uma capa, acaricia com as costas da mão a folha de rosto. Com o livro, a leitura é acompanhada por uma apreensão física. Ela envolve o tato antes de solicitar o olhar. Responder-me-ão que a leitura na tela não deixa o corpo indiferente. Isso é verdade. Mas como comparar a página virada com um pinçar dos dedos, que é preciso às vezes, quando ela se revolta, aplainar com a mão, com a ponta do dedo que clica numa tecla para que a página seguinte, como que apagando a precedente, se instale na tela do computador? O livro na tela não tem volume nem espessura. Pertenço a um mundo da sensualidade do tato, da carícia do livro. Ele possui um peso, um formato, é brochado ou encadernado, desbeiçado ou impecavelmente conservado. Viveu, e eu não leio da mesma maneira uma página na tela e a página impressa de um livro. Elas têm, aliás, entre si pouca relação: tipografia diferente, caracteres unificados num caso e diversificados no outro segundo as coleções, os editores, as modas, passagem vertical e não horizontal de uma página à outra na leitura na tela. Não se viram as páginas, fazem-se deslizar. Essas páginas digitalizadas são sem cor e sem cheiro. E eu reivindico como um direito o prazer das páginas amareladas, manchadas mesmo, de papéis e de tintas de cores diferentes, irregulares porque não foram sistematicamente aparadas. A digitalização asseptiza o livro e lhe retira sabor e odor, anula sua singularidade. Faz dele um objeto seriado anônimo. Ela o reduz unicamente ao conteúdo, desnuda-o e prossegue o trabalho redutor operado já pelas microfichas e os microfilmes. Ela faz da leitura um ato estrita e tristemente cerebral.

Não nego, porém, sua utilidade. Aconteceu-me poder trabalhar sobre a imprensa graças a microfilmes. Devo, aliás, a essas longas sessões de leitura na tela nos boxes da sala dos periódicos da Rua de Richelieu, ter errado um dos degraus da escada em caracol que conduzia ao banheiro, ao voltar à luz pressionado pela necessidade, e ter torcido um pulso. Apesar dessa desventura, não pretendo

O AMOR ÀS BIBLIOTECAS 221

que a leitura na tela provoque necessariamente acidentes. Nem sei mesmo se ela cansa mais ou menos a vista do que a leitura de uma página impressa em papel. Oponho aqui a utilidade seca à leitura de prazer, não só pelo conteúdo do texto, mas pela sensualidade muito presente na leitura do livro impresso. Que a digitalização, da qual se está fazendo assaz tolamente a meu ver um desafio político e cultural, uma competição entre a Europa e os Estados Unidos, seja reservada aos livros fragilizados pelo tempo, ou extremamente raros e insubstituíveis, à imprensa cujo papel envelhece mal. Esta é uma necessidade à qual é preciso se submeter. Quero alertar contra a tentação do todo digital.

Eu chocaria sem dúvida muitos de meus amigos mais jovens explicando-lhes que gosto de ler na biblioteca, e mesmo consultar aí um catálogo vagando "preguiçosamente" entre os nomes de autores e os títulos das obras. Creio incompatível com a leitura assim definida a reivindicação do mais prático, do diretamente útil. Devo a esses passeios entre as palavras, as edições e os autores menores descobertas apaixonantes. A biblioteca é para mim o lugar por excelência do passeio sem destino e da caça proibida. Não se pode virar stacanovista da leitura, impor-se ritmos, reduzir o tempo que lhe é consagrado. É o livro, seu grau de resistência e o prazer de sua leitura que impõem um ritmo. Dir-me-ão com razão que se pode vagar também com o computador. Mas falta-lhe, a essa tela de computador de *design*, como se diz, de linhas aerodinâmicas, o papel amarelado das páginas, o aspecto das fichas dos catálogos manuais, cansados e gastos a ponto de perderem a geometria de seus ângulos, as correções à mão que os vestem, e, paradoxalmente, o rigor de um trabalho, contudo, artesanal. Como não paravam de repetir os especialistas em informática de meus inícios,

o computador [então uma pesadíssima e enorme máquina com ares de armário normando revisto por um estilista sueco] não é inteligente. A inteligência pertence àquele que o inventa e àquele que o emprega. Ele só pode devolver a informação que lhe forneceram e que ele ingurgitou, mas é capaz de classificá-la segundo normas

222 JEAN MARIE GOULEMOT

diversas, resumi-la, operar aí escolhas segundo os critérios que lhe são impostos. É um admirável executante que trabalha à velocidade da luz para a maior glória do homem seu senhor.

Mas não se ignora mais, desde Hegel para uns e *O criado* de Losey para outros, que o escravo, numa reviravolta, acaba impondo suas coerções àquele a quem ele permanece, todavia, aparentemente ainda submetido. Sem mergulhar, entretanto, nas visões apocalípticas segundo as quais as máquinas tornadas autônomas comandariam as sociedades humanas depois de tê-las servido.

Retornemos, porém, à leitura de caça proibida, ao sabor das descobertas mesmo, que se pode praticar na biblioteca e da qual os frequentadores que "surfam" na internet pretendem que existe seu equivalente informático. Para decidir o debate e escapar a evocações de práticas informáticas das quais estou muito distante, e cuja existência seria inoportuno negar, relembrarei simplesmente que a caça proibida na biblioteca é um ato de deambulação, de deslocamento no espaço, que ativa todos os sentidos e não só o tato de um teclado no qual se digita, ou a vista para ler os títulos na tela. A leitura de um livro impresso é primeiro um ato que envolve a materialidade exterior do livro. Quem poderá negar que um livro às vezes se compra simplesmente porque sua capa é atraente e agrada ao olhar ou então porque se faz dela um sinal de qualidade e se quer permanecer-lhe fiel? Assim, quantos livros comprados pela capa branca, vermelha e preta da Gallimard, vermelha ou rosa da Stock, verde, branca e preta da Seuil, para citar só algumas. Numa biblioteca, os livros têm um cheiro: sem dúvida o da mistura do papel e da poeira que eu identifico e que percebo mesmo de bastante longe, eu que careço dramaticamente de olfato na vida comum (alguns dirão que é um privilégio tendo em vista nossas cidades poluídas e sujas). Eles têm uma cor própria e uma aparência singular, pois o envelhecimento dos papéis possui uma história que é quase humana: brancos, amarelecem e cobrem-se de manchas, ficam então salpicados como as peles dos velhos, atacados pelos fungos, os cupins que aí escavam galerias, tornam-se friáveis ou quebradiços, com fe-

O AMOR ÀS BIBLIOTECAS   **223**

ridas na epiderme, marcados por auréolas de umidade. Quando me acontece ler um livro cujas páginas trazem essas marcas do tempo, penso no parentesco desse envelhecimento com o que nos espreita. Meu próprio rosto, de um leitor no caminho da idade avançada, me confirma sem dificuldade.

Consolo muito provisório: essas marcas provam que existe para o livro uma vida após sua entrada numa biblioteca, que se assimilaria erroneamente a uma espécie de asilo de velhos. Na leitura a distância, a materialidade é reduzida à do computador. Ele impõe sua lei e elimina a fim de não guardar senão o essencial, para ele o conteúdo. E todo o resto seria somente literatura. Essa apreensão do texto reduzido ao seu conteúdo é uma regressão, queira-se ou não. Pois parecia adquirido com os enfoques críticos mais modernos que o sentido de um texto dependia também da materialidade de seu suporte. O texto de um cartaz não seria mais o mesmo se se inscrevesse numa página de um volume da "Bibliothèque de la Pléiade" ou se fosse reduzido ao formato de um cartão-postal. Sabe-se pertinentemente que uma edição de luxo modifica a percepção que se tem do texto tão profundamente quanto essas edições populares em duas colunas vulgarizadas no século XIX. A digitalização enquanto tal nivela. Digamos mesmo que despersonaliza. E, sob pretexto de uniformização, de utilidade e de comodidade, ela faz quase esquecer o que é a essência mesma da leitura e do prazer que ela ocasiona. Reivindico que a digitalização seja um recurso e não uma via quase única de acesso aos textos.

Objetar-se-á que existem historiadores do livro que, por razões diversas, não frequentam muito as bibliotecas. Produziram, entretanto, alguns textos fundamentais para a compreensão da leitura e do livro como objeto cultural. Mas não se esquecerá que o trabalho deles, de interpretação global e às vezes de teorização, foi possibilitado por aqueles que pesquisaram os arquivos, examinaram os volumes antigos na biblioteca para reunir os fatos, os materiais de base. Se a leitura digital se multiplicar, se a leitura na tela a distância se tornar, como é de temer, a regra, esse elo indispensável do exame do livro em "seu sumo", como dizem os antiquários para

224 JEAN MARIE GOULEMOT

os móveis ou os quadros que não foram restaurados ("em estado", dizem os livreiros para os livros), ou seja, todo um painel de nosso conhecimento da leitura, desaparecerá. Quando vier esse período de glaciação, ter-se-á conquistado para nada o direito de apreender o livro em sua totalidade material, de sua encadernação ao cólofon, passando pela folha de rosto, pelo papel, o ex-libris, as ilustrações, a assinatura do revisor tipográfico, os traços manuscritos e mil sinais que são a passagem do tempo e às vezes os indícios de uma leitura e de um leitor. Numa palavra, a vida mesma do livro impresso ter-se-á tornado estrangeira. Voltar-se-á àquilo contra o quê a crítica combateu duramente.

Não é nenhuma novidade postular que a pesquisa, tal como se pratica em literatura e na quase totalidade das ciências humanas, permanece, apesar das investigações e trabalhos coletivos, muito próxima da solidão do corredor fundista. Em sua organização, não há praticamente equipe nem mesmo laboratório. O que tem por consequência tornar céticos os pesquisadores de ciências e impeli-los às vezes a julgar muito pouco confiável, porque é muito impressionista, esse tipo de pesquisa. A experimentação, a verificação das hipóteses se faz ao acaso das leituras na biblioteca, procedimento que a leitura a distância, reconheçamos, também permite. Admitamos igualmente que essa última não pode senão acentuar a tendência infeliz do pesquisador ao isolamento e à dessocialização. Não lhe facilitemos as vias da solidão de que sofrem os que, dentre eles, não têm nenhum contato com o ensino. A prova do lugar do público, como a comunicação pedagógica, é benéfica. Recuso um futuro em que os livros perfeitamente conservados em lugares construídos para esse efeito seriam inacessíveis. Não imagino que o livro não seja mais de uso comum e que a leitura a distância na tela faça da obra que se compra um objeto de coleção, testemunha de um passado terminado.

É preciso preservar bibliotecas que sejam humanas e onde seja mantido o vínculo carnal com o livro, que reúnam nesse ato estranho – a leitura refletida – uma comunidade de seres lendo junto e, contudo, isolados. Que as bibliotecas permaneçam assim lugares de

O AMOR ÀS BIBLIOTECAS   225

vida, onde as ideias não nasçam somente da relação entre um leitor e seu livro, mas também da conversa em torno de uma xícara de café, de encontros com leitores estrangeiros, do devaneio que invade o público no torpor de uma tarde de verão. Desejo que meu neto, quando tiver idade para isso, possa preferir à leitura seca na tela, espremido entre os metros quadrados de seu escritório, o espaço aberto de uma biblioteca, o contato material com os livros que lerá, que terá carregado nos braços até a sua mesa. Que ele saiba que um livro não é uma sequência de páginas dispostas verticalmente, um espaço de duas dimensões, mas, como para as gerações que o precederam, um volume que se toma na mão e cujas páginas se viram sem precisar para isso apertar a tecla de um computador. Que ele não tenha a tentação da facilidade e a vontade de constituir um sucedâneo de livro imprimindo, num canto de mesa, a página que aparece em sua tela. Que ele não tenha a ilusão de se tomar por um criador, como se insinua às vezes, porque imprimirá um in-quarto em formato carta trocando de caracteres. Porque eu o amo, penso em suas felicidades futuras e desejo-lhe que deforme os bolsos de seus casacos com os livros que tiver enfiado neles para lê-los ao sol ou tranquilamente à sombra, no banco de um parque. Desejo-lhe também que levante os olhos de seu livro para olhar uma leitora passar entre as estantes da biblioteca e que retome sua leitura pensando que a vida vale a pena de ser vivida e mesmo sonhada. Assim seja.

REFERÊNCIAS

Nota preliminar

Como é o caso para um ensaio, esta bibliografia é evidentemente sumária. Não se enumeram as obras cujos títulos completos e data de publicação foram indicados ao longo dos capítulos (por exemplo, foi o caso para os livros de Bernard Faÿ). Por sua vez, ela não comporta todas as obras consultadas, visto que se tratou frequentemente de leitura de acaso suscitando reflexões fugidias, ou de coincidências felizes. Não pretendo contradizer por minha prática o que afirmei depois de muitos de meus predecessores: um livro se escreve a partir de outros livros que o alimentam como o faz uma terra preparada. Uma biblioteca, real ou mental, representa a maior e mais preciosa fonte de inspiração. Consequentemente, a bibliografia ideal deste livro, ou seja, a mais completa, comportaria todos os livros que li ou simplesmente folheei, mesmo aqueles que esqueci – e são legião – e que entretanto trabalharam, sem que eu tenha sempre tido consciência disso, meu pensamento, minhas outras leituras e até meus sonhos.

Encontrar-se-á aqui uma lista de títulos que traduzem um caminhamento. Sem dúvida deveria tê-los agrupado por capítulos, mas as interferências, os ecos, as retomadas de um capítulo a outro

228 JEAN MARIE GOULEMOT

me impediram de fazê-lo. Para evitar uma desordem grande demais devido à fantasia de minhas leituras de caça proibida, optei por uma classificação por rubricas e pela ordem alfabética, que tem o imenso mérito de ser intangível, rigorosa e de acesso fácil.

A esta defesa, objetar-se-á a parte atribuída aqui às lembranças de minha infância e de minhas viagens, que não remetem aparentemente a nada de livresco. Objeção apressada. O que percebi dos países em que vivi não se deve aos livros que me ensinaram a ver, a distinguir, a organizar meu entorno, a medir as diferenças de um mundo e de uma sociedade a outro? Quanto a minhas lembranças, elas adotam naturalmente a forma de uma narração em episódios. Recordar-se é no fundo descrever o que se viu, viveu e experimentou. A causa está assim entendida.

Obras consultadas

Generalidades

ARIÈS P.; DUBY, G.; CHARTIER, R. (Org.). *Histoire de la vie privée.* Paris: Seuil, 1985-1987 [Ed. bras.: *História da vida privada.* São Paulo: Cia. das Letras, 1990-1992].

ARNAUD, C. *Chamfort, biographie.* Paris: Robert Laffont, 1987.

BAYLE, P. *Dictionnaire historique et critique.* 4e édition revue, corrigée et augmentée, avec la vie de l'auteur, par M. Des Maizeaux. Amsterdam: P. Brunel, 1730. 4v.

BENJAMIN, W. *Je déballe ma bibliothéque.* Paris: Payot & Rivages, 2000.

BOTS, J. A. H.; WAQUET, F. *La république des lettres.* Paris: Belin, 1997.

BRUZEN DE LA MARTINIÈRE, A.-A. *Le grand dictionnaire géographique, historique et critique.* Paris: Libraires associés, 1768. 6v.

FIGUIER, R. (Org.). *Bibliothèque, miroir de l'âme, mémoire du monde.* Paris: Autrement, 1991.

FORMEY, J. H. S. *Conseils pour former une bibliothèque peu nombreuse, mais choisie.* Berlin: Haude et Spener, 1756.

GOULEMOT, J. M. *Le règne de l'histoire*: discours historiques et révolutions, XVIIe-XVIIIe siècle. Paris: Albin Michel, 1996.

HISTOIRE des bibliothèques françaises. Paris, Promodis/Éditions du Cercle de la librairie, 1988-1992 [e mais especialmente t.2, Les Biblio-

O AMOR ÀS BIBLIOTECAS 229

thèques sous l'Ancien Régime, 1530-1789; t.3, Les bibliothèques de la Révolution et du XIXe siècle; V.4, Les Bibliothèques au XXe siècle.]

HUMBERT, A. *Les nabis et leur époque, 1888-1900*. Genève: Pierre Cailler, 1954.

JACOB, C.; GIARD, L. (Org.). *Des Alexandries*. Paris: Bibliothèque nationale de France, I. *Du livre au texte*, 2001, II. *Les Métamorphoses du lecteur*, 2003.

JACOB, C.; BARATIN, M. (Org.). *Le pouvoir des bibliotèques*: la mémoire des livres en Occident. Paris: Albin Michel, 1996. [Ed. Bras.: *O poder das bibliotecas*. Rio de Janeiro: UFRJ, 2006].

LAUBIER, G. de; BOSSER, J. *Bibliothèques du monde*. Paris: Éditions de la Martinière, 2003.

MARTIN, H.-J.; CHARTIER, R. (Org.). *Histoire de l'édition française*. Paris: Fayard: Éditions du Cercle de la librairie, 1989.

MORERI, L. *Grand dictionnaire historique...* Paris: P. Brunel, 1740.

NAUDÉ, G. *Advis pour dresser une bibliothèque*. Paris: F. Targa, 1627.

PINTARD, R. *Le libertinage érudit dans la première moitié du XVIIe siècle*. Paris: Boivin, 1943. 2v.

POMIAN, K. *Collectionneurs, amateurs et curieux*: Paris, Venise, XVIe-XVIIIe siècle. Paris: Gallimard, 1987.

POMIAN, K. *Des saintes reliques à l'art moderne*: Venise-Chicago, XIIIe-XXe siècle. Paris: Gallimard, 2003.

REVUE de la Bibliothèque nationale de France. n.1, jan. 1999 [sobretudo os números 7, 9, 15].

SCHAER, R. (Org.). *Tous les savoirs du monde*: encyclopédies et bibliothèques, de Sumer au XXIe siècle [exposição na BNF, 20 dez.-6 abr. 1997.] Paris: BNF/Flammarion, 1996.

TRÉNARD, L. (Org.). *Les bibliothèques du XVIIIe siècle*. Bordeaux: Société des bibliophiles de Guyenne, 1989.

A Ocupação, a Colaboração

CHEVALLIER, P. *Histoire de la franc-maçonnerie française*. Paris: Fayard, t.3, 1998.

CLERC, H. La collaboration, ce que c'est, ce que la France peut en attendre. [Conferência feita em 24 de abril de 1941, em Paris.]

EPSTEIN, S. *Les dreyfusards sous l'Occupation*. Paris: Albin Michel, 2001.

230 JEAN MARIE GOULEMOT

EXPOSITION maçonnique de Rouen. 79 rue d'Orbe, guide du visiteur (1941?).

FOUCHÉ, P. *L'édition française sous l'Occupation*, 1940-1944. Paris: Bibliothèque de littérature française contemporaine de l'Université Paris-VII, 1987.

GUEYDAN DE ROUSSEL, W. *Journal (1940-1944):* un agent de la BN et de la Gestapo (textes réunis et présentés par L. Sabah). Paris: Klincsieck, 2000.

HANDOURTZEL, R. *La Collaboration, à gauche aussi.* Paris: Perrin, 1989.

LARCHET, J. M. *L'État français contre la franc-maçonnerie, 1940-1944.* Paris: Éditions maçonniques de France, 2001.

LÉPAGNOT, C. *Histoire de Vichy,.* Genève-Vernoy-La-Seyne-sur-Mer: Diffusion ICED, 1980. IV: La Collaboration.

LIGOU, D. *Franc-maçonnerie et Révolution française, 1789-1799*: franc--maçonnerie et révolutions. Paris: Chiron-Detrad, 1989.

ORY, P. *Les collaborateurs*: 1940-1945. Paris: Seuil, 1977.

PICHARD DU PAGE, R. *Visages, paysages, messages.* Paris: Éditions de la Maison des intellectuels, 1962.

RIOUX, J.-P. (Org.). *Politiques et pratiques culturelles dans la France de Vichy.* Paris: Institut d'histoire du temps présent, 1988.

ROSS, C. L'avènement d'une nouvelle Europe dans le cadre d'un nouvel ordre mondial. Preâmbulo de René Pichard du Page, conferência dada em 25 de outubro de 1941, sob os auspícios do grupo "Collaboration", na Maison de la culture, Paris.

ROUSSO, H. *La Collaboration.* Paris: MA, 1987.

SABAH, L. *Une police politique de Vichy*: le Service des sociétés secrètes. Paris: Klincksieck, 1996.

VEILLON, D. *La Collaboration.* Paris: Librairie générale française, 1984.

Alexandria antiga e moderna

BERNAND, A. *Alexandrie des Ptolémée.* Paris: CNRS, 1995.

BIBLIOTHECA Alexandrina. Introdução de Ismaïl Serageldin. Alexandria: Bibliotheca Alexandrina, 2002.

BIBLIOTHECA Alexandrina: homenaje a la memoria, apuesta por el futuro, exposición. Madrid: Biblioteca nacional, 2003.

BIBLIOTHECA Alexandrina: the Revival of an Idea. Paris: Unesco (PNUD), 1990.

O AMOR ÀS BIBLIOTECAS **231**

BOTÉRO, J. *Mésopotamie*: l'écriture, la raison et les dieux. Paris: Gallimard, 1987.

_____. *Au commencement étaient les dieux*. Paris: Tallandier, 2004.

CANFORA, L. *La bibliothèque d'Alexandrie et l'Histoire des textes*. Liège: Cedopal: Éditions de l'université, 2004.

DESCRIPTION de l'Égypte. Paris, 1809-1813, 9v. in-fol. e 12v. de atlas gr. in-fol.

LE FORT, L. *La Bibliothèque d'Alexandrie et sa destruction*. Paris: E. Martinet, 1875.

LA RICHE, W. *Alexandrie*: septième merveille du monde. Fotos de Stéphane Compoint. Paris: France-Loisirs, 1996.

PATAUT, F. (Org.). *La nouvelle bibliothèque d'Alexandrie*. Paris: Buchet Chastel, 2003.

VAUJANY, H. de. *Alexandrie et la Basse-Égypte*. Paris: Plon et Nourrit, 1885.

ZANANIRI, G. *Alexandrie, au reflet de la mémoire*. Beyrouth: Librairie du Liban, 1983.

Censura e incêndios

APOLLINAIRE, G.; FLEURET, F.; PERCEAU, L. *L'enfer de la Bibliothèque Nationale*. Paris: Mercure de France, 1913.

La BIBLIOTHÈQUE est en feu. Apresentação de Michel Delon. Nanterre: Centre de recherches du département de français de Paris X-Nanterre, 1991.

HADDAD, G. *Les folies millénaristes*: les bibliocastes. Paris: Librairie générale française, 2002.

KOGON, E. *L'État SS*: le système des camps de concentration allemands. Paris: Seuil, 1970. (Points Histoire, 1993).

NOËL, B. *L'enfer, dit-on*: dessins secrets, 1919-1939 [...], seguido pelos *Propos d'un collectionneur sur l'édition clandestine*. Paris: Herscher, 1989.

PIA, P. *Les livres de l'enfer*: bibliographie critique des ouvrages érotiques dans leurs différentes éditions du XVIᵉ siècle à nos jours. Paris: Coulet et Faure, 1978.

POLASTRON, L. X. *Livres en feu*: histoire de la destruction sans fin des bibliothèques. Paris: Denoël, 2004.

PROUST, J. *Lectures de Diderot*. Paris: A. Colin, 1974.

232 JEAN MARIE GOULEMOT

PUTNAM, G. H. *Books and Their Makers during Middle Ages*: A Study of the Conditions of the Production and Distribution of Literature from the Fall of the Roman Empire to the Close of the Seventeenth Century. New York: Hillary Houser, 1962.

RIBERETTE, P. *Les bibliothèques françaises pendant la Révolution (1789-1795)*. Paris: Bibliothèque nationale, 1970.

SAUVY, A. *Livres saisis entre 1678 et 1701*. La Haye: Nijhoff, 1972.

SEELA, T. *Bücher und Bibliotheken in nationalsozialistischen Konzentrationslagern*. Munich-Londres-New York-Paris: K. Gaur, 1992.

VEYRIN-FORRER, J. L'Enfer vu d'ici. *Revue de la Bibliothèque nationale de France*, Paris, 14, p.22-41, 1984.

O comunismo e sua memória

DIOUJEVA, N.; GEORGE, F. (Org.). *Staline à Paris*. Paris: Ramsay, 1982.

ELLENSTEIN, J. *Histoire du phénomène stalinien*. Paris: Grasset, 1977.

_____. *Histoire de l'U. R. S. S.* Paris: Éditions sociales, 1972-174. 3v.

GOULEMOT, J. M. *Le clairon de Staline, de quelques aventures du Parti communiste français*. Paris: Le Sycomore, 1981.

_____. Candide militant: la littérature française et la philosophie des Lumières dans quelques revues communistes de 1944 à la mort de Joseph Staline. *Libre*, Paris, Payot, 7. p.199-245, 1980.

Espanha

BAROJA, P. *La lucha por la vida en tres libros. 1. La busca, 2. Mala hierba, 3. Aurora roja*. Madrid: Regio Caro Editor, 1904.

CARRIÓN GÚTIEZ, M. *La biblioteca nacional*. Madrid: Biblioteca Nacional, 1996.

CAYETANO MARTIN, M. del C. *Archivos y bibliotecas de Madrid, 1868-1902*. Madrid: artes graficas municipales: area de regimen interior y personal, 1995.

DIRECTORIO de bibliotecas españolas. Madrid: Ministerio de la Cultura, 1988.

LAFITAU, J.-F. *Moeurs des sauvages américains comparées aux moeurs des premiers temps*. Paris: Saugrain l'aîné, 1724. 2v.

O AMOR ÀS BIBLIOTECAS **233**

LA HONTAN, L. A. de L. d'A., baron de. *Nouveaux Voyages de M. le baron de La Hontan dans l'Amérique septentrionale*. La Haye, Les frères L'Honoré, t.1, 1715.

MORALLES VALLESPIN, M. I.; GIRÓN GARCIA, A.; SANTIAGO PÁEZ, E. M. *Nueva guía de las bibliotecas de Madrid*. Madrid: Associación nacional de archiveros, bibliotecarios..., 1979.

MUNIBE, X. M. de *La ilustración vasca*: cartas de Xavier María de Munibe, conde de Peñaflorida a Pedro Jacinto de Álava. Ed., introd., notas e índices por J. Ignacio Tellechea Idígoras. S.l.: Eusko legebiltzarra, 1987.

Bibliotecas imaginárias

CATALOGUE des livres de la bibliothèque de feu M. Le duc de La Vallière, dont la vente se fera dans les premiers jours du mois de décembre 1783. Paris: Guillaume Debure fils, 1783, in-8°, 4t. dos quais 1 de suplemento em 7v.

CHAR, R. *La bibliothèque est en feu*. Paris: L. Broder, 1956. (Decorado com uma gravura original de Georges Braque.)

ÉRIK Desmazières: gravures récentes (exposição). Paris, Arsène Bonafous-Murat, 1993.

ÉRIK Desmazières: Amor librorum pictorum nos unit (exposição). Paris, Arsène Bonafous-Murat, 2002.

EVANS, C.; CAMUS, A.; CRÉTIN, J. M. *Les habitués. Le microcosme d'une grande bibliothèque*. Prefácio de Christian Baudelot. Paris: Bibliothèque publique d'information. (Études et recherches, 2000)

HENRI Labrouste, architecte de la Bibliotèque nationale de 1854 à 1875 (exposição na BNF, mar.-abr. 1953). Paris: Presses artistiques, 1953.

LEDOUX, C. N. *L'oeuvre et les rêves de Claude Nicolas Ledoux*, precedido de *Ledoux et son temps* por Yvan Christ; por Ionel Schein. Paris: Chêne, 1971.

LEDOUX, C. N. *L'architecture considérée sous le rapport de l'art, des moeurs et de la législation*. Paris: l'auteur, 1804.

Les ARCHITECTES visionnaires de la fin du XVIIIe siècle (exposição organizada em colaboração com a Bibliothèque nationale de Paris, cabinet des estampes, musée d'Art et d'Histoire, Genève, 13 nov. 1965-30 jan. 1966). Genève, musée d'Art et d'Histoire, 1965.

234 JEAN MARIE GOULEMOT

PÉROUSE DE MONTCLOS, J. M. *Étienne Louis Boullée (1728-1799), de l'architecture classique à l'architecture révolutionnaire*. Paris: Arts et métiers graphiques, 1969.

PÉROUSE DE MONTCLOS, J. M. (Ed.). *L'Architecture visionnaire et néo-classique, Étienne Louis Boullée*. Paris: Hermann, 1993.

TAMPIERI, M. G. *La bibliothèque impériale di Henri Labrouste, 1854-1875*. Bologna: Parametro, 1997.

WEELEN G.; JAEGER, J. F. *Vieira da Silva*. Catalogue raisonné établi par Virginie Duval et Diane Daval Béran. Genève: Skira, 1994.

Outras publicações com citações nesta obra[1]

BARRUEL, A. *Mémoires pour servir à l'histoire du jacobinisme*. [S.l.]: Chez P. Fauche, 1799.

BÍBLIA DE JERUSALÉM. São Paulo: Paulus, 2002.

CALVINO, I. *Italo Calvino, Si par une nuit* d'hiver un voyageur. Trad. Sallenave et Wahl. Paris: Seuil, 1981.

CHATEAUBRIAND, F.-R. de. *Itinéraire de Paris à Jerusalém*. [S.l.: s.n.], 1811.

_____. *Les Martyrs*. [S.l.: s.n.], 1809.

DELISLE DE SALES, J.-B.-C. *Histoire des hommes, ou Histoire nouvelle de tous les peuples du* monde. 52v. [S.l.: s.n.], 1780-1785.

DU CAMP, M. *Le Nil*. Librairie Nouvelle, 1854.

FAŸ, B. *De la prison de ce monde*. Paris: Plon, 1974.

_____. *La guerre des trois fous Autor*. [S.l.: s.n.], 1968.

FLAUBERT, G. *Voyage en Égypte*. Paris: Grasset, 1991.

FRANCE, A.; CARIAS, L.; LE PRAT, G. *OEuvres complètes illustrées de Anatole France: avec le portrait d'Anatole France dessiné*. [S.l.]: Calmann-Lévy, 1930.

HUGO, V. *L'âne*. 2.ed. [S.l.]: Calmann Lévy, 1880.

LAPORTE, J. *Le Voyageur François Ou La Connoissance De L'Ancien Et Du Nouveau Monde*. [S.l.]: Vincent, [1766].

LENIAUD, J.-M. *Répertoire des architectes diocésains du XIxe siècle*. [S.l.]: Ed. Ecole des chartes, 2003.

MERCIER, L. S. *Tableau de Paris*. Neuchâtel: S. Fauche, 1781.

_____. *Le nouveau Paris*. [S.l.: s.n.], 1799.

---

1 Esta seção é exclusiva desta edição brasileira. (N. E.)

QUENEAU, R. *Bâtons, chiffres et lettres*. Paris: Gallimard, 1950.

ROUDAUT, J. *Les dents de Bérénice*: essai sur la représentation et l'évocation des bibliothèques. [S.l.]: Deyrolle, 1996.

SAVARY, C.-E. *Lettres sur l'Égypte*: où l'on offre le parallèle des moeurs anciennes & modernes de ses habitans, où l'on décrit l'état, le commerce, l'agriculture, le gouvernement du pays, & la descente de S. Louis à Damiette, tirée de Joinville & des auteurs arabes, avec des cartes géographiques. Paris: [s.n.], 1786.

THÉVENOT, J. de. *Relation d'un voyage fait au Levant*. Paris: L. Billaine, 1665.

VOLTAIRE. *Essai sur les moeurs et l'esprit des nations*. [S.l.: s.n.], 1756.

XUANYE [KANGXI]. *Tingxun geyan*. [S.l.: s.n.], 1730.

SOBRE O LIVRO

Formato: 14 x 21 cm
Mancha: 23,7 x 42,5 paicas
Tipologia: Horley Old Style 10,5/14
Papel: Off-white 80 g/m2 (miolo)
Cartão Supremo 250 g/m² (capa)
1ª edição: 2011

EQUIPE DE REALIZAÇÃO

Assistência Editorial
Olivia Frade Zambone

Edição de Texto
Eliza Andrade Buzzo (Copidesque)
Dalila Pinheiro (Preparação de original)
Maria Alice da Costa (Revisão)

Capa
Moema Cavalcanti

Editoração Eletrônica
Eduardo Seiji Seki

Impressão e acabamento

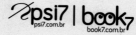